王倩倩◎著

数字媒体环境下
淘宝网消费者评论研究

安徽师范大学出版社
ANHUI NORMAL UNIVERSITY PRESS
·芜湖·

图书在版编目(CIP)数据

数字媒体环境下淘宝网消费者评论研究 / 王倩倩著. —芜湖:安徽师范大学出版社,
2019.12

ISBN 978-7-5676-4484-7

Ⅰ.①数⋯ Ⅱ.①王⋯ Ⅲ.①网络营销—顾客满意度—研究 Ⅳ.①F713.365.2

中国版本图书馆CIP数据核字(2020)第000688号

数字媒体环境下淘宝网消费者评论研究　　　　王倩倩◎著

责任编辑:胡志恒　王　贤　　　责任校对:刘　佳

装帧设计:丁奕奕　　　　　　　责任印制:桑国磊

出版发行:安徽师范大学出版社

　　　　芜湖市九华南路189号安徽师范大学花津校区

网　　　址:http://www.ahnupress.com/

发 行 部:0553-3883578　5910327　5910310(传真)

印　　刷:江苏凤凰数码印务有限公司

版　　次:2019年12月第1版

印　　次:2019年12月第1次印刷

规　　格:700 mm×1000 mm　　　　1/16

印　　张:14.5

字　　数:235千字

书　　号:ISBN 978-7-5676-4484-7

定　　价:45.00元

序

数字媒体是指计算机以二进制的形式记录、处理、传播、获取各种信息载体，这些载体包括数字化的文字、图形、图像、声音、视频影像和动画等感觉媒体，以及存储、传输、显示逻辑媒体的实物媒体。数字媒体技术是信息与通信工程专业术语，其中的概念和分析方法广泛应用于通信与信息系统、信号与信息处理、电子与通信工程等信息技术领域。网络的发展带来了自互联网技术诞生以来第一次信息传播革命，以交互性为突出特征的时代依托于信息技术的发展强化了信息的传播以每一个个体的信息需求为动力的人本理念。人的社会属性、对信息的自然需求加速了互联网平台上的各种数字化应用的出现，如博客、网络即时通信、百科、社交网站、自媒体视频等平台。随着用户思维、社会化思维、平台思维为代表的互联网思维逐渐深入人心，越来越多的网络平台出现了用户自生成内容（UGC），以平等、开放、共享的原则为大众网民提供了发言的窗口。UGC作为互联网术语，全称为User Generated Content，也就是用户自生成内容，即用户原创内容，是伴随着以提倡个性化为主要特点的Web2.0概念而兴起的。随着互联网运用的发展，网络用户的交互作用得以体现，用户既是网络内容的浏览者，也是网络内容的创造者。

数字媒体环境下各大电商网站，如淘宝、京东、拼多多等网站上的UGC，即网络商品评论也越来越多。数字媒体的发展通过影响消费者行为深刻地影响着各个领域的发展，消费业、制造业等都受到来自数字媒体的强烈冲击。现有广告主、代理商、媒体主以及其他各方角色如何在数字媒体市场中迅速找准定位，可以利用UGC的网络评论实现寻找客户偏好、发现优势、拓展新市场。网络商品评论是UGC的一种，作为一种新型的口碑传播方式，对消费者了解商品和服务，对商家改进商品、提升用户满意度都具有非常重要的作用。

尽管网络评论在C2C（个人与个人之间的电子商务）电子市场中的作用举足轻重，但是随着网络评论的增多，买家素质、卖家素质的参差不齐，网络评论仍存在许多问题。具体如下：

（1）网络商品评论的技术性问题

目前淘宝网也好，京东也好，所有的大型交易网站的网络商品评论数量都十分巨大。消费者想要在海量的网络商品评论数据中获得自己想要的信息如同大海捞针。那么如何利用计算机快速准确地获取评论的重要关键信息为潜在消费者和商家所用，是目前该领域学者希望解决的问题。因此，如何对获取到的网络商品评论数据进行处理？如何将文本型的网络商品评论进行量化，转化成数据性的指标，进而对商品的特征进行识别？这些都是研究网络商品评论首先要解决的技术基础问题。本书将在第三章中具体阐述。

（2）网络商品评论主观性太强，没有统一评价标准

用户的使用体验因人而异，判定标准不统一且不可量化，具有很强的主观性。一般而言，用户在网购前都会根据卖家提供的图片和描述在内心对商品有一个预期，如果实际的使用情况比期望值高或者持平，买家才会给出好评；相反，如果期望落空，买家会对商品感到不满，此时会给出负面的评价。因此，好评率成为了潜在消费者购买的主要依据，也成为商家营销的主要手段。网络商品评论对商家的营销产生了何种影响，以及商家采用怎样的营销策略促进新的商品销量和获得较高的好评率将是本书第四章研究的主要内容。

（3）淘宝网站中消费者的网络评论可信度差，信誉炒作严重

由于淘宝网站中卖家能够看到买家的评价，并且知道买家的信息，如果发现中差评会联系买家进行修改。因此，买家在进行评价时往往为了避开一

些不必要的麻烦，避免与卖家的冲突，会给出一些口是心非的评论。还有一些卖家设置的好评返现，如果买家给予好评，卖家会给他们现金奖励或者包邮的优惠，这样使得部分买家常常为了自身利益，发表了与商品事实不符的好评。另外，信誉炒作严重。有些不诚信的卖家经常邀请自己的亲朋好友或者付费给专业的信誉炒作团队，增加自己的销量和好评。网络市场兴旺发达的基石就是网络社会诚信体系，信用炒作加大了市场的诚信成本，给消费者的购买决策造成干扰。因此，网络商品评论的可信度问题是本书第五章的主要研究内容。

（4）网络商品评论的不一致性问题

将商家的描述信息与消费者的评论信息进行对比发现两者存在不一致的情况，另外消费者与消费者之间的评论信息也存在不一致的情况。数目巨大的低可信度的网络商品评论对于消费者的阅读和信息的获取造成了麻烦，对用户有用的信息掩埋在大量的、无用的、混乱的、不一致的信息中，因此，消费者在购物时如何选择呢？如何对不一致评论进行判断呢？哪些方面评论内容与卖家描述不一致呢？这些不一致现象背后的影响因素是什么呢？这些问题将在本书的第六章详细探讨。

陈晓美的《社会化网络评论观点挖掘的研究热点与应用进展》一文，按照评论对象将网络评论分为了四类：新闻评论、图书评论、影视评论和网络商品评论。其中网络商品评论就是指在网络环境下消费者对所购买的商品发表的观点性的文本陈述（国外文献称之为online reviews），国内多翻译为网络评论或在线评论，它是网络口碑的一种。2008年以后随着淘宝网、京东、苏宁易购、拼多多等各种电商网站的大量崛起，越来越多来自不同平台的网络消费者评论成为了学界和业界研究的焦点。由于篇幅有限，本书仅以淘宝网的消费者评论为例进行研究。下文中案例、数据均来源于淘宝网的消费者评论。

对于以上概念，本书绘制了图0-1对各种概念进行进一步的梳理。按照概念的大小，排序为网络口碑（IWOM即"网络口碑"，是Internet Word of Mouth的缩写）、网络评论（online reviews又称之为在线评论）和网络商品评论。另外，网络评论除了网络商品评论以外，还有网络新闻评论、网络图书评论、网络影视评论等其他有交易行为产生的评论领域。而网络商品评论按照评论产生的平台不同，可以分为淘宝网消费者评论、京东网消费者评论、拼多多消费者评论等。

具体关系如图0-1所示：

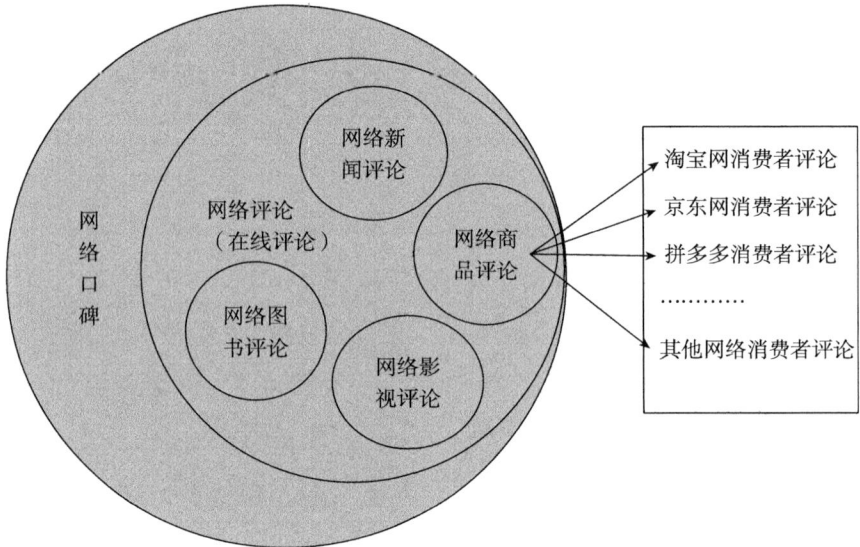

图0-1　网络评论相关概念关系

本书是本人从2015年博士毕业及工作后三年的一些思考，全书主要由博士论文和其他期刊论文整合而成，用技术路线解决问题，以淘宝网的消费者评论为研究对象，将文本挖掘、结构方程分析法、内容分析法等前沿研究方法引入本研究中。

从结构上看，本书主要分为六章，分别是网络商品评论的研究综述、网络商品评论研究热点探讨、网络商品评论特征表示方法研究、网络商品评论对营销的影响研究、网络商品评论可信度研究和网络商品评论不一致性研究。

第一章对淘宝网消费者评论的概念进行了界定。淘宝网的消费者评论对其他潜在消费者了解商品和服务，对商家改进商品，提升用户满意度都具有着非常重要的作用。该章回顾了2010年以来有关网络商品评论的文献，不仅仅局限在淘宝网的研究范畴中，而是对近10年所有关于网络评论的研究都进行了回溯，通过文献综述阐述了本书需要探寻的问题。第一章对该研究领域的研究现状、学术观点、前人研究成果、新技术和新发现等内容进行了综合分析、归纳整理和评论，并提出了自己的见解和研究思路。

第二章研究网络商品评论的热点，该章是第一章研究结果的衍生。该章对文献进行回顾和对所查阅资料的主要观点进行综合整理、陈述，根据本人自己的理解和认识，对综合整理后的文献进行比较专门、全面、深入、系统的论述。本章采用词云图聚类和共词分析法，通过对国内网络商品评论领域文献中的高频关键词进行分析，揭示了目前有关网络评论国内外的研究结构、研究维度和理论基础，为后续研究把握重点和方向。

第三章网络商品评论特征表示方法研究，是本书开展后续研究的技术基础。淘宝网中的消费者评论随着移动终端智能手机的出现，移动端的交易量已经远远超过了电脑端的交易量，网络购物便捷性的提高使得网络交易评论呈现出前所未有的爆发式增长态势。因此本章是网络评论文本研究的基础，采用计算机技术对文本评论的特征进行表示，帮助人们快速准确地获取自动摘要、情感倾向等有用的信息，为后续的各项研究做铺垫。

第四章网络商品评论对营销的影响研究。本章将非结构化的评论文本挖掘方法和内容分析法相结合，挖掘出用户最感兴趣的评论指标，并对评论指标进行量化分析，为网络营销策略的制订和优化提供帮助。真实的评论信息也对商品提出了新的要求，如果厂商能够按照这些要求改进商品，将迎来更多客户的青睐。因此，本章试图构建出中小卖家的各种服务指标，在原指标基础上进行改进和完善，进而为中小卖家提高销售量、优化营销策略提供有价值的理论参考。

第五章网络商品评论的可信度研究。在进行网络购物时查看其他购买者的评论，以此得到更多的商品信息是目前消费者认为最可信的手段。由于网络评论会直接影响消费者的购买决策，有些网络商家则利用虚假的评论来吸引和留住顾客，常常会找"托儿"来购买自己店铺的商品，并且给予较高的评价；还有一些商家利用"恶意差评师"来攻击竞争者，给竞争者的商品发布反面的评论，诋毁对手的产品。这些不可信信息夹杂在真实的评论信息之中，可能导致消费者"迷失"其中，难以辨识，从而影响网络评论信息的可信度。因此，本章对网络评论的可信度问题进行研究，是本书的重点之一，也是第六章网络评论不一致性的研究基础。因为很多可信度低的评论，主要是由于不一致性造成的，故本章为后续第六章的研究做铺垫。

第六章网络商品评论的不一致性研究。本章指出典型的网络评论有两部分组成：一是文本型网络评论，指的是由买家自行输入的，非结构化的，一般在200字以内的具体的购物感受；二是数值型网络评论，指的是买家对商品和购物过程的整体印象的打分。因此，网络评论的不一致性包括：不同买家之间评论的不一致性，不同购物网站之间评论的不一致性，买家评论与卖家描述之间的不一致性，以及买家评论中文本型评论与数值型评论之间的不一致性。本章讨论的是在同一个网站、同一个买家的情况下，买家文本型评论与卖家描述之间的不一致性，以及买家文本型评论与数值型评论之间的不一致性。将这两种不一致性分别称之为外部不一致性和内部不一致性。本章对这两种不一致性的探索，有利于判断具体什么原因以及什么因素导致评论不一致的产生，进而也为前文网络评论可信度提供解释的维度和指标。

目　录

第一章　网络商品评论的研究综述

前人按照评论对象将网络评论分为了四类：新闻评论、图书评论、影视评论和网络商品评论。笔者认为只要评论对象是通过网上交易得来的，均在网络商品评论的范畴之中。因此，网络商品评论就是指在网络环境下消费者对所购买商品发表观点性的文本陈述。网络商品评论作为一种新型的口碑传播方式，对消费者了解商品和服务，对商家改进商品、提升用户满意度都具有非常重要的作用。国际著名市场研究公司 Jupiter Research 的调查分析显示：超过75%的消费者在线购买商品前会参考互联网用户所写的产品评论信息。2008年以后随着淘宝网、京东、苏宁易购等各种电商网站的大量崛起，越来越多的非结构化数据、异构内容、个性化、网络化的评论文本为学界和业界带来了更多的机遇和挑战。

尽管相关领域的研究成果非常丰富，尤其自2010年起有关网络商品评论的文献数量大幅增加，但由于存在多种平台、不同类型的评论以及多种研究方法，产生了很多碎片化的研究。这些研究主要集中在评论的有用性、评论挖掘以及评论检测等方面。这些研究虽都取得了令人瞩目的成果，但把网络商品评论作为一个整体进行分析的文献并不多见。因此，更换一下研究的视角，笔者发现尚存在其他有待深入挖掘的空间。回溯国内外网络商品评论的相关文献，以信息视角为主线，拟归纳出网络商品评论的研究单元，分析国内外网络商品评论的研究进展，拟指出其中存在的问题并给出未来的研究方向。

第一节　关键词聚类

为深入了解国内外的研究进展和尽可能全面地搜索相关的文献，本章主要搜索"web of science"和"中国知网"两个数据库，搜索的英文期刊主要有：*Management*、*Mis Quarterly*、*Information Systems*、*Tourism Management*、*Journal of Consumer Studies*、*Journal of Marketing Management Research*、*Decision Support Systems*、*Electronic Commerce Research* 等；搜索包含"e-WOM""online word of mouth""online reviews""product reviews""online consumer reviews"的关键词。中文文献的搜索主要集中在以下期刊：《情报学报》《中文信息学报》《软件学报》《情报杂志》《情报科学》《现代图书情报技术》《管理科学学报》等，搜索主题包含"网络商品评论""网络口碑""在线商品评论"等关键词，并对搜集到的文献进行筛选，最终得到168篇英文文献和178篇中文文献。

尽管网络商品评论的研究有着强烈的跨学科、跨领域的特性，但许多研究重心和焦点可能是学者们共同关注的。笔者从收集到的文献中提取了752个关键词，通过对关键词进行清洗和预处理，最终确定了538个关键词作为分析基础。

笔者在分析后将这些关键词聚类为四个层面：①评论传播（包括评论的发表、转发、追加等）；②评论挖掘（包括特征词提取、情感判断、情感强度等）；③评论使用（评论的搜索、阅读、回复）；④评论评估（给评论打分、投票、排序等）。从第一个层面到第四个层面经历了数据流、信息流、知识流这样一种过渡和衔接，具体如下：其一，将网络商品评论作为一种参与社会交换的物质视角（数据流）。按照社会交换理论，发表和传播口碑除了服务社会以外，评论发布者还期望以此获得声誉、地位等因素的交换。发布网络评论者为网络用户提供商品信息和购物体验，是在相互传递和交换信息的过程中形成的一种无形的数据交流网。其二，将网络商品评论作为一种信息流。社会网络是由代表个体参与者的节点和代表联结参与者的社会关系的图表组成，信息流发生在一个项目通过关系图从一个节点传递到另一个节点中。电子商务市场是由卖家信息流、买家信息流、信誉机制信息流（包括网络商品评论的信息流）、资金流、物流等组成，这些信息流的流通和共享使得电子商务市场有序的运转下去。其三，将网络商品评论的研究看作是客户知识的管理研究（知识流）。网络商品评论表达了消费者的使用感受，传达出潜在客户的需求，成为一种关键的战略资源和竞争要素，是一种重要的客户知识来源。通过对网络商品评论的研究可以很好地发掘潜在客户的需求，了解客户知识的产生、客户知识处理以及客户知识的信息化管理等问题。

故本章将网络商品评论的文献分为"评论传播""评论挖掘""评论使用"和"评论评估"四个研究主体进行阐述，具体如图1-1所示：

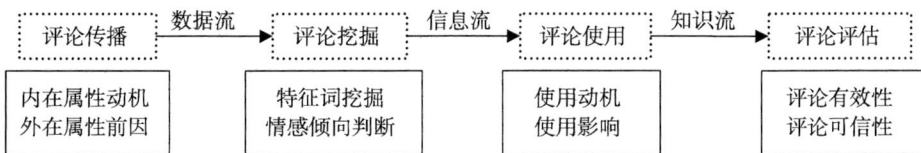

图1-1　本章研究主体

第二节　主体内容

1.评论传播

评论传播在本章中指的是评论的发表、转发和追加。目前对于评论传播的研究大多集中在对评论动机的研究。本章对网络商品评论动机的文献进行梳理，根据评论的内在属性可以分为两类：①正面口碑的心理动机。消费者传播正面口碑的心理动机，即为了展现他们对商品的认可或者无私地与他人分享自己的专业知识，获得社会认同以及自我认同，网上评论可作为消费者展现他们的专业知识和社会地位的方式。②负面口碑的心理动机。有研究发现部分消费者之所以散播负面口碑，或是出于发泄敌意，或是为了寻求报复。

从评论的外在属性来看，影响评论传播的因素有四类：①产品因素。产品质量的好坏、产品的使用体验、产品使消费者满意的程度都是用户参与评论的直接原因。有学者调查了消费者参与网络产品评论的状况，强调了消费者愿意评价的原因主要是情感释放，特别是对商品质量、商品使用情况不满意的抱怨。②商家因素。商家的态度和服务可以对评价的结果产生重要影响，甚至可以改变消费者原本的评价动机。商家的激励措施也是促进消费者进行网络商品评论的主要动机，如果发布网络商品评论能够获得奖励、商品价格折扣，消费者表示更愿意主动地、积极地进行对商品进行评价。③自我主义。无论是在传统环境还是网络环境下，自我意识、希望获得尊重、希望自我实现都是消费者进行网络商品评论的重要原因。有研究表明提升自我形象、社区兴趣、情感分享、信息回报这几种因素对消费者参与网络商品评论发表行为有着显著影响。④利他主义。有学者通过问卷调查分析了消费者参与网络商品评论的利他主义动机有：乐于分享、知识贡献、提醒和忠告、助人为乐四个测度项目。

2.评论挖掘

对用户发布的网络商品评论进行数据挖掘和分析，可以更好地理解用户的行为，为政府、企业或其他潜在消费者在决策时提供重要依据。笔者对文献梳理发现网络商品评论挖掘方面的研究，主要集中在特征词挖掘和情感倾向性挖掘两个方面。

（1）特征词挖掘

从网络评论中挖掘出产品特性词已经成为评论信息发掘和语言处理两个领域的热门话题，其中最具代表性的是 Hu 和 Liu 提出的超越传统评论信息挖掘的方法。特征词的挖掘可以分为自动方法和人工方法[①]。人工提取方法就是针对该领域的产品建立属性特征词表，邀请该领域的专家对产品的属性特

---

① HU N,BOSE I,GAO Y J,LIU L.Manipulation in digital word-of-mouth: A reality check for book reviews [J]. Decision Support Systems, 2011a, 50（3）:627–635.

征进行定义。比如以电影评论为挖掘对象，找出电影的产品特征属性；或者采用词性标注的方法，选取出频繁特征集来确定产品特征。人工挖掘的工作难度和工作量较大，产品属性的可移植性较差。如果更换了文本语料库，那么又需要聘请专家再次进行挖掘，且重复利用率低。自动提取方式是指通过对计算机输入指令和程序，通过软件进行词性标注、句法分析等自然语言处理技术对产品评论中的语句进行分析，从中识别产品属性。其中精准度较高的是 Popescu 等[①] 的研究，他们利用 Konwitall 系统自动生成的鉴别短语和提取词的 PMI 值，根据贝叶斯分类筛选出产品的属性特征词。自动提取产品特征词的优点是计算速度快，节约人力，但是提取出的属性精准度不高，因为目前的评论大多是非结构化的自然语言，而计算机很难像人的大脑一样通过语义进行判断。

（2）情感倾向性挖掘

情感倾向性挖掘的目的是判断一些主题或整个评论文档的上下文极性或判断评论者的态度是支持还是反对。Titor 等人利用已知的产品特征，将特征作为评论文本的主题，再对每个主题赋予一个情感标签，得到 "my soup was cold"，"The chicken is great" 鸡汤 "冷"、鸡肉 "好" 这样的情感词[②]；也有研究者利用窗口概念，以主观情感词为中心，凡是在窗口中的名词和名词性短语都被认为是产品特征词。这两种方法无论是用特征词找情感词，还是用情感词来找特征词，都能得到较为满意的结果。我国的郝媛媛、邹鹏和李一军等学者在有关影评研究方面具有一定代表性，他们利用面板数据（Panel data）能够很好地控制不可测因素和随时间变化的情况，根据数字评分等级对评论文本的倾向性进行分类，提高了情感分类的合理性和准确性，在国内引起很大反响。

总之，网络商品评论挖掘的核心问题在于评论对象的特征词挖掘和情感

① POPESCU A M, ETZIONIO. Extracting product features and opinions from reviews[M].Natural Language Processing and Text Mining. Springer London, 2007：9-28.

② TITOR I, MCDONALD R. A joint model of text and aspect ratings for sentiment summarization[J].Urbana,2008,51：61-80.

倾向性判断。目前的研究虽取得了可喜的进展，但是现有的机器学习、语义分析等技术还不能够做到完全精确。中文的情感倾向分析技术发展有待强化，目前主要集中在网络舆情的监测预警方面。

3.评论使用

对评论使用的研究文献进行梳理发现，研究主要集中在两个方面：一是消费者为什么要使用网络商品评论，二是消费者在使用商品评论时有何影响。因此，本章从这两个方面进行梳理。

（1）使用动机

根据目前的研究，网络商品评论的使用动机指的是参与搜索查看网络商品评论的动机，主要集中在以下四个方面：①获取购前信息[①]。消费者在该市场中会自发地寻求信息，更主动咨询有经验的购买者，获得更加具体完整的产品信息，以消除对市场和产品的不确定性，降低购买风险。②购后了解产品[②]。在消费者购买行为结束以后，可能在使用产品的过程中出现一些问题，有些消费者通过查看评论内容以找到问题的解决办法，或者希望通过网络商品评论来查看其他消费者是否也遇到类似的问题，以此印证自己选择的正确性。③参与社交[③]。网络购物环境也是一个社会网络，在该网络中，网络的节点处会有一些活跃的评论者对网络起到很好的链接作用。优秀的评论者懂得参与网络商品评论也是虚拟社区知识共享的过程，渴望参与社交、建立社交地位是有些消费者积极搜索评论、回复评论、给评论打分投票的重要动机。④经济因素[④]。使用和搜索网络商品评论有利于消费者比较价格、降低购买成本、降低感知风险和提高议价能力。

---

① 李枫林,刘昌平,胡媛.网络消费者在线评论搜寻行为研究[J].情报科学,2012,(5):720-724.

② 杜慧.负面网络口碑对消费者购买决策的影响研究[D].武汉:武汉科技大学,2010.

③ 单初,鲁耀斌.正面与负面网上评价对C2C商家初始信任影响的实证研究[J].图书情报工作,2010,54(12):136-140.

④ 袁荣,关西.在线评论、感知风险和感知价值的关系[J].研究科学,2012,(5):713-719.

（2）使用影响

网络商品评论使用最直接的影响就是商品的销量，经过文献调研发现，研究的重点有以下三类：①产品类型的中介调节作用。网络商品评论对销量的作用在电子科技产品中影响最大，对于保险、理财等产品的影响则较小，因为这些产品必须线上和线下相结合，而且受到地域的限制，因此这类产品的销量更容易受到传统口碑的影响，人们更倾向于听从朋友和家人的推荐。②产品的热门程度。网络商品评论对销量的效用还受到热门产品和非热门产品的影响。例如，根据图书的热门程度不同，则网络商品评论对销量的效用也不同，以此也可为商家的营销和管理提供建议。③时间的调节作用。例如，基于在线产品评论数量和影视票房收入的研究发现，在线产品评论数量和票房收入都对在线产品评论数量产生影响，同时网络商品评论数量的增加反过来又会增加电影的票房收入，两者之间是相互影响的，但这种影响仅仅在前几周，特别是对刚开始几周的票房有显著影响。

网络商品评论除了影响着商品的销量外，也影响着消费者的感知和购物过程。研究认为先前消费者发表的网络商品评论信号比来自商家提供的商品信号更可靠，感知有用性更大。Mudambi 和 Schuff[①]的研究表明，网络商品评论影响着消费者购买的全过程（查看网络商品评论阶段、选择产品和购买决定阶段以及购后行为阶段）。

4.评论评估

笔者从大量文献中了解到，学者们进行评论评估的目的主要是对评论信息质量的评估，是在一定范围内量化评论的质量或根据质量对评论进行分类，或研究影响评论质量的因素，并在此基础上对评论进行过滤、排序、识别等研究操作。因此，对于评论评估的研究主要集中在两个方面：一是评论信息的有效性，二是评论信息的可信性。

---

① MUDAMBI S M, SCHUFF D. What makes a helpful online review? A study of customer reviews on Amazon.com[J]. MIS Quarterly, 2010,34(1):185-200.

（1）评论信息的有效性

评论信息的有效性指网络商品评论提供的信息量可以给人以参考，从中获得有助于自己决策的信息。目前学者们对于有效性的研究主要集中在以下两个方面：

①评论本身对有效性的影响

有观点认为网络商品评论中如果提到的商品关键词较少，则对消费者的购买决策影响较小[①]。因此，有学者从"相关性"和"体验性"这两个指标进行分析：评论的相关性主要考虑评论者的评论内容是否涉及产品和卖家的主要特征，评论的体验性主要考虑评论者是否具有丰富的网购经验、是否使用过产品、是否客观无矛盾地进行了评价。Ghose 和 Ipeirotis[②]针对搜寻品（如多媒体播放器、数码相机等）指出，评论的主客观倾向及主客观混杂度对商品评论有用性的影响，特地提到了负面评论的效用以及产品类型对效用的调节作用。然而 Sen 和 Lerman[③]却认为，并不能直接说是正面评论有用还是负面评论有用，网络商品评论的效用还会受到产品类型的调节影响。除了研究商品类型的调节作用以外，Susan 和 David[④]的研究还加入了评论极端性（情感强度）、评论深度这些属性对评论有用性的影响。因此，从评论内容的角度看，影响评论有效性的主要内容包括：评论的相关性特性，产品类型特征，评论语法特征（词性、比例），语义特征（肯定、否定）和评论的元特征（评论时间、得票数等）。

②评论者要素对有效性的影响

首先，在意见领袖的研究领域，意见领袖有着较好的交际圈，较高的社会地位，可以给出有关产品的专业知识和权威的建议，以此帮助公司很好地

---

① 杜慧.负面网络口碑对消费者购买决策的影响研究[D].武汉:武汉科技大学,2010.

② FORMAN C,GHOSE A,WIESENFELD B. Examining the relationship between reviews and sales: the role of reviewer identity disclosure in electronic markets[J]. Information Systems Research, 1998,19(3):291-313.

③ SEN S,LERMAN D. Why are you telling me this? an examination into negative consumer reviews on the web[J]. Journal of Interactive Marketing, 2007,21(4):76-94.

④ SUSAN M、MUDAMBI,DAVID SCHUFF.What makes a helpful online review?A study of customer reviews on Amazon.com[J].MIS Quarterly,2010,34(1):185-200.

促销产品。因此，网络商品评论发布者的权威性对网络商品评论的作用有着正向影响。其次，网络购物环境是一个虚拟的环境，如果评论者的身份可以被公开并提交，那么该网络商品评论会有很大的影响力。Forman[①]的研究结果表明，发布者身份的"真实性"和"公开性"对网络商品评论的作用和产品的销售有着正向影响。另外，网络商品评论发布者对产品的熟悉程度以及购买经验影响着评论的深度，也影响着评论的有用性。因此，从评论者的角度看，影响评论有效性的因素有：评论者的社交特征（意见领袖、权威性），评论者的身份特征（公开、匿名），评论者的经验特征等。随着研究的深入，垃圾评论也被作为一个广泛讨论的话题。但是区分垃圾评论并没有那么简单，有时候界限很模糊，需要基于计算机技术的处理来进行判断一条评论到底是有用的还是无用的。

（2）评论信息的可信性

网络商品评论的可信度是消费者对网络商品评论真实性的相信程度。网络商品评论的可信度受三个方面的制约：一是网络商品评论的内容本身，二是网络商品评论的传播者，三是网络商品评论的发布平台。

对于在线评论可信度影响因素的研究，学者们从不同的方面给出了不同的看法。Liu 等认为评论者的经验（Reviewer Expertise）、评论的写作风格（Writing Style）和评论的时效（Timeliness）是影响在线评论的可信度的主要三个因素[②]。另外，评论内容中产品描述信息的详细度、情感倾向的客观性、发布者身份的明确性、信息发布的及时性、其他评论阅读者的认同度等指标都会对评论可信度产生正面影响。还有，学者们对于虚假评论的研究也是可行性研究的一个重要方面。虚假评论与垃圾评论不同，虚假评论是针对评论的可信度而言的，如果虚假评论没有被识别，可能会被认为是有效性很高的评论；如果被识别，则是没有任何效用，甚至是反效用。

---

① FORMAN C,GHOSE A,WIESENFELD B. Examining the relationship between reviews and sales: the role of reviewer identity disclosure in electronic markets[J]. Information Systems Research, 1998,19（3）:291-313.

② LIU Q Q,KARAHANNA E,WATSON R T. Unveiling user-generated content:Designing websites to best present customer reviews [J]. Business Horizons, 2011,54(3):231-240.

第三节　研究总结及未来展望

　　本章从评论传播、评论挖掘、评论使用以及评论评估四个层面系统地对国内外文献进行总结归纳，研究发现网络商品评论的内容挖掘、评论动机、质量分析、效用及影响已经在众多的研究中得到了很好的解决，并取得了不错的成果，但随着网络商品评论数量的不断增大，在以下方面仍有可以继续研究的空间，具体如图1-2所示：

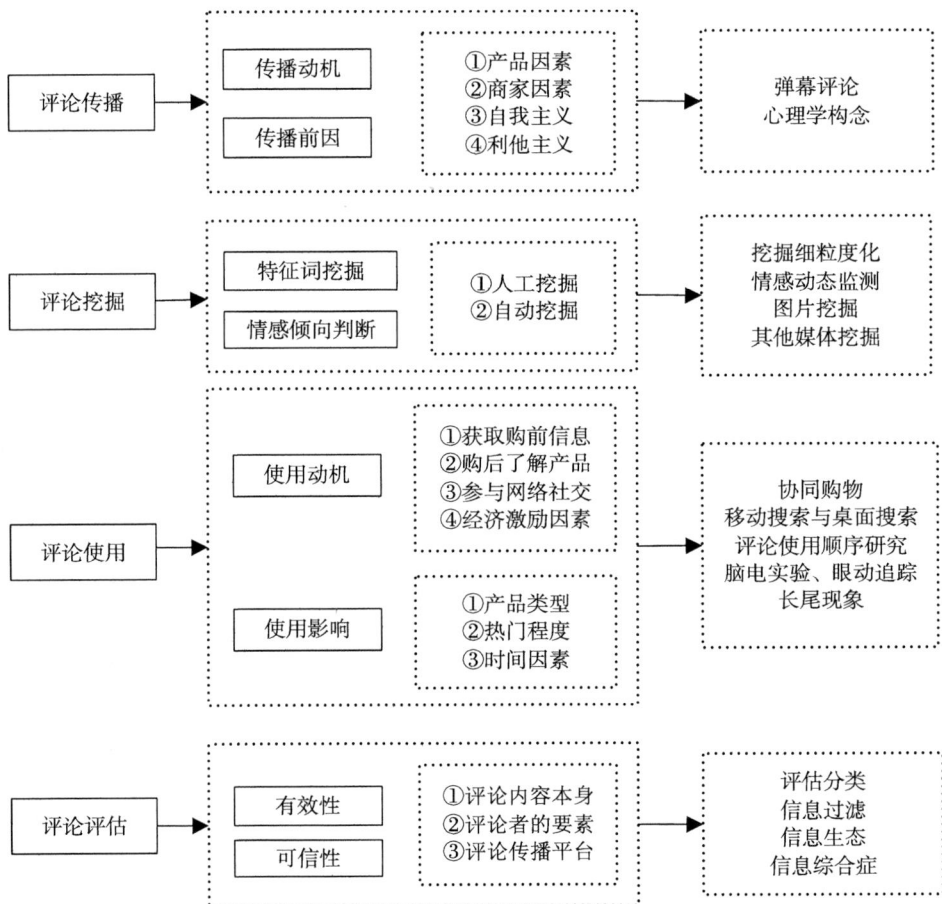

图1-2　现有研究总结及未来展望

（1）评论传播方面

通过对相关文献的总结归纳，笔者发现学者们对评论传播的动机、前因关注较多，如传播正面评论动机（情感分享、助人为乐等）、传播负面评论动机（抱怨、发泄情绪、警示他人等）、发表评论内在动机（知识贡献、社会认同、提高声誉）、外在动机（激励因素等）。后续的研究还可以引入心理学的构念，如失落心理、漏报偏差等指标，突破传统评论动机的研究框架。但鉴于网络产品的多样化以及网络产品评论新形式的出现，一些视频产品的弹幕评论尚未得到一定的关注。弹幕评论数据是与视频时间点相对应的评论文本，能够反映出用户在观看过程中的瞬时情感和及时褒贬评价。未来可研究评论情感随观看时间的变化情况，并可考虑可视化的展示，建立视频评论检索的新途径，满足用户更多元化、个性化的观看需求，为用户选择视频类产品提供决策参考。

（2）评论挖掘方面

目前面向中文网络客户评论的产品特征挖掘研究都无法实现自动评论挖掘功能。由于网络客户评论在书写时随意性较大，遣词造句基本没有约束。如果是监督性方法对其进行挖掘，首先需要从语言学的角度对这种主观性的文本进行研究，包括语料收集、分析语言规律、研究标注规范和方法等。但在国内的研究中，这方面的基础研究还做得很少。如果实现非监督型的挖掘方法，就可以降低人工参与程度，所以对于中文客户评论中的产品特征挖掘亟须进一步研究。未来可以从以下六个方面进行考虑：①挖掘更细粒度化。②实现动态监测情感演化规律。③观点结合任务挖掘，以形成比"赞同""反对"更有价值的结论。④图片挖掘。网络产品评论的"买家秀"或者餐饮等产品的"晒图评价"中，包含了大量的图片评论内容，目前学者对评论中的图片挖掘和图像采集方面的工作尚存在不足，未来研究可以多关注图片评论的挖掘和检索。⑤数据挖掘方面如果能够与云计算技术、语义网等相关技术结合，将会获得更加广阔的发展前景。⑥其他行业评论数据挖掘。除了零售业的网络商品评论，其他行业如餐饮行业（如饭统网、大众点评网、饿了么等网站）、地产行业（如搜房网、链家网、爱屋吉屋等网站）、短租行业

（如airbnb、途家网、小猪短租等网站）、汽车行业（如汽车之家、瓜子二手车直卖网、人人车等网站）都存在网络商品评论，未来可对这些领域的评论进行舆情分析与检测，提高市场决策能力。

（3）评论使用方面

评论使用者在使用信息时，对于评论的使用影响和使用动机研究得较多，但对于使用评论先后顺序的研究还是一块较新的领域，即是先看正面的评论还是先看负面评论，先看数值评分还是先看文字评论。未来研究还可探索使用脑电实验、眼动追踪等相关方法研究用户观看评论网页的跳转，或者其他用户对评论的使用过程。另外，大多数文献研究的是一个消费者对评论信息的使用，但在协同购物中，会产生多个消费者同时对评论信息的使用，进而后续的研究可以考虑网络商品评论对双重或更多信息使用者的决策影响。还有评论的使用是使用移动搜索还是桌面搜索，评论的使用者是"网络原住民"还是"网络移民"，这些都可以进行对比性的分析。另外，由于购物网站在线声誉系统设置，以及网络商品评论使用对象认知偏差和认知负荷等问题，真正被大部分用户浏览到的网络商品评论只有排名靠前的那一小部分，因此在评论使用方面也存在着长尾现象，这值得相关学者关注和研究。

（4）评论评估方面

在研究范畴上，评论的评估主要分为对有效性的评估和对可信度的评估，但就目前的国内研究而言，评论可信度与评论有用性的区分尚不明显。本章认为虚假评论的识别、垃圾评论过滤和检测是可信度研究的体现，而垃圾评论的识别和检测是有效性研究的后续。在研究方法上，对评论信息的分析粒度的分类较多，每种分类都是针对一种或者一些特定的产品评论，缺乏一种普适性的分类方法对评论信息进行客观评估。另外，对于评论信息评估的关注度可以上升到信息生态的层面，如网络商品评论信息超载、垃圾评论对信息生态的污染以及人们受到不良信息影响引发的信息焦虑、信息恐惧等信息综合症，也将是未来研究的话题。

第二章　网络商品评论研究热点探讨

第一节　研究意义

在线商品评论（online reviews）是网络口碑的一种，是web2.0时代人们在网络上针对所购买的商品发表意见、看法的文字性陈述，评论内容能够为其他消费者的购买决定提供参考，同时也为商家改进商品、收集消费者偏好提供依据。随着2004年网购的兴起，研究在线商品评论的文章从2006年的仅仅几篇开始逐年增多，到2017年在线产品评论的研究已经和数据挖掘、情感分析、用户心理学、自然语言处理、语义分析等内容结合在一起，成了交叉型、复杂型的研究领域，研究融合趋势日趋明显。近年来，一些学者尝试利用文献计量学的方法对该领域的学术文献进行统计分析，然而这些研究的关注点主要集中在论文的发表时间、期刊、主题、作者关系、文献互引等外部信息方面，或是针对外国口碑传播研究热点的分析，缺少深入探讨国内在线商品评论文献的研究热点等此类的内在信息。

本章采用词云图聚类和共词分析法，通过对国内在线商品评论领域文献中的高频关键词进行分析，然后得出共词矩阵，绘制网络图，用各节点之间的距离来反映文献中主题内容的亲疏关系，进而系统地揭示其研究结构、研究维度和理论基础，以期进一步把握国内在线商品评论的研究现状、研究重点和发展方向。共词分析法与共被引分析法相比，共被引分析法是通过分析以往发表论文的被引情况来探究人们目前关注的焦点，研究的文献已形成比较固定的学术流派；而共词分析法关注的是文献中的研究主题，比较适合寻找新兴学科的范式，因为新兴学科研究者分布广泛，作品内容比较分散，被引情况也不稳定。因此采用共词分析法比较适合自 2004 年网购大量兴起才建立的在线商品评论研究领域，该方法对于关键词和主题词的分析能够很好地表现出该学科领域的研究热点和发展方向。

第二节　词云图分析

尽管在线商品评论的研究有着强烈的跨学科、跨领域的特性，但许多研究的重心和焦点可能是学者们共同关注的。笔者从收集到的文献中提取了674 个关键词，通过对关键词的清洗和预处理，最终确定了 510 个关键词作为分析基础。通过 BlueMC 营销捕手在线数据分析软件，将 510 个关键词取前 100 个词，拟通过关键词的聚类分析挖掘网络商品评论研究的重点，绘制的标签云团如图 2-1 所示。

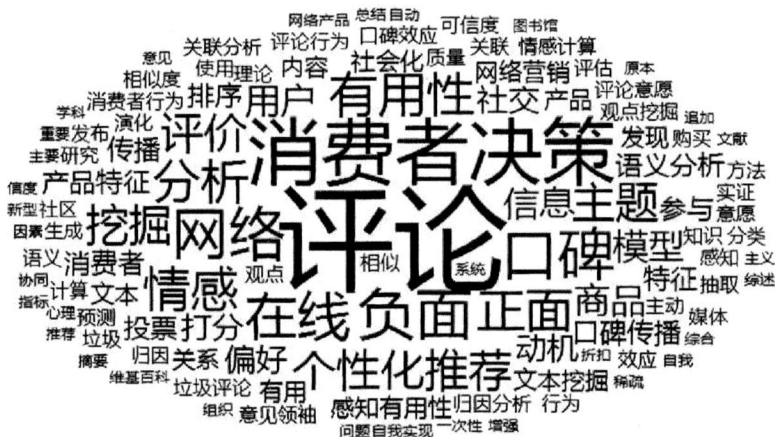

图 2-1　在线评论研究的关键词词云图

笔者分析这些关键词后发现，尽管不同学科的学者从不同角度、不同理论和不同方法对国内在线评论进行了研究，但是基本的研究单元却非常稳固，结合在线评论研究的关键词词云图，笔者将分析单元归为以下四类：

①内容单元，即与在线评论密切相关的概念和内容。例如，网络评论、在线评论、正面口碑、负面口碑、口碑效应、口碑传播等，主要研究在线评论背景的出现、在线评论的类型以及在线评论的内容传播。

②技术单元，即分析在线评论所用到的技术、方法和软件系统等，主要是对在线评论研究中用到的具体方法或者算法的改进和渗透。例如，数据挖掘、特征抽取、关联分析、知识分类、文本挖掘、情感计算等。

③用户单元，即在线评论所连接的两类用户的行为和态度，一是消费者，二是商家。例如，消费者满意度、个性化推荐、评论动机、垃圾评论预测、消费者偏好、意见领袖等。其主要研究消费者的满意行为、发表评论的行为或者动机以及商家的营销行为等。

④应用单元，即基于在线评论的利用价值分析或高效率应用分析。例如，社会网络、观点挖掘、投票打分、评论排序、自动摘要、社会化媒体等关键词。其主要研究如何更好地利用在线评论的信息为潜在消费者、商家或者社会服务。

第三节　高频词共词分析

共词分析（Co-word Analysis）是通过对同一篇文献中出现的词汇、短语，或者反映文献主题内容的关键词进行统计分析，研究文献内在联系和科学结构。一般认为，词汇在同一篇文章中出现的次数越多，这两者之前的关系就越为紧密。由此可以分析两个主题词在文章之间同时出现的频率，在共词频率的基础上再把众多关键词之间的共词网络关系简化为树状图直观地表示出来，通过图可以很清楚地观察出每一领域分支的组成。

1.数据源与预处理

本章为了收集有关在线商品评论学术期刊论文的关键词，选取了CNKI数据库中期刊索引里2008—2017年10年内的所有相关的文献题录，共检索到文献523篇。剔除不相关的文章，得到文献446篇，获得原始关键词2011个，选择词频不低于10次的关键词共37个。其中"在线评论"出现的频率最高，约为178次，但鉴于"在线评论"与本章的内容完全重合，在共词分析中难以发挥作用，故予以舍弃。

2.高频词共词矩阵数据

对选择词频不低于10次的剩余36个关键词进行两两共词检索，统计它们同时出现的频率，形成一个36×36的共词频次矩阵，部分数据（前15组）如图2-2所示：

		口碑营销	情感倾向	文本挖掘	产品属性	语义分析	垃圾评论	评论排序	极性强度	自动摘要	评论有用性	消费者偏好	个性化服务	口碑效应	口碑传播	评论动机
1	口碑营销	.0	28.0	6.0	14.0	2.0	3.0	12.0	6.0	12.0	15.0	14.0	17.0	23.0	21.0	16.0
2	情感倾向	28.0	.0	24.0	17.0	19.0	5.0	2.0	25.0	15.0	8.0	13.0	2.0	9.0	7.0	14.0
3	文本挖掘	6.0	24.0	.0	13.0	21.0	4.0	9.0	15.0	21.0	12.0	11.0	9.0	22.0	17.0	7.0
4	产品属性	14.0	17.0	13.0	.0	21.0	18.0	6.0	23.0	16.0	19.0	9.0	22.0	9.0	11.0	1.0
5	语义分析	2.0	19.0	21.0	21.0	.0	7.0	12.0	24.0	19.0	12.0	3.0	12.0	5.0	4.0	5.0
6	垃圾评论	3.0	5.0	4.0	18.0	7.0	.0	3.0	12.0	3.0	18.0	3.0	2.0	11.0	12.0	21.0
7	评论排序	12.0	2.0	9.0	6.0	12.0	3.0	.0	3.0	.0	18.0	3.0	2.0	6.0	7.0	8.0
8	极性强度	6.0	25.0	15.0	23.0	24.0	12.0	3.0	.0	16.0	16.0	13.0	15.0	4.0	5.0	1.0
9	自动摘要	12.0	15.0	21.0	16.0	19.0	3.0	.0	16.0	.0	2.0	5.0	2.0	2.0	3.0	6.0
10	评论有用性	15.0	8.0	12.0	19.0	12.0	18.0	18.0	16.0	2.0	.0	6.0	9.0	14.0	15.0	8.0
11	消费者偏好	14.0	13.0	11.0	9.0	3.0	3.0	3.0	13.0	5.0	6.0	.0	26.0	13.0	14.0	8.0
12	个性化服务	17.0	2.0	9.0	22.0	12.0	2.0	2.0	15.0	2.0	9.0	26.0	.0	18.0	15.0	4.0
13	口碑效应	23.0	9.0	22.0	9.0	5.0	11.0	6.0	4.0	2.0	14.0	13.0	18.0	.0	15.0	12.0
14	口碑传播	21.0	7.0	17.0	11.0	4.0	12.0	7.0	5.0	3.0	15.0	14.0	15.0	15.0	.0	21.0
15	评论动机	16.0	14.0	7.0	1.0	5.0	21.0	8.0	1.0	6.0	5.0	8.0	4.0	12.0	21.0	.0

图2-2　高频词共线矩阵

该矩阵为对称矩阵，对角线的数据定义为缺失，非对角线上数据为两个关键词共同出现的次数。比如，"口碑营销"与"情感倾向"的共词频次为28，表示有28篇论文同时使用了这两个关键词。

3.聚类分析

本章以SPSS21（SPSS21是"统计产品与服务解决方案"软件的英文缩写，后文统一使用缩写形式）为统计分析工具，采用系统聚类的分析方法对在线商品评论论文的关键词进行分析，选择监视方法，以反映出该领域的研究热点和研究结构。在聚类分析的基础上绘制出树状图，描述各关键词之间的相关性和与外部的联系，范围选择3~8。得出的结果如图2-3所示：

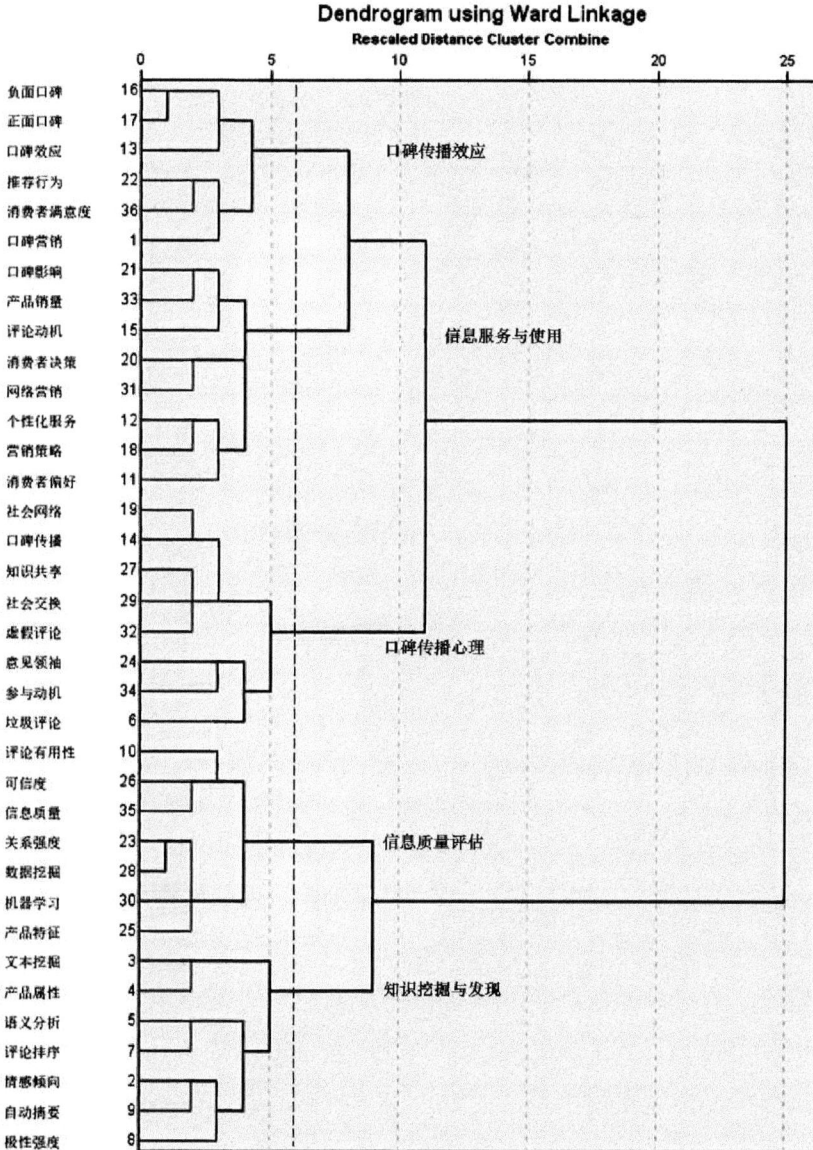

图2-3　高频词聚类分析结果

经过高频词聚类分析确定聚类结果为5类，综合考虑每一类各关键词的性质，分别命名为口碑传播效应、信息服务与使用、口碑传播心理、信息质量评估、知识挖掘与发现。这些类别代表了国内在线商品评论的主要研究结构，具体如表2-1所示：

表2-1　聚类分析确定的国内在线商品评论的研究结构

口碑传播效应	信息服务与使用	口碑传播心理	信息质量评估	知识挖掘与发现
负面口碑	口碑影响	社会网络	评论有用性	文本挖掘
正面口碑	产品销量	口碑传播	可信度	产品属性
口碑效应	评论动机	知识共享	信息质量	语义分析
推荐行为	消费者决策	社会交换	关系强度	评论排序
消费者满意度	网络营销	虚假评论	数据挖掘	情感倾向
口碑营销	个性化服务	意见领袖	机器学习	自动摘要
	营销策略	参与动机	产品特征	极性强度
	消费者偏好	垃圾评论		

第四节　结果分析

通过上文的聚类分析结果，下面笔者将结合相关文献的具体内容对这5类的主要内容进行分析和阐述。

1. 热点一：口碑传播效应

口碑传播效应是指由口碑的传播和接受所引起的消费者心理、行为反应以及由此产生的口碑营销等问题。21世纪以来，随着计算机技术的飞速发展，以及各大电商网站客户反馈系统和信誉平台的建立，以网络为载体的评论飞速增长，为产品销售和企业形象带来了前所未有的影响。消费者自身的消费经历和体验，导致了最初在线评论的产生，可以影响其他买家的购物决策，也可以帮助卖家根据消费者的评价调整自己的营销传播策略。

正负面传播效应。对于个人而言，促使他们传播正面口碑的一个主要心理动机是通过展现他们不同凡响的购买选择或者无私地与他人分享自己的专业知识，以获得社会认同以及自我认同；而发表负面口碑的心理动机是为了表达不满，或是出于发泄敌意，或是为了寻求报复。

推荐行为是精准营销的结果。基于在线评论数据的口碑营销，有利于商家把握消费者的偏好，对用户数据的分析产生个性化的精准推荐。对线下商家而言，传统团购低价竞争的路线已经被证明了不可持续，未来电子商务市场必然走向精准化运营的道路。

消费者满意度是口碑营销的目的。消费者满意度反映了消费者的一种心理状态，它来源于顾客对企业的某种产品或服务所产生的感受与自己的期望所进行的对比。也就是说"满意"并不是一个绝对概念，而是一个相对概念。相关研究表明，企业不能闭门造车，留恋于自己对服务态度、产品质量、价格等指标是否优化的主观判断上，而应考察所提供的产品服务与顾客在线评论反映的期望、要求等吻合的程度如何。

2.热点二：信息服务与使用

帮助消费者决策是在线评论信息被使用的直接原因。查看其他购买者的评论，得到更多有关商品的信息是目前购买者认为最可信的手段。网络商品评论已经成为消费者进行网络购物的重要信息来源之一。随着用户评论这一功能的广泛应用，策略的焦点从评论的存在转移到了消费者对于评论的看法和利用上。因此，对在线评论的动机以及激励的研究也相应地随之而来，利用在线商品评论进行决策的趋势也在逐年上升，关键词"评论动机"和"消费者决策"正好印证了这点。

有学者探索了在线评论有效性对销量的影响，尤其是评价者的特点和购买偏好对销量的影响。也有研究者证明了这些影响会随着产品类型变化而改变，产品类型起到了调节的作用。例如，在线评论对销量的效用在电子科技产品中影响最大，对于保险、理财等产品的影响较小，因为这些产品必须线上和线下相结合，而且受到地域的限制，因此这些类产品的销量更倾向于受到传统口碑的影响，人们更倾向于听从朋友和家人的推荐。

关键词"个性化服务""营销策略"和"消费者偏好"表明反馈系统已经被许多流行的购物网站广泛采用，在线评论系统不仅仅提高了电子市场的功效，而且也有利于制造商和销售商收集和了解消费者的偏好。从在线评论中搜集有用的信息进行分析和使用，有利于根据消费者偏好提供个性化的营销策略。例如，有学者从亚马逊中国网站筛选出具有代表性的商品的在线评论，对这些在线评论信息的使用有利于高效地制订出诸如"完善商品详情页面、调整网页色彩、设计比价系统、增加促销力度、完善售后服务"等相关的网络营销策略。

3.热点三：口碑传播心理

口碑传播心理包括动机与意愿两类。顾客参与在线评论的动机研究，目前可以分为两种：一是参与发表在线评论的动机研究，即口碑传播；二是参与搜索查看在线评论的动机研究，即口碑接受。另外还有研究将消费者参与发表评论的动机分为主动动机和被动动机。主动动机是由内在心理决定的主动参与动机，如自我实现、社交利益；被动动机是由于外部激励，如评论能够获得奖励、商品价格折扣等。

近几年来，学者们探究消费者进行网上评论的动机，开始着眼于消费者和产品的特点，还有一些因素在近几年的研究中也被发现，譬如成为意见领袖，展现自己产品熟悉度以及原创的本能等。有研究表明意见领袖对顾客口碑传播网络的信息传播速度和传播范围有较大的影响，而且对传播范围的影响要大于对传播速度的影响。

"社会交换""知识共享"关键词表明，将在线评论作为一种参与社会交换的物质视角，散布口碑者为网络用户提供商品信息和购物体验，是在相互传递和交换信息的过程中形成的一种无形的用户交流网，为现实社会提供了前所未有的舆论多元空间。人们逐渐习惯在网上交换关于产品的信息和看法，在线评论成为人们知识共享的重要方式之一。优秀的评论者懂得参与在线评论也是虚拟社区知识共享的过程，渴望参与社交、建立社交地位以及获得声誉是有些消费者积极搜索评论、回复评论、给评论打分投票的重要动机。

基于"社会网络"的口碑传播心理是将网络购物环境看作是一个社会网络，在该网络中，网络的节点处会有一些活跃的评论者对网络起到很好的链接作用。"垃圾评论"和"虚假评论"这两种评论加剧了网络信息的不对称性，把握这两种评论的传播心理是治理和净化网络环境的切入点，有利于保护网络信息生态环境。

4.热点四：信息质量评估

信息质量评估主要指在"可信度"和"评论有用性"两个方面。可信度就是消费者对在线评论真实性的相信程度。在线评论的可信度受三个方面因素的制约：①在线评论的传播者（比如传播者之间的关系强度）。例如，人们在同亲友交流时，对方的可信度通常是为自己所知的，这种关系强度也是最强的，因此在现实生活中亲友的评论往往被认为是可信度较高的。②在线评论的内容本身（比如产品特征）。由于在大多数网上情境中缺乏社交情境线索，我们必须使用其他信息，如评论的内容去鉴别评论者的可信度。从在线评论本身的内容来看，在线评论中提到的产品特征词的重要性，都是影响在线评论可信度的要素。③在线评论的发布平台。发表在线评论的平台可信度，例如网站的知名度和信誉度也是影响在线评论可信度的重要因素。

在线评论的有效性是指在线评论所提供的信息量可以给消费者提供参考，帮助消费者进行购买决策，使消费者的需求得到满足。郝媛媛等学者认为，网络电影评论中的正向情感、较高正负情感混杂度以及较长的句子对评论的有效性具有显著的正面影响。许多电子商务网站，如亚马逊、当当、京东、淘宝等都提供在线商品评论的效用评价功能——依据每条评论获得的"有用"投票数占总投票数的比例对商品评论进行排序，获得支持票数越多的评论说明该条评论的效用越大。

不论买家还是卖家，作为在线商品评论的读者都希望从中获得有助于决策的信息。然而，针对一件商品的在线商品评论往往数量众多，而且内容质量参差不齐，不是所有的评论都是有价值的，也不是所有的评论价值都是相等的，这就使得在线评论的质量成了研究的重点。例如，有学者通过文档频率阈值、信息增益、互信息、卡方统计、词项强度等指标来对评论质量进行量化判断，这是一种定量的研究方法。还有学者通过在线评论的有用性、可信性、影响力等因素的研究，来从侧面反映在线评论的质量。比如在线评论A比B对商品销量、收藏率、点击率的影响大，那么就可以认为在线评论A

的质量比 B 的好。

"数据挖掘"和"机器学习"是在线商品评论质量检测与评估的技术手段，可以利用自然语言处理技术，判断消费者在线评论的质量高低。例如，有学者通过机器学习技术分类审查情绪，开发了一个词典，对在线评论的情感倾向进行分类，从无用的垃圾评论中抽取出相对有用的评论。

5. 热点五：知识挖掘与发现

"知识发现"涉及文本挖掘、人工智能、认知科学、信息科学、信息分析等领域。在线评论领域的知识发现，研究重点是将在线评论作为语料库对其进行文本挖掘，提取在线评论中有用的信息。"语义分析""极性强度""情感倾向""自动摘要""评论排序"这 5 个关键词，反映了知识发现实践运用的全过程。"语义分析"是在线评论知识挖掘和发现的技术基础，是国内情报学界对在线评论、网络口碑研究的重点和热点。对前人的文献进行总结发现，其挖掘的方法主要有以下几种：构建本体的方法，基于句式、语义的方法，线性模型方法，马尔科夫模型，基于搜索引擎片段等方法。

从网络评论中挖掘出产品特性词，即"产品属性词"，已经成为信息发掘和语义分析两个领域的热门话题。对于中文的评论，由于语言和句式的差异，现存的国外挖掘成果很难运用到中文评论中来。我国学者们针对面向电子商务的中文网络客户评论中产品特征提取及相关技术进行研究，探索了中文环境下网络客户评论的产品特征挖掘方法。该方法基于改进关联规则算法，实现了针对中文产品评论的产品特征属性挖掘，查准率和查全率较高。但是，对于中文评论中的产品特征挖掘研究还处于起步阶段，利用语言学知识对在线评论中的特征词性进行标注，这些知识的建立需要大量的人工工作。

文本挖掘是分析非结构化文本数据，进一步使用数据和文本挖掘技术提取相关的内容，这些技术被应用到各种各样的在线产品评论分析中。基于情感倾向性挖掘的文献也很多，一般将挖掘后的情感词用于判断情感词的正负、强度分类等，分类的结果体现了评论者的态度是支持还是反对。目前面向中文网络客户评论的产品特征挖掘研究都无法实现自动评论挖掘功能。由于网络客户评论在书写时随意性较大，遣词造句基本没有约束，给国内研究在线商品评论的文本带来了一定的困难。

"自动摘要"和"评论排序"是知识挖掘与知识发现的两个重点应用层面。自动生成摘要是指根据关键产品特征词以及用户对于这些特征词的态度，进而组成简单明确的评价摘要，让消费者在大量的在线评论面前一目了然，不必逐一阅读评论就了解评论的观点。评论排序的目的是将最有价值的评论排在前面，避免消费者在海量无序的评论中"摸不清方向"，使得消费者在短时间内找出自己所需要的信息，为购买决策提供了更好的参考价值。例如，根据商品特征关联度对购物客户评论按照可信度进行排序，使得消费者只需要阅读前面的评论就可以真实、客观地了解产品评论的信息，进而减少消费者搜索的时间成本。

第五节　本章小结

通过上述四大研究单元和五大研究热点的分析，笔者发现国内在线评论的研究主要集中在三个层面：

一是形态层面。形态层面上仍是继UGC（用户自生成内容）研究和网络口碑研究之后的主导内容，只是在研究领域上更多的偏向电子商务、网络营销；在研究的数据平台上更多的是分析零售业网站（淘宝网、京东网、亚马逊网等）上的评论；在研究对象上更多针对的是商品的评论，而非微博的评论、新闻的评论或者时事政治等其他类型的评论。而之前有关UGC和网络口碑的研究范围则更广，比如微博、博客、微信等其他所有承载网民心声的平台。

二是受众层面。在受众层面上，不少学者都从受众接受、受众传播的角度进行研究。尽管在线商品评论属于UGC的一种，但与之前UGC的研究不同，在线商品评论的受众是双向的，即消费者和商家这两类；而UGC的受众往往是单向的受众，只不过是之前的信息阅读者转变成了信息发布者。

三是效果层面。在效果层面上，多从信息质量检测、垃圾评论、虚假评论辨识等角度进行的，在此层面上与之前 UGC 的研究区别不大。有关 UGC 的研究文献也多是侧重在内容的监督、管理和评价等方面。

结合目前的研究现状和研究热点，笔者认为对于国内在线评论的研究领域，应该从以下两个方面加强：

①对效果层面的研究加强力度。目前的研究虽取得了可喜的进展，但是现有的机器学习、语义分析等技术还不能够做到完全精确，中文的情感倾向分析技术发展相对比较滞后，目前主要集中在网络舆情的监测预警方面。如果用监督性方法对其进行挖掘，首先需要从语言学的角度对这种主观性的文本进行研究，包括语料收集、分析语言规律、研究标注规范和方法等。但在国内的研究中，这方面的基础研究还做得很少。如果实现非监督型的挖掘方法，就可以降低人工参与程度，那么就意味着对于中文在线商品评论的挖掘亟须进一步研究。

②对形态层面和受众层面的研究加强广度。对在线商品评论的剖析应该多角度、全方位地开展。例如，除了关注病人在销售网站的在线评论，还可以关注在"丁香医生"等网站、App 或者微信公众号等平台上的留言评论，从缓和医患关系的角度鼓励病人发表评论、意见和建议，有利于避免因消极评论而导致的网上投诉、医闹等状况的发生。另外还有最近比较流行视频网站的"弹幕"评论，即大量的评论如同"子弹"一样从视频的屏幕上飞过。该评论来源于 ACG（Animation，Comic 和 Game 的缩写，即"动画、漫画和游戏"）文化，是一种脱胎于"二次元"文化的新型的在线商品评论，对于这类新型评论的传播形式、传播效果和传播影响的研究还有很大的开拓空间。

本章以共词分析为基础，采用多元统计方法探讨了在线商品评论领域的研究现状及热点，通过关键词之间的关系揭示不同主题之间的内在关系，试图帮助其他研究者寻找并挖掘相关的研究主题，清晰定位研究的层次。但是本章尚存在一些不足，比如所考察的文献类型全部来源于学位论文和期刊论文，并没有涉及其他类型的学术文献，比如会议论文、专利论文等。如果将这些论文也统计在内的话，也许会对研究的结论起到一定的辅助作用。

第三章　网络商品评论特征
表示方法研究

第一节　研究意义

随着新兴技术与新的商业交易模式的涌现，尤其是手机购物的兴起，不管是哪家电商企业，移动端的交易量已经远远超过了 PC 端的交易量。网络购物便捷性的提高，使得网络交易评论呈现出前所未有的爆发式增长态势。然而，这些大量增加的网络评论，有着非结构化的复杂性和碎片化的特征，单纯凭借人工去逐条阅读和梳理如同大海捞针。因此需要寻找有效的手段对评论文本进行挖掘，用计算机帮助人们快速准确地获取自动摘要、情感倾向等有用的信息。

目前有关评论文本信息的处理，通常采用向量空间模型来描述文本向量。由于直接用分词算法和词频统计获取文本向量中的各个维度，往往会很大，因此需要找出对文本特征类别最具代表性的文本特征，通过特征表示来对文本向量进行降维。对在线评论文本特征表示的研究主要集中在以下两个方面：一类是通过构造各类评估函数，直接从原始特征中挑选出一些具有代表性的词、字或者词组、短语作为特征，比如信息增益法、互信息法、文档频率法等。但是由于词语本身存在同义、多义以及对短语和上下文的依赖的特点，单纯地将词语孤立的进行研究，破坏了文档中的相关关系和语义特征，导致这种提取存在较大的局限性。二是采用映射或者变换的方法把原始特征变换成为较少的新特征，进行降维，例如主成分分析法、潜在语义搜索法等。也有学者抽取 hownet 概念词典中的概念作为特征来构成文本向量。由于概念空间比词空间小，而且各分量之间相对独立，因此，概念特征比词特征更适合来表示文本内容。但是概念词有限，不能涵盖网上出现的大量新词，尤其不适用在线评论这类发表自由、网络口语频繁使用的文本，因此也有学者鉴于网页内容灵活多变的特征，提出了基于文本发现的 Web 表示方法，旧词和新词共同作为 web 文本特征的表示项，进而提高了 Web 文本的表达能力，但是新词需要依赖于原有的主题词典，召回率和准确率不高。

本章在特征词选择算法的基础上，提出了基于商品标题和商品描述作为训练集的文本特征表示方法。该方法不借助主题词典，先从商品标题和商品描述这些训练集中对词的贡献情况进行分析，用词聚类生成种子词表示某一主题的词类，然后用种子词作为文本的特征项，最后得到评论文本的特征向量描述。

第二节　训练集种子词选取

词聚类是从语义上，通过词与词之间的距离，来判断表达的意义相同或者相近。本章采用 k 模聚类对范畴属性进行聚类，使用一个较小的集合，用每个类的高频词来表示这个类。用种子词来代表其他近义词表达某一主题的内容。例如：尺码（肥大、大码、宽松、紧身、长款）是以种子词"尺码"表示一个词类，词类中的任意一个词为该词类的一个元素。即"肥大""大码""宽松""紧身""长款"分别为种子词"尺码"表示的词类的一个元素，或者说是种子词"尺码"的一个元素。

本章以淘宝上的评论数据为研究对象，通过网络爬虫对商品标题、商品描述和商品评论进行抓取。选择商品标题和描述的文本作为训练集，对训练集种子词的选取分两步骤进行：

一是从含有较多商品属性的商品标题中选取种子词。例如，有关一件连衣裙的商品标题是"2014 秋冬装新款韩版时尚优雅气质大码显瘦收腰长袖打底连衣裙女"。因为商品标题需要尽可能多地涵盖商品属性，这样才有更多被用户搜索到的可能，加之商品标题往往比较短，一般30字以内，因此从商品标题中选择特征词作为种子词，只要通过分词和去除停用词就可以得到。例如，我们从这条标题中得到的种子词为："秋冬装、新款、韩版、时尚、优雅、气质、大码、显瘦、收腰、长袖、打底、连衣裙、女"。

二是从商品描述中选择特征词作为种子词。例如，某件商品的商品描述如下："经典的牛仔蓝，非常漂亮。我们的做工也是一级棒，细节超级好。拉链是金属拉链，初拉可能会有金属的质感，不如塑料顺畅，但是足够牢固，拉多次后会流畅起来。还有衣服腰上的褶子，也是设计得非常精致！线工完美，亲们看下我们实拍图里，内里的包线。精致得不行！"商品描述是卖家在商品详情页面写给买家看的，有关商品特点、质地、款式等信息的称述，包含着重要的商品特征内容。因此从这里面选取种子词可以减少对大量评论文本检索的时间。

具体做法如下：分别对商品标题、商品描述进行文本预处理，分词，去除停用词，计算词频，设置一个阈值，选择频度大于阈值 f 的词作为种子词 a，即 $V_a = \{a_1, a_2 \cdots\}$ 和 $V_b = \{b_1, b_2 \cdots\}$。将两类种子词集合进行合并，取并集，作为最终的种子词。具体流程图如图3-1所示：

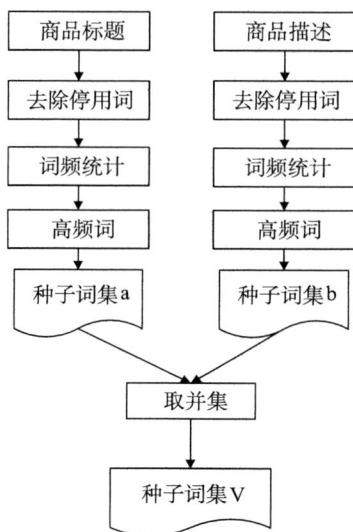

图3-1　种子词选择流程

第三节 文本特征具体表示

所谓特征表示，就是从 n 个度量值集合 $\{x_1, x_2, \cdots, x_n\}$ 中，按某一准则选取出供分类用的子集，作为降维的分类特征。本章基于 SVM 模型（支持向量机）的基础上，采用自己定义的一种结合商品标题和描述的词聚类方法，即 Link-SVM 方法（后文简称 LSVM）将关键词对应到特征空间，对评论文本的特征向量进行描述。具体步骤如下：

1. 种子词文本映射

从商品标题和商品描述中得到的种子词设为种子词集 $A(zc_1, zc_2, zc_3, \cdots, zc_k), zc_1, zc_2, zc_3, \cdots, zc_k$ 分别为种子词。对于评论文本 d，首先对 d 进行分词处理，去除停用词，选择频度大于阈值 f 的词作为关键词，设为 $(c_1, c_2, c_3, \cdots, c_h)$。这些关键词可以采用下面的方式映射到评论文本的特征空间：

如下图 3-2 所示，假设 c_1 是种子词，则直接将其映射为文本 d 的特征词；c_2 不是种子词，但是是种子词 c_2' 的元素词，则将 c_2 映射为种子词 c_2'，再映射为文本 d 的特征词 c_2'；c_3 既不是种子词也不是种子词的元素词，则将其去除。

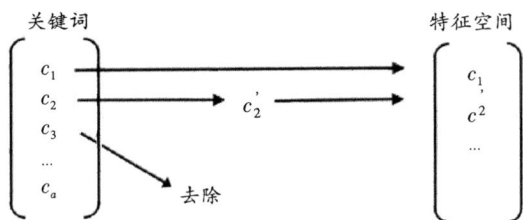

图 3-2 种子词文本映射示意

2. 种子词相似度计算

本章采用闵可夫斯基距离来计算两个词之间的相似度，假设 x_i 与 x_j 是文本中的两个词，用 $dist(x_i, x_j)$ 表示两个词之间的距离。$dist(x_i, x_j)$ 越小表明两个词之间的相关度越大。如下面公式（1）所示：

$$Dist\left(x_i, x_j\right) = \left(\left|x_{i1} - x_{j1}\right|^h + \left|x_{i2} - x_{j2}\right|^h + \cdots + \left|x_{ir} - x_{jr}\right|^h\right)^{1/h} \qquad \cdots\cdots (1)$$

（h是一个正整数）

3.权重计算

根据上面的映射规则，将权重按照下面的公式进行定义，共有三种情况：

①若c_i为种子词，$G\left(c_i\right)$为此类权重因子，$H\left(c_i\right)$为词c_i在文本d中所含的信息量。权重计算为：

$$Q\left(c_i\right) = G\left(c_i\right) H\left(c_i\right) \qquad \cdots\cdots (2)$$

②若c_i不是种子词，但是种子词zc_i的元素词，$1/Dist\left(x_i, x_j\right)$用来表示两个词之间的相关度，权重计算为：

$$Q\left(zc_i\right) = G\left(zc_i\right) H\left(c_i\right)/Dist\left(x_i, x_j\right) \qquad \cdots\cdots (3)$$

③在实际情况中还有可能出现两个或者多个关键词生成的特征词相同的情况。比如zc_i是种子词，c_j不是种子词但是却是种子词zc_i的元素词，则他们这两个词映射的特征词都是同一个词zc_i。这个特征词的权重为两个效应的叠加，权重计算为：

$$Q\left(zc_i\right) = \left[1/Dist\left(x_i, x_j\right) + 1\right] G\left(zc_i\right) H\left(c_i\right) \qquad \cdots\cdots (4)$$

第四节 实验及结果讨论

1.实验准备

本书以淘宝中的网络评论为对象进行分析，由于淘宝中的评论必须是用户真实购买以后才能做出的评价，并且淘宝是中国最大的C2C电子商务网站，比其他网站有着更多的用户评论和更高的用户认可度。因此，本章以淘宝数据为例，进行实验。编写的java网络爬虫，从淘宝网中选取销量较好的一款连衣裙来获取评论语料库。规定字数大于或等于两个汉字的评论才算是有效评论，因此需要设置一个阈值：如果评论字数大于或等于两个汉字（即四个字节）则进行提取，否则视为无效评论，跳转到下一条评论进行判断，最终得到评论14235条。

2.实验过程

步骤一：对评论文本进行预处理，用中国科学院的ICTLAS分词系统对文本进行分词。去除语气助词、副词、介词、连接词等这些无明确意义词，还有常见的"的""在"等此类的停用词。准备好训练集的商品标题和商品描述文本以及测试集的在线评论文本，标注后的格式如表3-1所示。

表3-1　买家评论文本分词

评论1	面料/n 摸/v 起来/vf 很/d 舒服/a ,/wd 垂/v 感/vg 很/d 好/a ,/wd 不/d 厚/a ,/wd 薄薄的/z ,/wd 很/d 适合/v 夏天/t 穿/v ,/wd 性/ng 价/n 比/p 很/d 高/a
评论2	没有/v 色差/n ,/wd 颜色/n 跟/p 图片/n 一样/uyy 的/ude1 ,/wd 质量/n 也/d 很/d 好/a ,/wd 大小/n 长度/n 刚好/d ,/wd 我/rr 158/m 穿/v M/x 码/v 很/d 好/a 看/v
评论3	物流/n 很快/d ,/wd 质量/n 也/d 挺/d 好/a 的/ude1 ,/wd 裙子/n 很/d 漂亮/a ,/wd 也/d 很/d 仙/ng ,/wd 同事/n 都/d 说/v 好看/a ,/wd 穿/v 起来/vf 也/d 显/v 瘦/a ,/wd 非常/d 满意/v

说明："/"后的字母为对应的词语的词性标注。

步骤二：相关度筛选。设定一个阈值，如果相关度大于这个阈值，则说明相关度较高，归入词类；如果相关度较低，则返回扫描下一条词汇进行判断。

步骤三：文本特征表示。得到种子词以及种子词所在类的元素词，可以表示成种子词的向量，用来表示文本特征。例如我们在实验的过程中产生了三个关键词类（括号前的词为种子词，括号里面的词为元素词）：①尺码0.18（肥大、大码、宽松、紧身、长款）；②颜色0.21（色差、色正、抬肤色、显黑）；③价格0.13（性价比、贵、便宜、划算、公道）；本书用Q表示文本空间向量集，因此，文本特征的空间描述为（（尺码，Q_1），（颜色，Q_2），（价格，Q_3））。假设给定的评论文本 d 经过关键词抽取后只有五个关键词：尺码（0.63），颜色（0.77），色差（0.43），便宜（0.27），收腰（0.21），并且，颜色与色差的距离为1.34，便宜与价格的距离为1.65。括号中数字表示关键词的信息量，下面将对这五个关键词进行映射，并且分别计算它们的权重。

"尺码"是种子词，因此映射后的特征词为尺码，它的权重是0.18×0.63=0.1134。"颜色"是种子词、色差是属性词，它们都分别映射到种子词颜色上，因此特征词颜色的权重为（1+1/1.34）×0.21×0.77=0.2824

"便宜"不是种子词，但是是种子词价格的元素词，映射后的特征词为价格，它的权重为（1/1.65）×0.13×0.27=0.0213

最后一个词"收腰"，既不是种子词也不是元素词，本章将其删除。

最后得到评论文本 d 的向量描述为 d=（（尺码，0.1134），（颜色，0.2824），（便宜，0.0213））。

3.实验结果及分析

（1）性能对比分析

本章选择下面这个公式（5）作为衡量该方法优劣的标准。

$$\text{TP} = \frac{\text{原始特征词数} - \text{结果特征词数}}{\text{原始特征词数}} \times 100\% \qquad \cdots\cdots（5）$$

将本章的方法与传统的方法进行对比，实验如下：传统的方法中比较著名且效果较好的方法有 IG（信息增益法）和 CHI（卡方统计量）。本章将这两个方法与本章提出的 LSVM 方法进行比较实验，观察它们的优劣性。采用的指标是宏平均准确率 MP、宏平均召回率 MR 和宏平均 F_1 值 MF_1。实验结果如图3-3、图3-4和图3-5所示：

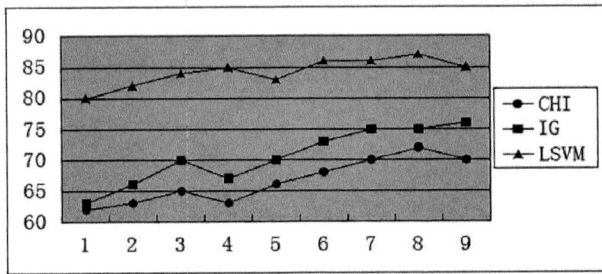

图3-3 宏平均准确率MP比较结果（特征维数/（×10³））

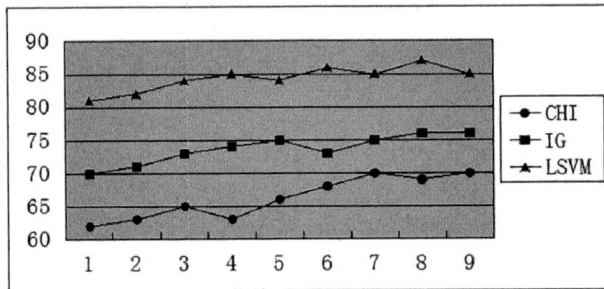

图3-4 宏平均召回率MR比较结果（特征维数/（×10³））

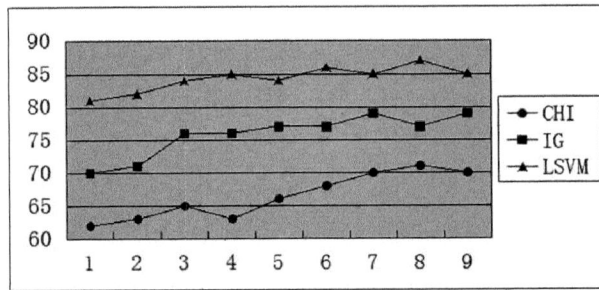

图3-5 宏平均F₁值MF₁比较结果（特征维数/（×10³））

从上面几个图中可以看出，上述几种评价函数都是试图通过概率找出特征与主题类之间的联系，本章提出的LSVM方法比传统的IG和CHI分类算法准确率有所提高。"信息增益"只能考察特征对整个系统的贡献，而不能具体到某个类别上，这就使得它只适合用来做所谓"全局"的特征选择，对判断文本类别贡献不大，而且引入了不必要的干扰项，特别是在处理类分布和特征值分布高度不平衡的数据时选择精度下降。IG方法在高维空间上的效果比在低维空间中的好，在8000维至10000维CHI能够达到70%以上，可是在2000维以下却不到70%，受维度影响较大。CHI随着维度的增加分类效果变好，但是总体较差。而本方法在不同的维度下分类结果基本保持稳定，准确率MP值和召回率MR值均维持在80%以上。因为本章将商品标题和描述考虑进来，通过训练集已经得到了比较稳定和准确的种子词来作为特征词，使得对下一步测试集的判断更加准确。

（2）效率对比分析

将LSVM方法与其他两种方法进行消耗时间的对比实验，选取前2200维数据分成11组进行计时统计。每扫描200维统计一次，时间记录单位为毫秒。耗费时间如图3-6所示：

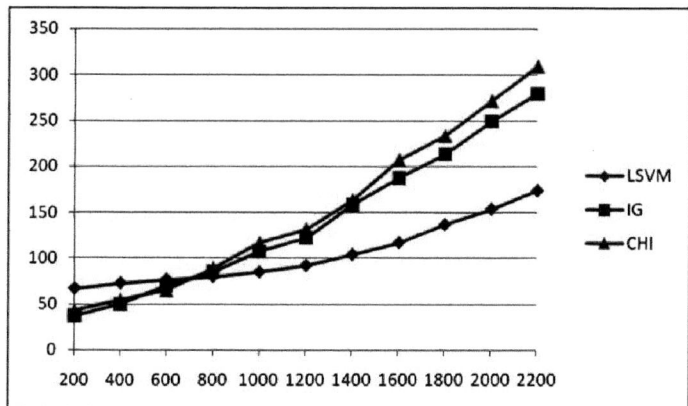

图3-6　消耗时间对比

从上图可以看出本章的LSVM方法消耗的时间较少，尽管在开始阶段由于需要扫描商品标题和商品描述，时间对比相差不大，但在600维及以后的评论挖掘时间上远远小于其他两种方法。这是由于简化了文本表示过程，使得在描述文本特征时不需要借助主题词典，减少了迭代次数，大大提高了文本分类的效率，缩短了挖掘时间。

第五节　本章小结

文本特征描述是文本分类的一项基础工作，直接关系到文本分类的效果。本章提出的基于商品标题和描述的在线评论文本特征提取方法（LS-VM），能够利用商品属性之间的关联，快速找到文本中的同义词，对它们进行聚类。该方法从商品标题和描述这些短文本切入，简化了文本表示过程，提高了文本分类的效率。实验也证明了本方法相较于传统的两种方法在各指标上都有着优势，可以为今后更好地利用和挖掘文本信息提供服务。但是本章的方法对于除淘宝、京东等电子商务网站以外的其他只有标题而没有具体的商品描述信息的网站，适用性可能不强。对于论坛中的评论，不仅有对物品的评论文本，还有对事件、新闻等的评论信息，如何对这些评论文本进行文本表示，寻求一种既有效又较为普适的方法将是今后研究的方向。

第四章　网络商品评论对营销的影响研究

第一节　研究背景及意义

1.研究背景

Web2.0的出现使得互联网发展到了一个新的阶段——用户参与网络构建的阶段。互联网从早期的静态页面和单纯的用户接受变成了动态的和可交互的网络内容。信息内容也由原先的专业人士生成变成了用户可参与的生成内容（这种由用户参与生成的内容叫作"微内容"）。人们在Internet上不仅可以查看信息，获取知识还可以进行信息、思想的交流。Web2.0时代满足了人们个性表达和个性化使用的需求，计算机已经成为一种人们与外界沟通的工具。人们开始乐于在网络上发表自己的看法、见解，也希望个人的自我表达得到重视和效仿。

目前，新浪、搜狐、腾讯、网易等网站都在加大对微博的投入，中国互联网正处于微博大发展的阶段，这表明网络平民化的表达成为一种必然趋势。B2C、C2C等商务模式使得网络交易的数量大幅增加，有关统计显示，消费者在每100次的在线活动中就有25次是进行网络购物的。与传统购物模式不同，现在的网络订购、在线支付、网上银行、支付宝等多种网络支付手段，使得网络购物可以在足不出户的情况下完成，电子商务通过因特网以数字化的方式完成各种交易活动。对两者进行比较发现，传统的购物方式，无论是大卖场还是专卖店，各商家都会有导购员为顾客介绍商品，顾客还可以进行试用和比较；而在网络购物中，人们在琳琅满目而又见不到实物的商品面前显得手足无措。卖家总比买家拥有更多的商品信息，双方之间的这种信息不对等性也是网络购物不能顺畅进行的瓶颈。购买者对商家提供的产品照片和产品描述又不完全信任，因此查看其他购买者的评论是帮助自己做出决策的重要手段，从其他买家那里得到商品的有关信息是目前购买者认为最可信的手段。

DoubleClick公司进行的调查表明，50%以上的买家在购物前会去网上搜索相关信息来支持自己的消费决定。消费者之间交换信息会影响到其他消费者的购买选择，也影响到卖家生产商等营销策略的制订。网络购物在一定的网络风险下还能够顺利地发展，这其中一部分原因就在于此。人们对和自己有着相同目的而又乐于分享自己体验的人有着天生的信任，因此网络中他人对该产品的留言、帖子等任何相关信息，都能成为消费者购物前最重要的考虑因素；同时，消费者购物后也乐于在网上分享自己真实的购物体验，以供后续的买家参考。网络上除了许多购物网站外，还有一些产品论坛和产品评论网站，比如"大众点评网"，这些网站越来越广泛地成为商家和消费者查询产品评价信息的平台。一些优质的评论会得到商家的奖励，分享自己的购买经验还可以得到下次购买折扣等，这些也表明商家对产品评论的依赖性和重视性。

Web2.0的到来使得人们在互联网上畅通无阻地交流成为可能，互联网已演化成一个虚拟的社会，一块正在加速膨胀的思想阵地。同时，这些真实的评论信息也对商品提出了新的要求，如果厂商能够按照这些要求改进商品，则将迎来更多客户的青睐。因此，网络评论信息也逐渐对有关营销部门的决策产生了影响。所以，对网络舆论、网络评价的研究就显得非常有必要。

2.研究意义

Web2.0的兴起为广大用户提供了表达自己观点的平台，越来越多的网络留言和商品评论遍布着我们的网站。有些正面的评论有助于顾客了解产品的详细内容和商家的服务态度和服务质量，帮助其做出购买选择。同时负面的评论作为反馈机制也帮助生产商和销售商提高产品质量，改进服务态度，从而获得竞争力。随着网络评论数目的飞速增长，用户在庞大的网络数据面前显得手足无措，对用户有用的信息掩埋在大量的、无用的、不相关的信息中，获取知识犹如大海捞针，如何借助一定的技术手段从庞大的信息评论文本中获取用户最感兴趣的知识，则成为当今研究的热门专题。从爆炸的信息中抽取出隐含的、有用的知识这一过程，称之为数据挖掘。而从具体的用户评论文本中提取有用的信息，则称之为文本挖掘。文本挖掘是数据挖掘的一个分支。

在目前的电子商务网站中，大致可以分为两种：一种是以交易为主要行为的网站（如淘宝网、卓越、京东商城等），另一种是以评论为主要行为的网站（如大众点评网）。在后者网站中，可以收集到许多的用户评论，如某个城市的某家餐馆经理可以直接在大众点评网上，查看消费者对这家餐馆的口味、菜系的评价。以交易为主要行为的网站，目前也有自身的评价系统，这些评价系统中包括了结构化的评论模块和非结构化的评论模块。非结构化的评论模块含有文本框，可以由买家自己输入对商品的评价信息和购物体验。这种非结构化的内容会在商家的宝贝页面中展示，为其他买家提供购买参考。随着网络购物数量的增加，大量的文本数据信息不像过去那么容易被购买者捕捉。有些销量较好的商品在30天内会有上千件的销量，买家留下的评论文本少者也有上百条甚至上千条。大量的评论信息对买家的阅读和信息的获取造成了麻烦，人工的阅读势必会遗漏大量的商品信息。如何将所有的评论整合成简要的短文或者将大量非结构化的文本整合成结构化的、直观的、数值型的内容，让用户阅读时一目了然，并且可以直接用于营销策略的制订中，是众多研究者的愿望所在。目前国内对评论文本信息的挖掘研究其少，而且都不全面，也没有在电子商务或者网络营销中有所应用，因此对商品评论进行全面具体的挖掘研究显得十分必要和紧迫。同时，现存的挖掘方法一般致力于挖掘出用户观点或者形成文本摘要，对于如何将挖掘结果进行量化分析没有较多的考虑。内容分析法正是一种很好的量化分析方法，可以将定性的问题定量分析。因此，本章将非结构化的评论文本挖掘方法和内容分析法相结合，挖掘出用户最感兴趣的评论指标，并对评论指标进行量化分析，为网络营销策略的制订和优化提供帮助，这也是本章决定研究的要点。出于这一目的，我们在研究挖掘文本关键词的基础上，获取的商品关键词和评论文本的褒贬性，利用内容分析法的特点，将定性研究和定量研究结合起来，制定出中小卖家的各种服务指标，在原指标基础上进行改进和完善，进而为中小卖家提高销售量、优化营销策略提供有价值的理论参考。

第二节　国内外研究现状

1.内容分析法的研究现状

内容分析法是与一定客观性的调查程序联系在一起的，是一种对明示传播内容进行客观、系统和定量描述的调查方法。第二次世界大战时期，内容分析法开始被应用于军事情报研究中，并取得了显著的成效。经过几十年的发展，已经在图书情报学、社会学、心理学、新闻传播学等多个领域展开了多方面的研究探索。在一些发达国家，内容分析法已经成为情报研究的主要手段。它在其他领域的应用也相当普及，并已经取得了丰硕的研究成果。自20世纪70年代以来，国外对此研究的论文呈明显上升趋势，内容分析法得到了广泛的发展和认同应用。最早将引文分析法与内容分析法组合的研究是Braam、Moed 等[①]，他们在同被引聚类分析的基础上，通过内容词分析描述

---

① BRAAM R R, MOED H F. Mapping of Science by Combined Co-Citation and Word Analysis.I: Structura Aspects[J]. Journal of The American Society for Information Science, 1991,42 (4): 233–251.

农业科学领域和化学感受领域的研究主题，揭示科学研究结构；美国德雷塞尔大学陈超美教授开发的基于 JAVA 平台的可视化应用软件 Citespace 能够同时绘制引文知识图谱、主题词图谱、突发词图谱以及引文文献与引文术语的混合图谱，该软件是将引文分析法与内容分析法结合实现学科知识发现的有效工具，在国内外都有大量的应用研究。

20 世纪 90 年代以后，内容分析法不断吸收当代科学发展的养料，用系统论、信息论、符号学、语义学、统计学等新兴学科的成果充实自己。内容分析法也在不断地应用于互联网领域的研究。例如，古亚力、田文静等《基于关键词共现和社会网络分析法的我国智库热点主题研究》。还有学者将引文分析法与内容分析法结合使用，代表性的研究有韩国的 S K.Kyong[1]利用作者-关键词耦合分析（Author Keyword Coupling Analysis AKCA）和社会网络分析，构建了娱乐休闲领域的关键词耦合知识网络图，并根据社会网络分析的中心度对关键词进行排名，探索该领域研究热点。我国学者孙海生在《作者关键词共现网络及实证研究》一文中，通过构建作者-关键词网络，探究国内图书情报学领域作者的主要研究方向，展示作者学术研究的多样性；邱均平通过构建作者引文关系和内容关键词的共现关系网络，揭示知识网络的演化规律。

邱均平、邹菲等人采用文献统计的方法，对国外相关期刊论文进行了较为全面的统计分析，以掌握国外内容分析法的主要研究进展。邱均平、刘国徽在《基于期刊作者耦合的学科知识聚合研究》文章中，对所有可获得的资料来源，包括文摘杂志、网络资源、数据库等进行了一番比较分析后，发现数据库具有较高的查全率和查准率，因此将学术期刊全文库和剑桥科学文摘数据库作为数据样本来源。同时，方法本身也在不断讨论和完善中，各学科研究者的角度也有所侧重。图书情报研究人员利用其专业优势，在获取充分

---

①KEVIN K B, KYONG S K. A Study on the Intellectual Structure of Leisure and Recreation Studies through Examining the Keyword Network: Published Articles in the Korean Journal of Leisure and Recreation for the Past 9 Years (2006-2014)[J]. Journal of Leisure, Park & Recreation Studies, 2015, 39(2):117-132.

资料的基础上能做出比较客观全面的分析。与之类似的还有新闻传播学，也能掌握大量有价值的第一手资料来进行应用研究。社会学研究范围较为广泛，在应用内容分析法的同时也注重了其理论的研究，一定程度上推动了内容分析法的发展。而计算机科学和医学虽然发文不多，但在两个方面都有所研究。

内容分析法作为传播学的一种方法，不仅在传播学中得到了广泛的应用，而且在评论各种活动、文章讲评、文学评论等范畴方面，其作为一种实证方法也有着特定的含义。近年来，除了考察传播效果的目的内容分析以外，以下三种类型的研究也受到了广泛的重视。第一种是为了获得"文化指标"而进行分析，反映社会状态及特点。第二种是用于媒介提示的"拟态现实"与客观现实之间的比较，防止媒介出现歪曲事实的某些倾向。第三种就是评判学者从事的评判"文本分析"，也就是本章所运用的目的所在。"文本"与讯息意义大致相同，指由一定的符号或符码组成的信息结构体，这种结构体可采用不同的表现形式，比如语言的、文字的、影像的等等。

2. 评论文本挖掘的研究现状

20世纪60年代以来，数据库和信息技术已经从简单的文件处理演化到复杂的、功能强大的数据库系统。70年代以来，数据库的研究和开发已经从层次和网状数据库系统发展到关系型数据库。近年来，数据挖掘引起了人们强大的兴趣，比较普遍的定义是从大量的数据中提取知识的过程。数据挖掘涉及多学科技术的集成，包括数据库技术、统计学、机器学习、高性能计算等。

最早引入数据挖掘的文献是1982年Gerald DeJong设计的一系列含脚本的系统，能够扫描新闻网络，处理新的存档，以及提供对主题事件的描述。1996年Fayyad等人提出了KDD（数据库知识发现）的基本定义：KDD是指从大量的数据中提取有效的、新颖的、潜在有用的和最终可以理解的模式的非平凡过程。数据挖掘是KDD的核心部分，与传统的方法不同，数据挖掘采用基于发现的方法并运用模式匹配和相关算法来发掘出数据之间的关系。1997年，一篇讲述赫尔辛基大学进行的文本挖掘试验，揭开了文本挖掘技术，即处理非结构化文本资源时，进入数据挖掘技术，小组成功地运用了数据库中的知识发现技术，再将文本进行预处理，有效地改变了数据挖掘依赖文本最初是如何处理的这一法则。许多人把数据挖掘视为数据库中发现知识的同义词，而另一些人只是把数据挖掘视为知识发现的一个基本步骤。

因此采用何种算法来完成数据挖掘的过程是数据挖掘技术的核心问题，目前来说，关于数据挖掘的研究绝大多数是基于数据挖掘算法层面的研究。例如，李欣雨等学者对面向中文新闻话题检测的多向量文本聚类方法进行了探讨，山东师范大学的刘颖莹基于密度的聚类算法及在新闻话题发现中的应用展开了研究。吉林大学的徐原博博士，依照数据挖掘的四个过程，对推荐系统最新进展也进行了总结，取得了很好的研究成果。

从数据挖掘中延伸出的文本挖掘也得到许多学者的关注。文本挖掘是从文本数据库中抽取有价值的信息和知识的计算机处理技术。

近些年来，国内的一些学者根据汉语言文学的特点，结合文本挖掘的技术也在逐步进行研究。2010年，南京大学计算机科学与技术系金浩等人讨论了词语情感倾向判断技术，建立了基于二元语法依赖关系的情感倾向性互信息特征模型，采用机器学习的方式使SVM准确率和F值显著提高。同年，西北工业大学计算机学院的有关研究者提出了词汇分布相似度计算方法，在中文文本的挖掘处理方面起到了良好的效果。我国学者也很重视文本挖掘理论与技术的研究，在20世纪末，我国对图形、图像、自然语言的理解和挖掘的重点研究项目中就包括了文本挖掘的内容。国内的一些科研工作者根据汉语言文学的特点和结构开始了针对汉语文本挖掘的研究，开始了面向中文文本的数据挖掘过程。另外，针对网上信息的Web挖掘研究也逐渐成为热点。

Web2.0平台中，网络内容的产生者主要来自用户，每一个用户都可以生成自己的内容，将这些内容进行传播、交流与共享。这种信息内容的生成方式叫用户生成内容。目前的挖掘方式可以有人工挖掘方式和自动挖掘方式，虽然人工的方式对产品评论文本挖掘的结果比较准确，但是，毕竟手工的劳动量较大，挖掘出来的产品特征词或者文本概述不具有拓展性，当产品属性或产品文本在其它领域发生变化时，则需要重新标注和再次挖掘。自动方式可以运用机器学习的方法，在评论文本中划分出测试集和训练集，方便以后提高挖掘模型的准确性。

第三节　网络营销相关理论

随着网络营销和电子商务实践的发展，人们对网络营销的研究也逐步深入。从微观上说，网络营销是指从事网络上营销活动的具体环节；从宏观上说，网络营销整体上所承担的社会功能，是依托网上工具和网络资源开展市场营销活动，将传统的营销原理与互联网特有的功能相结合，服务于网络虚拟市场的营销活动。网络营销的策略包括以下几种：品牌策略、产品策略、促销策略、价格策略和渠道策略。

（1）品牌策略

一家市场研究公司对几项品牌进行研究，结果表明如果一半的受访者看到书籍脑中就会浮现 Amazon.com 的品牌，1/3 的人看到计算机软件就会立刻想到微软，如果 1/5 的网友看到计算机硬件就会想到戴尔电脑，这些公司就是成功地完成了网络营销，树立了著名的网络品牌。在现实生活中，顾客不仅仅会利用自己的知识去鉴别产品，而且会根据品牌的知名度作为参考来判别产品的价值。所以，经验告诉我们，网络营销同样不能忽略品牌对营销的作用，网络品牌可以在考虑网络媒体的特点和目标群体变化的基础上扩展传统品牌。

企业本来拥有的品牌，在长期的经营过程中已经拥有了大批的追随者，影响已经深入人心，在它的基础上进行品牌延伸，则将轻松地迎来更多的关注者；网络没有时间和空间的限制，提供了全球的、全天候的、成本低廉的宣传，使得品牌宣传在推广范围和推广力度上得到了明显的加强；传统品牌强调用户培养，维系顾客对产品和企业的忠诚度，而网络品牌则强调通过顾客对网站的忠诚度来建立品牌。

（2）产品策略

网络营销组合策略是为了完成销售职能而提炼的一组相互配合、相互影响的目标利益关注点，企业采用系统与整合的思想，使它们相互配合，从而达到整体最佳的效果，实现企业的战略目标。它包括产品组合策略和促销组合策略。企业制定产品策略要根据市场的需求、本身的资源能力和相对优势，决定本企业一定时期内经营产品的宽度、广度和深度。拓展产品系列，即向市场提供所需要的多系列的产品；开辟新的市场，抢占市场先机；实现产品经营多元化有利于发挥企业的潜能；加深产品系列可以充分利用生产设备、销售渠道，促使产品经营专业化，满足更多的特殊需求，突出特色。产品策略的类型可以分为以下三个方面：①多系列全面型。其着眼于全面地向顾客提供所需要的产品。多系列既可以理解为不同行业的产品市场，也可以理解为某个行业市场。对前者尽可能地增加产品的组合，对后者尽可能地提供某一行业的所有产品。②市场专业型。该策略向某个行业提供所需要的多系列产品，专门为了满足市场的需求来改变自己的产品，及时掌握市场动态，了解消费者心理，提供消费者满意的商品。③产品系列专业型。该类型企业专注于某一系列产品，向产品系列的深度发展。产品系列专业型、加深产品系列、产品经营专业化，满足更多的需求突出特色。

（3）促销策略

促销策略的方式有以下三种：

①拉销：网络拉销的过程实际上就是企业推广自己的网站，让消费者浏览网页，获得大量的浏览量，将潜在顾客变成真正的顾客。同时，还要不断地变化更新产品和服务，更新网站内容，使得网站更加生动和个性化，提高顾客的忠诚度和回头率。

②推销：企业主动向顾客推销自己的产品，让顾客去了解，促使顾客购买自己的产品。网络营销中的推销与传统的上门推销有很大的不同，它在足不出户的情况下通过因特网实现推销活动，一种是向顾客发送邮件，在邮件中介绍自己的产品信息；另一种应用推送技术，推销商将自己的网页推送到

因特网的终端上。

③链销：网络营销中活动加强了推销商、企业和顾客之间的联系，该种联系的最终目的是提高顾客的满意度。满意的顾客成为企业最好的广告，形成口碑效应，最终由顾客自己向外推销，形成顾客链，构成链销。即由满意顾客带来潜在顾客，促进企业的销售。

（4）价格策略

产品价格策略又称为产品定价策略。产品的定价策略不是孤立存在的，而是和产品属性、品牌相互依存。因此，将两部分放在一起进行研究讨论。产品的属性及价格的不同都会对购买行为产生影响，比如，日用品购买频率高、周转快、竞争激烈，宜实行薄利多销的策略；而高档品则定价相对高一些，因为其使用流动性慢、需求档次要通过价格来体现；产品价格弹性与定价。弹性大小直接影响着供求关系和价格关系的变化方向。需求弹性大，企业可以适当地定低价或者降价；需求弹性小，企业可以适当地定高价或者抬价。产品生命周期与定价：在导入期，根据市场的接受能力不同而适当的调整定价，以期望被市场所接受；在成长期和成熟期，产品大量销售，是企业取得投资收益的大好时机，稳定价格对企业比较有利；进入衰退期一般采取降价策略，进行清仓或者抛货；定价还需要考虑替代品和互补品的情况。替代品多，替代品的价格低，则被替代品的价格不宜过高。互补品增加，互补品的价格低，有利于企业适当的提高价格。另外，产品的品牌、商标、知名度和社会声望对定价也有影响。

（5）渠道策略有以下三种：

①产品渠道策略：网络营销渠道就是借助互联网将产品从生产者转移到消费者的中间环节。它一方面要为消费者提供产品信息，方便消费者进行选择；另一方面，使消费者选择产品后完成一手交钱一手交货的交易手续。由于互联网的发展和商业应用，消费者通过网站上的图片了解产品的价格、规格、特性，点击鼠标即可以完成购物。

②网络中间商：在传统的分销渠道中，商品需要经过多个环节才能被送到消费者手中，依靠中间商的传递和分销作用才能实现，这些中间环节消耗

了大量的物资、人力和时间。网络中间商可以使库存保持在接近消费点的水平，可以为企业打造一个虚拟的仓库。订单的发出可以由最接近客户的中间商来负责发货，同样的安排也可以体现在退货当中，即由当地的或者距离最近的网络中间商来处理退货，并补充库存。

③网络直销：网络直销和传统的直销一样，都是没有中间环节，产品从生产者直接到消费者手里。网络直销也要有营销渠道中的订货功能、支付功能和配送功能。企业可以通过建设网络营销站点，与一些电子商务服务机构合作，让顾客直接从网站订货，也可以通过互联网与一些专业物流公司合作，建立有效的物流体系。

新环境下网络营销的挑战。随着Web2.0的发展，由用户自己创造页面的方式开始逐步流行。目前的数据挖掘技术，越来越多的新型营销方式开始兴起，如用户参与品牌构建策略、参与定价策略和整合营销传播策略（微博营销、博客营销、口碑营销）。还有一些与传统营销不同的营销方式，如：网络社区营销是网络营销区别于传统营销的重要表现，是Web2.0兴起以后营销策略的新的发展趋势。网络社区营销的主要形式是利用论坛等方式了解他人观点，帮助他人解决问题或向他人求助，以此吸引用户关注来达到营销的目的。虚拟社区已经成为网民生活不可缺少的重要部分，每分钟、每秒都产生着许许多多的新发布内容，其主题几乎包含了信息技术、企业管理、人际交往、休闲娱乐等多种内容。网络社区的建设并不仅仅是个技术问题，还是一个社会问题。一个能吸引用户关注和参与的网络社区才具有网络营销价值。

本节分别对内容分析法、文本挖掘、网络营销这三个方面的现状进行了分析，内容分析法的量化分析特点可以对文本挖掘提供帮助，而文本挖掘中的产品评论挖掘又可以对网络营销策略提供帮助。这三者相辅相成，结合在一起改进了文本挖掘的方法，而且对网络营销策略的制定也提供了科学的依据。三者的关系如图4-1所示：

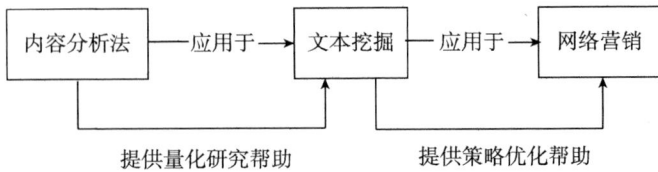

图4-1 内容分析法、文本挖掘、网络营销关系

第四节 内容分析法的相关理论

1.内容分析法的定义和特征

（1）内容分析法的定义及相关内容

内容分析法是一种对于传播内容进行客观、系统、定量的分析方法，将非定量的文献资料转化为定量的数据，并依据这些数据对文献的内容做出定量分析和做出关于事实、结论的推断。它包括建立研究目标、确定研究内容总体、选择研究单位、设计分析体系、抽样、量化分析资料、评判记录和分析推理等部分。同时，随着信息时代的到来，内容分析法也在计算机、网络技术、文本挖掘等领域中成了一个新热点。对内容分析法的定义有很多种，最早是美国的传播学家伯纳德·贝雷尔森在《传播研究中的内容分析》中，把它定义为一种对具有明确特性的传播内容进行的客观、系统和定量的描述的研究技术。它是一种基于定性研究的量化分析方法，将用语言等非数字化形式表示的文本，通过分类等步骤转化为可以量化的类目或者数字表示的资料，并将分析的结果用统计学的数字进行定量化的描述。在网络文本的研究中，对内容分析法的应用可以称之为网络文本内容分析法。网络文本的内容分析法是通过对网络文本进行量化，对文本内容所含的信息量及其变化进行分析，用数据形式对内容进行可再现地、有效地推断，分析找出网络文本内容中反映一定本质又易于计数的特征，从而克服定性研究的主观性和不确定性的缺点。

（2）内容分析法的特征

内容分析法的总体特征主要有两点：

其一，对象的特征是"具有明确特性的"内容。即表达的意思是明白的、清晰的、显而易见的，不能够选择含糊不清的、模棱两可的内容来作为研究对象。例如，我们对网购的衣服进行评论，那么要求研究评论文本的内容是与衣服相关的，比如质量、款式、尺码等。而某条网络评论文本是这样的，"网络银行卡内余额不够了，那天跑去银行充了钱才付好"，这条信息对于衣服的评价没有任何关联性，它也许指代消费者购买衣服的心情急切；也许想表达衣服的价格过贵，网银的钱不够；也许表达的是评价者很喜欢专门跑去银行充钱。总之，评论文本没有明显地给出与衣服相关的信息，对于本章的研究来说，此条评论不具有"明确特性"，因此本章在预处理时会删除此类语义模糊的文本。

其二，对文献资料的依赖性大，要求文献的来源准确可靠。因为内容分析法是基于各种数据资料，如文本、声音、图片、图像、视频等，这些都要遵循真实的、可靠的原则。如果分析内容的本身就不具有真实性，那么分析出来的结果便没有真实性可言，也就不具有研究价值。所以在选择研究文本的时候对文本来源的把握也为许多的研究者提出了新的挑战。本章主要是对网络评论进行内容分析，将原有的网络评价体系进行改进，因此本章评论文本的选择也要遵从真实性和可靠性的原则。我国在应用内容分析法的研究中尚处在初级阶段，在政治、图书情报、社会学和心理学的研究中取得了较为可喜的进展。我国在内容分析法上也存在着一些特殊性，具体如下：

①有关内容分析法的文章在总体论文中所占的比例不高，其大多数集中在图书情报学领域。同时，在目前的论文中，概述的研究文章较多，而实际应用型并不多，而且大多数的研究不够深入，仅仅停留在较浅的层面。

②网络分析法本身是一个实践性较强的实用型方法。它的研究和应用必须依托真实可靠的信息内容来源，同时借助计算机等辅助设备进行试验。而目前由于技术的不成熟和方法本身的待研究性，这一研究尚未有较好的成果。

③应用缺乏体系和标准。目前的信誉评价体系可以分为定性评价和定量评价两种。例如：淘宝网对卖家进行打分和好中差的评价就是一种定量评价，而对商品本身进行的评价描述就是定性评价。大多数电子商务网站在定性评价的研究中，往往忽视对数据的研究。信誉评价体系的几个类目划分不够清晰，统计比较粗糙，因此即使有很多的文本评论内容，也不便于统计和知识挖掘。

④大多数统计工作手工完成。应用内容分析法将网络评论文本进行收集和再次分析处理，这对于电子商务网站的发展有着举足轻重的作用。但是从目前的研究来看，商家采集网络评论还是依靠手工和简单的计算机技术，没有一个完善的分析评论文本的体系。当然，买家更是需要依靠逐个阅读评论文本来进一步了解商品的信息。这些方法在少量的文本中是可行的，但是随着信息爆炸和销售量的剧增，传统的分析方法已经不能够满足人们的需求。

2.内容分析法的研究步骤

内容分析法是新闻传播研究中运用较为普遍的研究方法。借鉴内容分析的成果，可以检测政府与组织的宣传机构运行状况，识别个人、团体的意识倾向，关注焦点和交流趋势。将内容分析法与受众调查结合在一起，可以估计特定媒介内容的传播效果。内容分析法在遵循基本原理的基础上，具体的研究过程包括以下七个步骤。

（1）提出研究问题。内容分析法要求研究的问题必须非常明确具体，这样才能避免相关内容在采集过程中的盲目性。定义明确的研究问题有助于得到精确的内容类别系统，从而有助于产生更有价值的数据。

（2）确定研究范围。研究范围包括两个范围：一个是研究的主题范围，另一个是研究的时间范围。主题范围也就是指研究的主题内容应该与研究的问题保持一致，与研究的目的相连通。而时间范围则表示确保研究的时间足够完成设定的各类目标，也表示研究过程需在研究的时间范围内进行，避免拖拉和延期。

（3）样本抽样获取。对研究总体的内容进行分析时，有时候不可能研究整个文献信息的总体，这就需要采用抽样的方法。样本的抽样过程可以分为多个阶段，对内容的原始资料（信息来源）进行抽样。研究者可以对分析样本进行随机抽样或者分层抽样。例如，研究者可以针对一定数量的样本，按照一定的规格进行分层，并从高、中、低各层中抽样。

（4）确定分析单元。分析单元是内容分析法分析语料的最小元素，也是计算对象的具体操作。分析单元的选定主要是为了获得研究目标需要的信息。研究人员必须粗略界定分析单元，根据初始界定先搜集一些具有代表性的信息，然后试着发现潜在问题。

（5）制定分析内容的类目。一个有效的类目体系，所有类别系统都应该是互斥的、穷尽的、可靠的。即每一个分析单元都可以归纳为某一类别，且只能够归纳为某一类别，同时还需要不同的编码员对同一个分析单元归属有很高的一致性。

（6）制作编码表及对编码员培训。把一个分析单元归为某一类别的这一过程叫作编码。在内容分析法中，每一个研究样本都对应着一份类目编码表，每一个测量指标都归入到某一个类别之中。从事编码工作的人员叫作编码员。编码员要理解类别系统和操作定义，明确类别的界限，掌握编码技巧，保证编码员以统一的方式进行编码。

（7）分析数据及解释结果。分析结果一般采用图标的方式，数据一般采用百分比、均值、众数、中位数等来进行内容分析。如果研究者要检验变量之间的关系，其解释将很明确。如果研究者的研究是描述性的，则需要对研究的含义和重要性进行解释。

第五节　评论文本挖掘相关理论

Web 文本挖掘是指根据从 Web 网页中抓取的信息进行数据处理的过程。其一般过程可以分为文本信息的采集和获取，文本的预处理，文本聚类以及结果的可视化表示。

（1）文本信息获取

文本信息获取是从文本数据中抽取人们关注的特定信息。文本挖掘可获取的信息一般来自文本数据库或者各种数据源（如新闻文章、研究论文、书籍、数字图书馆等）。传统的信息检索技术已经不再能够适应日益增长的大量文本数据处理的需求，因此文本数据挖掘显得日益重要。文本挖掘超出了基于关键字和基本相似度的信息检索范畴，它是利用基于关键字和关联分类、文档分类的方法。

（2）文本预处理

由于自然语言的特殊性，网络评论中抽取的很多句子在语法上是很不规范的，必须将一些噪音词和无关紧要的词语去掉，重新加以整理。特别是一些特殊句式和口语化的表达会给文本挖掘结果带来影响。特殊句式比如反义句、双重否定句就需要对否定词进行辨别，然后给句子切分，去除一些不影响句子极性的词组，使得句子包含基本的主、谓、宾格式即可。比如："这件衣服不能不说，是一件超值的商品"，就可以处理简化为"这件衣服是超值的商品"，这为后续的文本聚类和极性分析带来便利。还有一些网络词的处理，也是文本预处理的内容。建立网络词词库，可以分为两部分网络词："负面词"和"正面词"，编入种子极性词库。当出现"悲剧""郁闷""无语""倒霉"此类的负面语气词时，离其最近的特征词表现为否定态度，极性为贬义。当句中出现"赞""顶""牛"等此类的肯定语气词时，表示作者的态度是积极肯定的，程度比较高，表现的意义较好。

（3）文本聚类

分类是事先已经知道了类的数目，而聚类不仅仅要分类，还要最终得出类的数目。文本的聚类可以根据文本或者词汇的相异度和距离来进行聚类。相异度是根据描述对象的属性值来计算，距离是经常采用的度量方式。聚类技术有以下几种：基于划分的方法，基于层次的方法和基于密度的方法。而在文本聚类中，则可以通过近义词和距离，计算分析出文本褒贬性和倾向性。可以通过计算距离而进行循环迭代，直至类目内中心点到其余各点的距离之和最小。

第六节　新媒体环境下网络评论对营销的影响研究

1.新媒体环境下网络产品评论的产生

（1）消费者心理对自我表达的需求

对消费者的心理分析首先从心理动机开始。根据心理学分析，动机是主体趋于某一目的，朝着某一方向，维持在内心的一种冲动和内部动力的过程。这种冲动不仅会受到内心的影响而发生不同程度的变化，也会随着外部环境的影响而改变。消费者的心理动机是指在消费购物这个目的的前提下内心的动力过程，主要体现在理性动机、感情动机和回顾动机三个方面。理性动机具有客观性、周密性的特点，这种购买动机很少受到外界环境的影响，比较理智和客观；感情动机是由人们感情所引起的动机，一般是由于人们喜欢、满意、快乐引起的购买动机，也会因为道德、美感、群体感而引起购买动机，具有稳定性和深刻性的特点；回顾动机建立在理性经验和感情上，具有忠实性的特点。这些动机不仅仅存在于真实生活中，也存在与网络中。

本小节研究发现，在Web1.0阶段，网络环境不太成熟，网络技术的发展还不能满足用户参与网络构建的需求，网民的数量也不太多，人们在网络中通过简单的查询和访问，来浏览网站信息，属于较低层次的生理需求和安全需求。随着网络购物的兴起，人们的消费行为开始渐趋多样化。在古典经济学中，对消费者有着这样的假设：人是理性的经济人，个人在做任何消费行为的时候，非常理性地考虑了成本和利益之间的关系；经济学认为人们购买主要是为了商品的使用价值，也就是商品的功能。比如买跑车是为了跑得快，去餐厅吃饭是为了吃饱。但是随着网络时代的发展，Web2.0时代的到来，人们物质生活水平的提高，消费者心理也在潜移默化地改变。人们已经可以通过网络技术达到自我实现的需求。人们的消费不单单停留在使用效用和成本与利润的比较上，而是更多地追求自我的心理依赖和群体情感的交流与共鸣。比如，同样一件衣服，买家可能会在价格偏高的店家买，而不在价格稍微低一点的店家去买，原因是价格偏高的店家的装修风格和店铺理念和倡导的自强、独立、文艺的思想是消费者所倾慕的，而那家价格稍低的店家则没有使消费者产生心理的共鸣，更不用说依赖了。所以，现在人们的需求不仅仅停留在吃饱、穿暖这样的生理层面和安全层面，而更多的是注重自我实现的需求。这种自我实现不仅仅反映在网络购物方面，还在其他方面也有体现。比如发表微博、上QQ、上MSN，宣扬自我，渴望交流，发表网络评论，参与虚拟网络构建，共享别人的作品，分享自己的作品，这种自我实现的需求在不断地证明自己的存在，实现自己的网络价值。因此，本小节将马斯洛的层次需求理论应用在网络营销的分析中，很好地反映出了用户的心理需求，使得销售商能够把握消费者的心理，制订出适宜的营销策略。

（2）消费者行为需求促进了评论的发布

购买行为具有个性化、理性化、功能化的特点。这些特点随着网络化程度的加深，越来越多的网民参与到网络构建中来，使得消费者的网络行为出现了新特点。现对两个主要的特点来加以分析：一是消费者的群体聚集。在现实的社会中，消费者的群体分类会根据家庭、社会阶级、角色和地位进行，相关的群体还包括同学、朋友、邻居、同事。不同的群体根据不同的特点聚集在一起，相同群体之间有着必然的相同点和共同性。这种群体在网络中也非常明显，各种网络社区、社交网站的建立，将志趣相投的人们集合在一起，便于专业性的、学术性的或者娱乐性的交流。二是消费者自我贡献。从信息的生成机理来看，Web2.0信息资源具有强烈的社会性，其内容的生成有赖于用户之间的协同作用。消费者在购买商品和使用之后，乐于将感受发表于网上，提供真实的、可信的、一手的资料，实现自我价值的贡献。本节研究发现，每一个网络社区就好比一个社会群体。在此群体中的人之所以愿意分享自己的心得，跟帖回复别人的问题，发表产品的使用说明，归结在心理层面还是希望在这个群体中得到更多人的肯定，希望自己的见解和表达对群体有贡献。Web2.0刚好给人们提供了这样一个平台，最大化地将人们拉回到现实中，在虚拟的网络中犹如在现实社会上一样，自己的一言一行可以被关注。同时，现代技术提供了多种工具和方法，可以让人们实现自我表达。

2.新媒体环境下产品评论文本的特点

网络评论具有观点鲜明、篇幅短小、语言描述自然、表达形式自由等特点。本小节研究发现，有关女装的网络评论文本也同样具有以上特点。同时，女性的表达思维不像男性那么简短精练，往往会加入一些与产品无关的观点。比如："早收到了，前两天出差，没回家，评论晚了不好意思。"这类评论对于产品特征信息的获取毫无用处，但是却经常出现在女装产品的评论信息中。女装的购买评论是购买者对产品使用体验的陈述，是非结构化的文本数据，相对于其他网页数据而言，其独有零散、自由的特点。而且随着网络化程度的加深，一些网络流行词语和网络习惯表达也越来越多地出现在评论文本中。本节对网络产品评论特别是女装产品评论进行了分析，总结了网络产品评论文本的主要特点有以下四个方面：

（1）对商品的评价没有统一的标准

用户对商品的使用体验因人而异，判定标准不统一且不可量化，具有很强的主观性。一般而言，用户在使用前都会对商品有个心理的期望值，如果实际的使用情况比期望值高或者持平，用户往往给出正面的评价；相反，如果期望落空，用户就会对商品感到不满，此时会给出负面的评价。值得注意的是，购买经历不同的用户其期望值也有所不同。初次网购者或者网购经验较少的用户，期望偏差很大，有的期望过高，有的期望过低，所以之后给出的评价客观性不高，甚至不具有很好的参考价值。相反，购买经验丰富的人群对购买流程、售后服务和交易纠纷有较为详细的了解，承受能力也较强，往往能够给出比较客观公正的评价。

（2）同一条评论中，不同属性有不同的褒贬性

同一条评论，用户会对商品不同属性分别进行评价。例如一条手机的评论："中午到货的，后盖一点也不灵活，要么盖不上，要么盖上去不掉。看在客服态度不错的份上给个好评吧。"此条评论信息中包含了两个产品属性的特征词"后盖"和"服务"，前者的评价褒贬性为负，后者的褒贬性为正。而在淘宝之类的网站上，用户给出的总体评价是"好"评，但这并不表示用

户对产品很满意。

（3）女装对于尺码的要求很高

消费者对于电视机、冰箱等家用电器类产品和手机、相机等数码类产品的规格大小要求不高。因为一定的型号对应一定的规格是厂家固定的，不同型号的产品有着不同的价格。而女装则比较特殊，同一款式的衣服有着大小码之分，不同的厂家做出的衣服尺码会有一定的偏差。比如，一件衬衫，同样是 M 码，有的会比正常尺码偏大、有的会偏小，还有的有袖子紧、腰围大、不修身等特点，这些细节对于销量有着很大的影响。

（4）评论语句形式多样

评论语句形式多样，但从语法的角度就可以分为陈述句、疑问句、否定句、双重否定句和反问句等。而且消费者基本为女性，对产品的表达过于清楚、详尽也是女装评论有别于男装评论的一个特点。

3.产品评论挖掘应用在网络营销中的优势

研究调查发现，50% 以上的买家在购物前会去网上搜索相关信息来支持自己的消费决定。消费者之间交换信息会影响到其他消费者的购买选择。网络购物在一定的网络风险下还能够顺利地发展，这其中一部分原因就在于此。人们对和自己有着相同目的而又乐于分享自己体验的人有着天生的信任感，因此网络中他人对该产品的留言、帖子等任何相关信息是消费者购物前最重要的考虑因素，消费者购物后也乐于在网上分享自己真实的购物体验以供后续的买家参考。同时，网络上除了许多购物网站外，还有一些产品论坛和评论网站，比如"大众点评网"。这些平台使得越来越多的消费者及时地将产品的使用信息和对产品的评论反馈给商家和潜在的消费者。还有一些优质的评论会得到商家的奖励，如分享自己的购买经历可以得到下次购买折扣优惠等，这些也表明网络产品评论也成了产品信息不可缺少的一部分。从海量的信息中抽取出隐含的、有用的知识这一过程，称之为数据挖掘。而从具体的用户评论文本中提取有用的信息，则称之为文本挖掘。信息技术也使得营销决策支持系统日渐被广泛运用，在这一背景下运用计算机技术、数据挖掘理论将使得营销决策更加科学，经验在营销管理中的作用日趋减少，新知识在同经验的竞争中占据上风。与此同时，管理的一些新理念也进入营销管理领域，如知识管理的理念。知识管理的一个重要的对象是公司拥有的客户资源，如何对其进行有效地管理、收听可靠的客户心声，发挥这一资源的最大效益是目前网络营销管理必须重视的一个问题。

本书对目前最大的C2C电子商务网站淘宝网进行研究发现，淘宝网推出了产品评论挖掘项目，一些技术内容正在开源。基于文本挖掘的内容包括关键字获取和关联规则挖掘。利用这种词和词组的识别，词级挖掘可以用于找出词或者关键字之间的关联。运用算法提高了挖掘的准确度，为营销决策服务，也提高了决策的准确度和最优度。

4.新媒体环境下的营销模式分析

网络环境下的营销方式需要对营销体系进行重新构建，目前的研究中主要有两种观点：一种是沿着市场营销的模式，即自20世纪60年代以来的4P为主线的安排内容体系。此种结构比较严谨，容易为熟悉市场营销的人们所接受。另一种是围绕互联网的特性，根据网络营销模式的介入程度和方式来构建营销体系。此种模式抓住了网络营销与传统营销的差别，各部分较为平衡。从实际的效果来看，网络营销管理时应采用前一种体制，而网络营销实物则最好采用后一种体制。当前我国流行的网络营销大多采用前一种体制。

网络营销和市场营销类似，营销活动可以划分为三个层次：战略层次、管理层次、运作层次。战略层次是公司的最高方向，比如公司在营销领域应该如何迎接电子商务的挑战，是否改变现有的产品线，是否改变现有的销售方式。管理层次居于中间层，它关心如何实现公司选定的目标，例如公司应该选定什么样的策略进入特定市场等。运作层次关心具体的一些操作细节，例如哪个销售代表负责同哪几个重点客户联系等。

网络环境下的营销模式，大致可以分为以下五种：

（1）网络市场调研。网络市场调研主要以网上调查为主，电子商务的发展为网络营销提供了强有力的支持。网络市场调查也包括在网下展开的网络虚拟市场的特征调查，以及提高网络市场在线下所进行的辅助性调查。随着网络市场调查可靠性的提高，其不仅仅成为网络营销的重要前提，而且也已经逐渐成为市场营销中市场调查的主要方式。

（2）无网站的网络营销。有些网络营销商会注册域名，开发自己的网络营销网站。但是，并不是所有的网络营销都需要拥有自己的万维网。在无网站的模式下，企业也可以进行很好的网络营销。比如向用户的邮箱发送邮件，在其他网站上嵌入自己的广告，利用虚拟社区进行营销等，这些都同样可以获得良好的营销效果。

（3）基于网站的网络营销。网站模式的网络营销需要对网站进行规划、开发、建设、维护和推广等环节。如果仅仅是新闻式的营销网站，那么只需要发布商品信息，但是，如果是基于电子商务模式的网站的话，则还需要考虑产品、价格、渠道和促销等问题，这也是传统营销模式需要深思的问题。

（4）网络营销传播。网络广告和网络公关关系都属于网络营销传播。企业可以运用网站、电子邮件、BBS、网络社区等对用户提供有针对性的营销。在网络社区和论坛中，除了可以进行网络广告以外，还可以与其他利益相关者建立联系，听取其他利益相关者的心声，从而建立用户、合作者双向的传播渠道。

（5）非传统的网络营销。非传统的网络营销泛指在互联网环境下的人物营销、地方营销、理念营销、事件营销和在非营利组织中的应用。

5.新媒体环境下网络评论对网络营销策略的影响

（1）评论发布者影响网络市场信息的变化

随着信息技术的发展，市场信息流通比以前更为快速，信息共享将决定着产品信息的共享，而且使原本的社会化分工更加细致化。产品生产者负责生产产品，信息生产者负责发布信息。

本节对比研究了过去和现在的企业营销方式，研究表明：之前的企业网站信息仅仅是单纯的由企业提供商来发布，而现在的产品信息网页可以由消费者自己来构建。消费者可以在企业网站上发布对产品的需求，生产者捕捉到这些信息以后可以提前改进自己的产品，以满足消费者的需求。信息全球化和自由化把企业推向了更大的市场，也使得企业面临着更大的竞争压力，单靠以前的营销方法和策略很难适应日益激烈的市场竞争。因而这就需要企业提高忧患意识，掌握竞争对手的信息，把握市场动态，发展自己的业绩。新时代的市场需要富有进取精神和创新力的企业，而且信息的流通也需要企业紧跟时代的脚步，及时地做出市场反应。

（2）营销对产品评论的需求，促进着文本挖掘技术的革新

市场营销学自创立以来就没有停止过理论的创新，几乎每一个新时代的到来都会伴随着几种理论的创新。只有计算机技术不断更新才能适应日趋复杂的网络营销的需求。在 Web2.0 技术环境下，计算机技术伴随着数据挖掘、情感分析、人工智能等多种新兴理论，同时还与心理学、决策学等相互交织。研究消费者的购买心理和需求，掌握影响消费者决策的关键因素是现代网络营销研究的当务之急。

本节研究发现，与以往不同的是，以前的消费者需求调查会发放问卷或者在线填写问卷，由于这些工作不是消费者主动愿意承担的，因此在收集资料的时候常常会遇到问卷填写不完整、迎合商家的心理答卷及问卷收集困难等问题。这些问题使得网络营销的运营商很难掌握第一手的消费者资料，并对下一步的决策造成影响，甚至于障碍。如今 Web2.0 兴起，使得消费者能主动在网上发布自己的使用感受，由以前的被动填写发展到今天的主动发布，这个重大的突破使得商家对消费者资料的收集状况有了很大的改观。但是，新形势下新的问题也就出现了，由于每一个购买者都可以上网对商品进行评论，这些评论大多是非结构化的文本，这也使得对文本信息的统计造成一定的困难。同时，一些有用的评论信息会掩埋在大量的爆炸信息中，使得数据挖掘的难度也大大增加。新形势下的这种问题，又需要计算机技术的再次发展，以提供更快捷更有效的数据挖掘方法，进而从浩瀚的评论信息中挖掘出有用的知识，为营销决策服务。

本节对比分析了传统的网络营销模式和当前网络营销模式的不同，指出由于 Web2.0 提供了评论者发布自己看法的平台，这些评论必将影响着市场

信息的变化和评论文本挖掘技术的革新，网络营销在新环境下同样面临着的新问题和挑战。

第七节　基于内容分析法的评论文本挖掘

1.产品评论文本的获取

针对Web网页中评论文本的抽取方式，一般包括人工抽取和自动抽取两种方法。由于目前Web网页中含有丰富的表现形式，如非结构化的超文本、多媒体，再加之文本信息内容的数量极大，因此应用较为广泛的是自动抽取方法。自动抽取方法，即编写网络爬虫等文本挖掘程序，在程序中指定需要挖掘的文本内容，跳出图片、多媒体、超链接等结构，采用监督学习的思想进行挖掘。一般先选择一个训练集（训练集为手工标记的），通过训练集的学习，生成抽取规则，然后利用学习到的规则对新页面进行挖掘。

评论文本抽取的步骤一般包含三个方面：

（1）评论源的选择

目前的电子商务网站大多都包含产品评论文本信息，比如淘宝网、拍拍网和卓越网等。然而要想获取到具有真实性的产品评论，对评论源的分析也必不可少。以卓越网、拍拍网和淘宝网，这三个较大的电子商务网站为例，作下列分析。

①卓越网的评论不具有严格性，因为它没有限定评论人的权限，即所有的注册用户都可以进行评论。这就导致了评论的失真性，有些评论者甚至没有见过该商品或者仅仅依靠经验进行评价。②拍拍网是腾讯旗下的C2C网站，其网络评论需要买家真实的购买才可以给出，具有更高的真实性。但是，随着淘宝网的崛起，2007年以后淘宝"吃掉"了拍拍的大部分消费份额，因此导致拍拍的评论内容不够丰富和充足，不能够满足我们选择研究对象的大量性的这一特点需求。③淘宝网用户在使用支付宝完成一笔交易之后，买卖双方均有权利对对方交易情况做一个评价。这个评价称之为信用评

价。评价的前提是成功完成交易，这比卓越网上只要注册会员都可以评价更具有真实性、可靠性，同时也满足了文本内容的丰富性。

（2）页面的分块

通常一个 Web 页面包含了不同的语义块，这些语义块内容各不相同，因此在页面挖掘时需要把网页这个整体看成是许多语义块的组成。页面分块时尽可能地使相同语义块之间是同一个主题，不同的语义块之间是不相关的、不一致的主题。对页面的分割可以直接切除一些无用的信息块，比如导航信息、版权信息等。然后对语义块单元的信息进行获取，相比于整个页面信息的获取具有较高的效率。

（3）评论块的熵值计算

评论块的研究是基于特征词的熵值计算完成的。首先，在评论文本中抽取一些特征词，计算这些特征词的熵值；然后在每个模块中将这些熵值累加，得到整个模块的熵值。熵值越大，说明模块中的评论信息量越大，相反，熵值越小则评论信息量越少。其次，根据每个模块的分布情况，确定模块中熵值的权重，可以用块的概念来替代传统的文档。最后，对上述两个步骤进行迭代计算，利用分块结果和评论抽取的完整步骤，计算所有块的熵值，标记出信息块，并存入信息队列中。目前的文本挖掘基本都是遵循以上的单层挖掘步骤，本章在此基础上提出了结合商品标题和商品描述的三层挖掘方法，从商品的标题开始逐层迭代和挖掘，很好地提高了挖掘的效率，下面介绍下该种挖掘的算法。

2.改进的k-中心点算法获取产品特征词

特征词选择主要是指在大量的、繁杂的产品特征中选择出用户最感兴趣的，最能够代表产品性质、功能的词汇或者短语。特征词的提取方法有多种，其中有一种划分方法是把相似对象划分在同一个"簇"内，相异对象划分在另一个"簇"内，该种划分方法最常用的算法是k-平均值和k-中心点算法。本节主要讨论k-中心点算法，下面分三步进行：

（1）特征词提取方法

在讨论算法之前先介绍下特征词的一般提取方法：基于统计的方法和基于语义的方法。

①基于统计的方法，是指通过高频词汇判定，降低特征空间的维度，从而达到减少文本挖掘中的迭代代价和复杂度的目的。由于在表达文章主题方面起到主要作用的是名词，因此，目前主要对名词和动词通过加权因子进行考虑，采用一个特征选择算法构造评价函数，再集中对每个特征进行评估。至于选取多少个特征，可以通过聚类的簇来指定。特征选择算法会删除对文本分类贡献不大的词条，经过一些预处理以后，选择出用户最感兴趣的、最能够代表特征的词条。互信息、信息增益、TF-IDF（词频-逆文件频率）、词频方法和X2统计方法是几种最为常用的特征词选取方法。一般语义上相近的词语或者特征项在分布类别上都会呈现相近的形态。也就是说，它在分布的概率上，应该有着相近的概率值。为此可以根据概率值的计算将相近概率值进行聚类，找出分布相似的特征项，那么这些特征项具有相近的意义，也避免了一些特征项的疏漏。该种方法在很大程度上减少了在查询过程中的信息损失，大大降低了文本向量的维度。

②基于语义的方法，指根据汉语言文本的特殊性，对评论内容的语义内容进行提取。一般根据表达方式和语言结构来对文本进行处理，寻找出特征词，提取出对产品的性能、功能、部件、商家的服务质量等方面的评价信息。这些评论内容是我们所真正需要的，而这些内容又往往被淹没在无关紧要的信息当中。同时，这些评论特征词的重要性是相对而言的，有些是用户关注度比较大的，有些是用户不怎么关心的，根据程度的不同可以对这些词语赋予不同的权重。另外，由于产品评论文本的长度不一致，不同长度的评论所具有的语义特征数量也不相同。有些文章根据评论文本的长度对这些特征词和观点进行了归一化处理。目前的研究中无论是统计的方法还是语义的方法，都仅仅考虑了产品评论文本的本身，没有考虑到商品标题和产品描述信息，这使得挖掘过程盲目，迭代次数较多，挖掘结果准确率不高。目前的电子商务网站，如"淘宝""卓越"在商品的购买页面上，大多会有商品标

题，商品描述和买家评论三部分内容，这三部分对消费者的购买起到关键性的作用。本小节研究结合商品标题和商品描述的产品特征词挖掘，对挖掘效率的提高有一定的帮助。

（2）改进的k-中心点算法提取产品特征词

k-中心点算法是挖掘划分方法中最普遍的一种方法，该方法较之k-平均值算法已经有较好的健壮性，能够抵挡极端数据的影响。k-中心点算法是把相似对象划分在同一个"簇"内，相异对象划分在"另一个簇"内，簇的最中心对象即为中心点。l-k中心点就是定位（location）的k-中心点算法。其基础思想是：将挖掘过程分为"商品标题""商品描述""商品评论"三层进行，逐层定位中心点，减少迭代次数。

l-k-中心点算法挖掘过程：

①从产品标题层中，由人工获取第一层特征词，其簇的个数为k。

②以下每一层的结果数目k都是从上一层的挖掘结果中得到的，用户不需要自己设定。每一层反复用非代表对象来代替代表对象，反复迭代，以改进聚类质量。

③最后，聚类质量用目标函数来估计，直到目标函数总代价S不发生变化，迭代结束，所有对象找到相应的簇。

l-k-中心点算法可具体描述为：

输入：结果簇数目k。（由上一层挖掘结果指定）

输出：k个结果簇，使得所有对象与其最近中心点的相异度总和最小。

方法：

①选取上一层特征词k个对象作为初始中心点。

②反复迭代。

③指派每个剩余的对象给离它最近的中心点所代表的簇。

④随机选定非代表对象Orandom，当前代表对象Oj。

⑤计算用Orandom。

代替Oj的总代价S。

⑥if S<0，then Orandom。

代替Oj形成新的k个中心点的集合。

⑦until目标值S不发生变化。

（3）特征词提取流程

具体的挖掘过程和方法可以用图4-2所示：

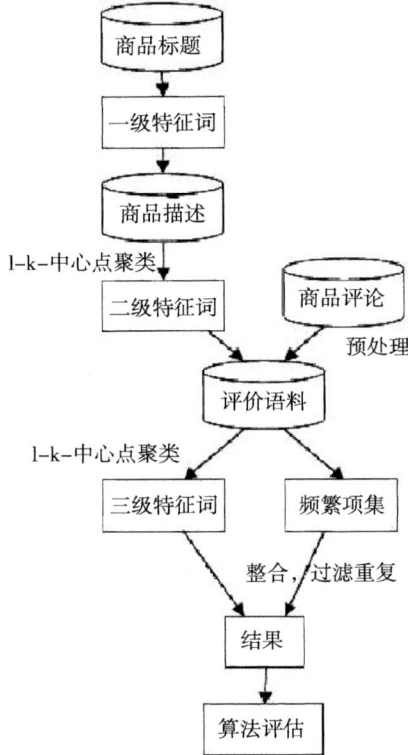

图4-2 评论文本特征词的提取流程

①商品标题中一级特征词的抽取。

对商品标题用中科院提供的单词切分器进行切分，保留描述商品特征的词，我们称为一级特征词，作为第二层商品描述部分聚类算法的中心点。

②商品描述中二级特征词的抽取。

用事先选定的一级特征词作为初始中心点，算法迭代找出新的中心点，输出结果簇。结果簇能够很好地对产品属性进行聚类，又可以作为下一层聚类的初始中心点。

③商品评价中三级特征词的抽取及频繁项集的挖掘。

在二级特征词的基础上继续迭代对第三层评价语料进行聚类。选择二级特征词作为第三层评论文本聚类的初始中心点。算法收敛时输出相应的簇，选出每个簇中的代表对象，作为初始特征词。同时，运用 Apriori 算法（关联规则算法），抽取语料中频繁项，得到评价对象集。然后将两者结果相结合，选取最终的产品特征词。该方法对于包含商品标题和描述性的在线评论更能体现出挖掘的准确性。因为该种方法兼顾了卖家发布的商品标题和商品描述内容，使得挖掘语料库更为丰富，避免了挖掘过程中商品属性的遗漏和疏忽。

3.基于句式的情感倾向判定

褒贬性识别机制是在情感知识库的基础上提出的，针对网络商品评论的褒贬性进行分析，结合相应的电子商务网站评论机制所构建的，对提高电子商务网站评论机制的准确性有很大的借鉴作用。情感倾向判定的方法目前有很多，最常用的有以下三种：PMI 分类方法、潜在语义分析分类方法和词网中的语义距离方法。每种方法都有很好的适用性，其中，潜在语义分析方法在将文本表示成矩阵时，能收到很好的判定效果。由语料构建一个行向量为情感词，列向量为文本块的矩阵。然后由公式来计算情感倾向值，正值表示情感词具有正面的情感倾向，反之具有负面的情感倾向。倾向值的绝对值大小反映了情感倾向的不同程度。比如计算的情感值为+5，则表示其正向的倾向必定大于得分为+3 的词；同理，情感值为−5 的词必定比情感值为−3 的词负面倾向要大。

本小节在这个基础上，对褒贬性评价进行分析，计算出情感得分，对分析顾客满意度和为其他顾客提供购买参考有着重要的意义和价值。本小节对评论文本的否定句处理和评论文本的反语句处理两方面进行了研究。

（1）否定句处理

否定句的研究较为成熟，因为其语法特征简单，含有否定词的则表示主体不具有某种特征，直接在肯定句处理的基础上遇到否定词极性取反即可。

否定句中还有个句式为"双重否定句",即一句话中有两个否定词语,通过两次否定达到强调肯定的目的。例如:"我不得不说这件衣服很美","不得不"就是否定了两次,表示肯定。这句话可以改为:我说这件衣服很美。再如:"买了两件,没有一件不满意的","没有一件…不"就是双重否定词,这句话的原句为:买了两件,两件都满意。

双重否定句还有一种形式,即由一个反问词("难道""怎能"等)加一个否定词组成,构成反问句,语气比陈述句要强烈。例如:"难道你对这家的服务不满意嘛?"改为陈述句为:"你应该对这家的服务质量满意。"再如:"这么近的距离居然现在还没寄到,我怎能不生气啊?"改为陈述句为:"这么近的距离居然现在还没寄到,我很生气。"

（2）反语句处理

在逻辑语义上,否定词是判断主体不具有某种特征或行为的。例如:"手机照相不清楚。""快递速度也真快,整整等了十天,无语。"在这两句中,"清楚"和"快"都是褒义词,按照一般的句式应该为肯定表达。但是,第一句有个否定词"不",所以处理后为否定句;第二句中虽然没有否定词,但是通过整个句子的语气可以判定为否定意思。因此,对否定句的处理方法是将否定词或者短语与否定规则进行匹配,被匹配上的词汇其褒义变为贬义,贬义变为褒义,即使其极性取反,以正确反映评论者的观点。通过训练集收集反语语气词建立词库,如"悲剧""郁闷""无语""倒霉"等。若评论中的语气词和词库的语气词匹配,或相近,则可以判定本评论具备不满意因素,判定为贬义。另外,有的评价尽管最后用户给出的是好评,但是从用户发布的评论文本可以看出好评是勉强的,真正的满意度很低,因此其评论判断为贬义,只不过这个贬义的程度相比来说较弱而已。

4.基于词汇的情感倾向判定

（1）情感词处理

到目前为止,心理学界对情感的划分还没有一个公认的标准。Plutchik在1960年提出快乐、悲伤、愤怒、恐惧、期望、惊奇、憎恨、接受8种纯情感，并认为其他复杂情感都是由这些情感混合而成。本小节主要对情感词进行分类，分出褒义情感词和贬义情感词两类。由此，这8种情感分为两类则是"快乐""期望""惊奇""接受"为褒义类；"悲伤""愤怒""恐惧""憎恨"为贬义类。对情感词的研究较为广泛，并且本章只考虑两种极性相反的情感，由于中性的情感词对于评论文本挖掘的意义不大，因此本节不做讨论。对于情感词的处理，最基本的是建立情感词词库：褒义词库和贬义词库。然后输入一个已经预处理的文本，读完整个句子，在系统中对句子进行切分。一般情感词都是形容词和副词，因此很容易从句子中提炼出来。再将提取出的情感词对照情感词词库中的倾向性表，判断相应的极性。如果该词没有在表格中，则用其近义词判断。例如：在情感词表中"高兴"规定为正向，而文本中出现的词是"兴高采烈"。通过近义词计算可以知道，"兴高采烈"的极性和"高兴"的极性相同，因此也可判断为正向性。

（2）网络词处理

本节词汇研究的重点是网络词。网络词是个更新较快，与字面有着不相同意义的新词汇，在网络评论中应用尤为广泛。本节将分析网络词时的步骤分为两步：

①收集网络词。随着网络事件层出不穷，网络词也在发生着日新月异的变化。将网络词准确全面地收集，也是进行情感分析的必要步骤。2009年7月14日，权威咨询机构研究表明在输入法领域，搜狗输入法在2009年用户最常使用的输入法排名中，以79.7%的占比名列第一。调查发现用户最喜欢的搜狗输入法功能主要集中在与网络相关的功能上。这一研究统计表明，有80%的用户通过搜狗与互联网进行交互的，那么研究搜狗网络词库的构建则涵盖率可以高达80%。同时搜狗的自动更新功能满足了词汇变化的需求。本小节将搜狗网络词词库作为我们的研究对象，下载搜狗网络流行新词词库，用php语言编写代码，将scel格式转化为txt格式，将网络新词存入数据库中。

②建立网络词词库。网络词词库可以分为两部分网络语气词："负面语气词"和"正面语气词"，并将其编入种子极性词库。当出现"悲剧""郁

闷""无语""倒霉"此类的负面语气词时，离其最近的特征词表现为否定态度，极性为贬义，并且语气强度较强。当句中出现"赞""顶""牛"等此类的肯定语气词时，表示的态度是积极肯定的，程度比较高，表现的意义较好。具体处理时，可以将特征词、修饰词和语气词综合考虑进来，分别进行极性和程度的计算。以语气词的极性为准，语气词代表了整个句子的观点和态度，保证了整个句子的极性是和语义相同的，消除了反语句的影响。本小节主要从句式和词汇两个方面展开研究，句式上选取特殊的两个句式，即反语句和否定句，词汇上选取情感词和网络词，针对不同类型的文本运用相应的方法对褒贬性进行分析。主要的内容如图4-3所示：

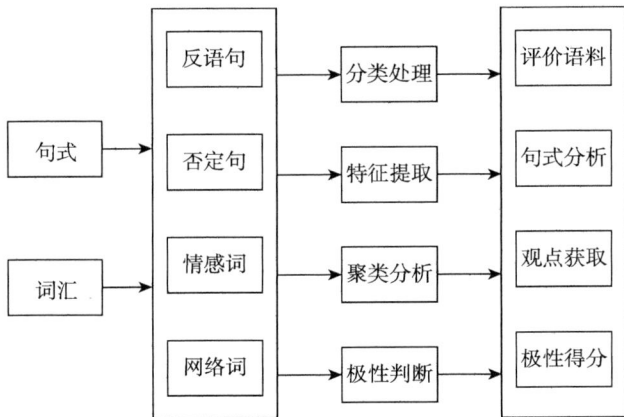

图4-3 评论文本倾向性判定流程

5.文本挖掘结果在网络营销中的应用

随着Web2.0的到来，网络评论在电子商务中起到的作用不容小觑。买家的评论对于商家而言是最好的用户体验资料，也是商家改进产品和服务的依据；同时，商品评论对于其他买家的购买起到辅助决策的作用。因此，将网络评论文本进行收集和再次分析处理，对于电子商务网站的发展而言有着重要作用。Kassarjian提出内容分析在电子商务中对买家的行为研究中是目前常用的一种方法。在文本挖掘的基础上，确定了研究目标和研究范围，运用网络爬虫可以获取需要挖掘的文本。下面结合内容分析法对内容资料进行分析，并以此取得量化的指标结果。一个有效的类目体系，其所有类别系统都应该是互斥的、穷尽的、可靠的。即每一个分析单元都可以归纳为某一类别，且只能够归纳为某一类别，还需要不同的编码员对同一个分析单元归属有很高的一致性。根据研究的需要，把各种内容分析的量化结果加以比较，用指标比较评判来阐明研究结果。把一个分析单元归为某一列别的这一过程叫作编码。在内容分析法中，每一个研究样本都对应着一份类目编码表，每一个测量指标都归入到某一个类别之中。如果需要手工分类，则编码表在制作上应该注意便于归类和填写。如果利用计算机编码，则需要转化为电子表格。随着网络营销理论的日渐完善和计算机技术的不断发展，营销管理也越来越具有可操作性，信息技术也使得营销决策支持系统运用日渐广泛。在这一背景下，营销管理方面出现的一个趋势就是运用计算机技术、数据挖掘理论使得营销决策更加科学，经验在营销管理中的作用日趋减少，新知识在同经验的竞争中占据上风。

由于内容分析法将评论文本指标量化了，并以一定数值或者图标的形式展示给用户，因此这种结果容易被用户所接受和理解，同时应用起来也方便高效。本章将此方法融入文本挖掘中，使得文本挖掘后的指标叮以定量分析。只要可以提供指标的数据，就可以找评判员进行打分，对指标进行量化，最后作出线性回归和方差分析，得出用户需要知道的指标调整程度，帮助用户在网络营销的应用中观察自变量和应变量的变化，为营销决策的制定提供科学依据。与此同时，管理的一些新理念也进入了营销管理领域，如知识管理的理念。知识管理的一个重要的对象是公司拥有的客户资源，如何对其进行有效的管理、倾听可靠的客户心声，发挥这一资源的最大效益是目前网络营销管理必须重视的一个问题。

目前，一些电子商务网站如淘宝网，也推出了对产品评论挖掘的项目，一些开发程序在开源。文本挖掘的内容包括关键字获取和关联规则挖掘。关联规则的挖掘是利用词和词组的识别，找出数据中一些集中项之间的有趣关系，了解哪些商品频繁地被顾客同时购买。该种方法可以帮助商家从大量商务记录中发现有价值的信息，帮助商家设计物品摆放，对购物单进行分析和制订促销策略等商务决策。因此，根据信息挖掘的需要，可以使用关联挖掘或最大模式挖掘等算法，运用算法方式提高了挖掘的准确度，为营销决策服务，也提高了决策的准确度和最优度。

第八节　网络评论文本挖掘分析及讨论

1.文本挖掘实验需求分析

本实验在文本挖掘的基础上结合内容分析法，将此项技术应用于电子商务领域。选取国内最大的C2C电子商务网站——淘宝网为研究范本。通过网络爬虫等技术获取 Web 商品网页中这种非结构化的内容，同时运用量化分析，制订评判指标，找出影响卖家销售量最大的因素，为卖家制订营销策略提供帮助。出于这一目的，我们在研究挖掘文本关键词的基础上，将找出的商品关键词和买家的评价评分结合起来，提出一个新的信誉评价指标，在原指标基础上进行改进和完善，进而为中小卖家提高销售量、制订相应的营销策略提供有价值的理论参考意见。

一是对评论文本资料进行获取，解决手工提取不完整和耗费时间的问题，采用网络爬虫的方式自动的获取文本资料，也确保了资料的完整性。

二是结合卖家和买家双方发布的信息，即买家的评论信息和卖家的商品介绍信息，提取出用户最感兴趣的产品特征词。

三是结合内容分析法对编码员进行培训，对编码指标进行划分，确定新的量化指标，对非结构化的定性评论文本进行量化分析。

四是用 matlab 仿真，通过改变不同的特征指标这个自变量来观察营销销量因变量的变化，为提高卖家营销策略的质量提供帮助。

本实验主要涉及两方面：一个是获取评论文进行特征词编码等级划分，确定评论指标；另一个是用内容分析法处理评论指标及数据，得出数据为网络营销策略的制定提供参考信息。最后，分析结果进行对实验意义的讨论和总结。文本实验的总体框架如图4-4所示。

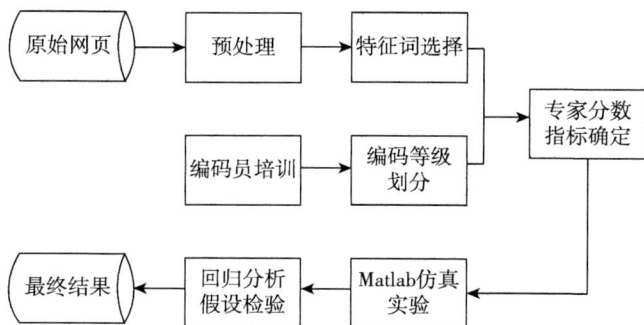

图4-4 文本实验的总体框架

2.评论文本挖掘的语料文本获取

评论文本是进行内容分析法的素材，在进行文本的选择时要确定总体的抽样文本，关键注意总体的完整性、真实性和特殊性。本章将选择淘宝网的评论来作为研究样本。

淘宝网是目前中国最大的C2C网站，无论是在销售和评论上都具有数量优势。同时，淘宝买家只有通过真实购买才可以对该商品进行评论，对卖家的商品、服务及物流进行打分。例如：选择当季销量比较好的毛呢大衣来作为筛选对象，每家的毛呢大衣有20条最新评论，如果某卖家不足10条则直接获取其所有评论。完成抽取工作后，形成了包含有2000条评论的评论库。

本章结合淘宝网自身评价体系的特点对评论文本进行抽取。抽取遵从一定的原则，如下：其一，选择需要获取评论的商品，如"毛呢大衣"，在宝贝搜索下面输入此关键字。在搜索结果页最先出现的为商城，由于商城的评价体系和集市的有所不同，因此本章不对商城的评论做抽取。其二，由于网络商品评论具有简短性、口语化、网络化等特点，一些商品评论仅仅有一个字，例如"赞"，这类的评论文本不能够用来判断买家对卖家的哪部分觉得满意，因此不能作为我们的研究对象，在系统执行到评论文本为2个字节时跳出。本章设计了一个模型来执行评论文本抽取工作，流程图如图4-5所示：

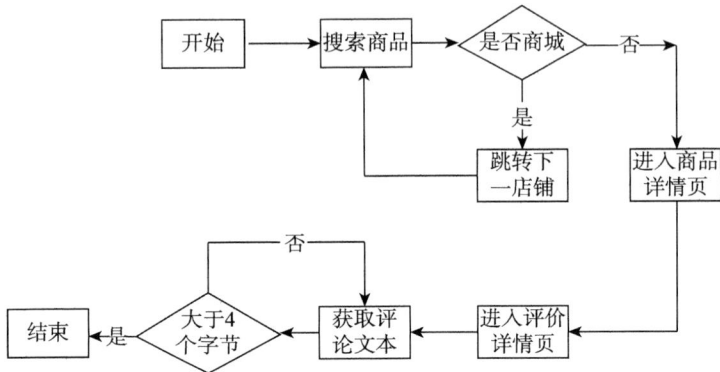

图4-5　评论文本获取流程

找出5钻及以下的中小卖家作为研究样本，用网络爬虫抽取出评论文本来作为评价语料。然后对这些文本数据进行预处理，去除停用词和未提到商品评论特点的句子。

3.评论文本特征指标的确定

本章抽取出了一些最能代表买家强烈情感的产品特征词或者短语，并将这些特征词或者短语进行归类，将"做工""剪裁""缝合""材料""料子""面料"等这些有关衣服材质和做工的关键词归结为质量一大类，如果料子不好，剪裁不精致则描述成质量得分低；将"衣服尺码""衣服大小""是否宽松或者紧身"，归结为尺码一大类，如果商家对描述的是紧身、修身的衣服，而实际是宽松的，则表示与商品的尺码描述不符，尺码这一类目得分就相应的会低。同理，如果是尺码偏小或者偏大则尺码类目得分也会低。当然，买家关心的不仅仅是这些，对买家购买行为起到促进作用的还包括是否包邮、是否7天无理由退换、最近成交量是否大等信息。本章在控制自变量个数的情况下，暂不考虑消费者保障和店铺促销等问题，仅仅对衣服这类商品的属性进行考量。将五类特征词对应的关键字列出，如表4-1所示：

表4-1　类目与关键词对应

所属类目	关键词		
质量	料子不错	很厚实	料子薄
	手感不舒服	质量好	扎人
	舒服	一分钱一分货	
尺码	偏大	偏小	正合身
	尺码标准	紧身	宽松
	不够长	短了	
价格	贵了	物美价廉	划算
	性价比高	便宜	
服务	态度很好	不礼貌	爱理不理的
	很有耐心	热情	很好讲话
物流	快	快递慢死了	发货超慢
	闪电发货	等很久了	

本章从小卖家中随机选取100家，在大卖家中随机选取100家进行店铺动态评分分析，由此可以看出买家对最后两项"卖家发货速度""物流发货速度"打分的比例很少，买家们不太关注后面的指标。通过对买家访问，得知大多数买家在收到货物评价时已经不记得卖家什么时候发货的，甚至没有关注过整个发货流程，只记得从买到至收到货品大致用了多长时间。他们往往习惯简单表达为这家店物流快或者慢，并没有像系统设计的指标那么烦琐。因此，本章主要研究"价格""质量""尺码""服务""物流"这五个指标对商品销售量的影响。

4.基于内容分析法的评论指标量化打分

内容分析法最大的特点是对指标进行量化，确定指标等级，制定编码表，制定编码员进行指标打分。本章结合内容分析法的这一特点，判定淘宝中的编码分为5个等级：非常满意、比较满意、一般满意、不太满意、很不满意。本章为了方便后期计算特用数字1到5来分别赋值，分值越高表示满意程度越高。编码者按照这五个规定的等级来给每条评论进行打分。在制定了编码表以后，本章在研究中选取了两位同学作为编码员。

在评论样本里随机抽取100条评论，由两个编码员打分，进行练习，然后小组对编码成员进行讨论，再一次统一编码标准，确定最终的编码规则表。如：同一条评论中涉及评论类目少于2条，就可视为该评论无效。"第一次来这家买，模特很好看，感觉不错，当时就拍了"，该条信息没有对质量、尺码、价格等属性进行任何评论，因此视为无效评论，做删除处理。

对于评论中未提及的类目视为"一般满意"。因为每个人的关注点一般比较倾向于令其印象深刻的，比如对商品非常满意的时候，会乐于和别人分享，非常不满意的时候会有所抱怨，而对于一般满意的，往往不会重视也不会特意把评论写出来。本章规定评论人对商品没有提及的一般不会太好，但也不会太差，作一般分值处理。"质量很好，拿到手后很惊喜！便宜也有好货呀！"这条评论给出了两个特征属性的满意度，一个是质量好、一个是价格便宜。而对于尺码、物流、服务这三个指标没有说明，因此，该条评论被视为一般满意。

5.具体营销策略案例研究

（1）线性回归模型的建立

众所周知，女装在淘宝中的销量一直是独占鳌头，本章取"大衣"这一女装商品作为研究对象，取大衣的销售量作为因变量，产品质量、价格、服务、物流、尺码这五个部分作为自变量。假设误差服从正态分布，建立因变量与自变量之间的线性回归方程。将研究对象按销量排名，评价指标进行计算后，得出商品评论调查表，如表4-2所示：

表4-2 商品评论调查结果

序号	销售量 y	质量 x1	价格 x2	服务 x3	物流 x4	尺码 x5
1	1072	4.66	4.75	4.72	4.77	4.60
2	897	4.75	4.66	4.66	4.76	4.68
3	690	4.70	4.74	4.75	4.80	4.55
4	655	4.60	4.69	4.60	4.55	4.69
5	570	4.66	4.70	4.63	4.78	4.59

序号	销售量 y	质量 x1	价格 x2	服务 x3	物流 x4	尺码 x5
6	562	4.61	4.64	4.56	4.67	4.67
7	541	4.54	4.55	4.56	4.56	4.75
8	539	4.55	4.58	4.60	4.78	4.65
9	534	4.55	4.57	4.45	4.56	4.66
10	252	4.54	4.44	4.34	4.56	4.71

本章一共选取 5 个指标，则 p=6，共观察了 10 组指标，构建销售量对这五个指标变量的回归方程。下面用 matlab 进行仿真做的试验数据结果，如图 4-6 所示：

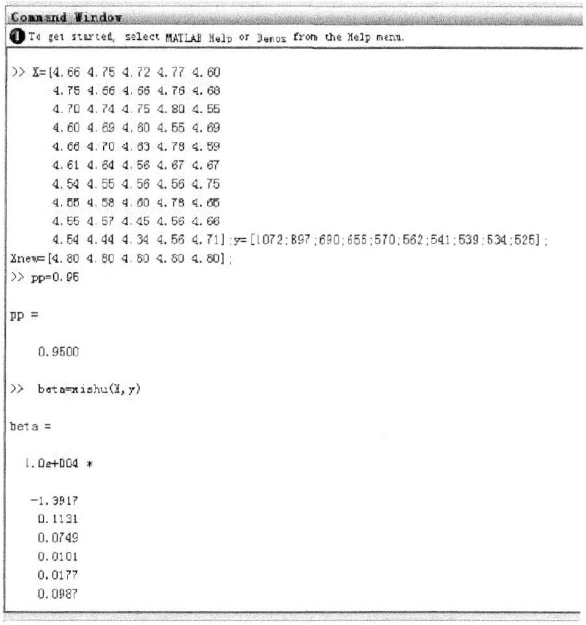

图 4-6　matlab 仿真实验结果 1

预测当质量、价格、服务、物流、尺码分数高达 4.95 时，预测的新销售量 y=1650 件，结果如图 4-7 所示：

```
Command Window
① To get started, select MATLAB Help or Demos from the Help menu.

>> Xnew=[4.95 4.95 4.95 4.95 4.95];Xnew=[1;Xnew(:)];
ynew=Xnew'*beta%提高全部满意度

ynew =

  1.6502e+003

>> Xnew=[4.95 4.70 4.70 4.70 4.70];Xnew=[1;Xnew(:)];
ynew=Xnew'*beta%提高质量满意度

ynew =

  1.1469e+003

>> Xnew=[4.70 4.95 4.70 4.70 4.70];Xnew=[1;Xnew(:)];
ynew=Xnew'*beta%提高价格满意度

ynew =

  1.0511e+003

>> Xnew=[4.70 4.70 4.95 4.70 4.70];Xnew=[1;Xnew(:)];
ynew=Xnew'*beta%提高服务满意度

ynew =

  889.2503

>> Xnew=[4.70 4.70 4.70 4.95 4.70];Xnew=[1;Xnew(:)];
ynew=Xnew'*beta%提高物流满意度

ynew =

  908.1851

>> Xnew=[4.70 4.70 4.70 4.70 4.95];Xnew=[1;Xnew(:)];
ynew=Xnew'*beta%提高尺码满意度

ynew =

  1.1108e+003

>>

Workspace
```

图4-7 matlab仿真实验结果2

　　本章在实验中分别提高各个指标的满意度，得到不同的销售预测量。由上面的结果可以看出，当质量、价格、尺码的满意度提高后，销售量会有比较明显的变化；而提高服务和物流的满意度对销售量影响不大，说明对于在中小卖家店铺中购物的用户更注重能否买到合适的、物美价廉的东西，而对于卖家的服务和物流的要求则会降低。也就是说，买家为了买到自己心仪的商品可以接受因物流而造成的等待和卖家一般化的服务。

（2）方差分析

表4-3　评论数据的方差分析结果

方差来源	自由度	平方和	均方	F值	P值
回归（R）	5	37809.457	26589.441	5611.333	0.001
误差（E）	10	56.880	4.789		
总和（T）	14	53567.600			

结果如表4-3可以看出，通过内容分析法得出的各指标维度之间的相关性大大降低，自变量和因变量之间的相关性也得到了加强。从上述回归分析结果可以看出，买家对衣服质量和尺码的精准度要求高，对价格要求低，买家都希望在淘宝上淘到的首先是物美，其次才是价廉的东西；有些买家为了买到便宜又好看的衣服，甚至可以接受卖家较差的服务质量。因为是淘宝这种C2C的网络购物模式，如果买家想得到优质体贴的服务，就会选择去专卖店购买了，而不是在网上淘衣服。所以，本章的研究表明，网络购物的顾客大多追求的是性价比高、物美价廉的东西，而不是星级的服务享受。

6.实验结论及意义

上述分析表明，对于大多数想以提高销售量为目的卖家而言，即不是追求品牌化和企业管理化的中小卖家而言，可以利用这一研究规律，在保证衣服色差和质量尺码的情况下尽量地把成本节约出来，不要在客服、店面装修、品牌运营、照片后期处理等方面花费过多的成本，从而导致提高商品价格，造成顾客对商品满意度过低。商家应该将重心放在为顾客提供物美价廉的商品，让买家真真切切感受到物有所值，甚至物超所值。在价格上采取薄利多销的原则，将更多的买家吸引过来，以此提高店铺浏览量、店铺收藏量、宝贝销售量和宝贝收藏量。当达到一定的级别时，比如金冠级别，才考虑品牌运营、店铺企业管理化等后续操作。淘宝、卓越等网站都可以采用内容分析法，对历史交易的文本评论作出分析，从而获取影响商品交易发生的关键信息。例如，买家关心的是产品质量还是购物体验；买家对卖家的服务质量敏感，还是对提供的商品质量敏感；买家是关心产品的功能，还是产品的外观。这些与产品质量相关的要求主要体现在不同的商品上，即不同的买家对于商品外观、功能和商家服务的要求也不同。比如对于女装，买家大多关心的是产品的外观，即样式或者款式，而对于男装，买家更为关心产品的质量。对于数码产品，买家主要关心产品的功能大过于产品的外观。因此，需要针对不同的产品进行分门别类的研究，才能真正获取影响产品销量的关键因素。这些信息都可以通过内容分析法从顾客的文本反馈信息中获取，通过提取这些真实完整的评价文本信息，抽出产品的关键词，针对关键词的评价进行量化研究。这些关键词的研究信息，可以帮助买家更准确地寻找适合的卖家和商品，也可以帮助卖家更好地改善经营，在保证销量最大化和资金人力最小化的基础上，根据不同的产品制订不同的营销策略，从而获取更大的利益。

第九节　本章小结

随着互联网技术的发展和网民数量的增多，越来越多的互联网用户开始在网络上购物。网络上买家和卖家的信息不对等性造成了网络购物的瓶颈。因此，买家如何在购买前获得较多的有用信息就成了交易能否顺利完成的重要因素。Web2.0的出现使得网络产品评论更加丰富，对评论文本进行获取、分析和应用成为当今电子商务研究的热门专题。本章分析了内容分析法和文本挖掘的特点及应用步骤，又研究了Web2.0环境下网络产品评论文本的特点，以销售量第一的女装为例，选择商品的质量、价格、尺码、物流和服务这五个指标进行分析，采用内容分析法，对淘宝网的文本评论进行量化研究。在matlab仿真的环境下改变自变量的数值来观察因变量的变化，以此对现有的营销策略和文本挖掘方法提出改进。

本章主要论述以下三个方面：第一，之前的文本挖掘层次简单，效率不高，本章在k-中心点算法的基础上提出了改进，在获取特征词方面采用三层的挖掘模式，提高了挖掘的准确度。第二，针对网络评论复杂的特点，原先的极性判定方法不足以适应对自然语言的处理，本章对特殊句式、网络词汇和情感词汇的极性判断做了研究，对自然语言的评论文本提出了很好的解决方案。第三，内容分析法在传播学中应用较为广泛，但是在电子商务中的应用还较为罕见，本章将内容分析法引入文本挖掘中，为挖掘指标的量化分析提供帮助。

本章的创新点主要有以下两个方面：

（1）在原有的文本挖掘方法的基础上，结合网络商品评论的特点和商品的Web页面，提出了基于k-中点算法的优化。将卖家发布的商品标题和商品介绍考虑到评论文本中，使得评论的语料更为丰富，提高了挖掘的质量。

（2）内容分析法之前尽管在很多领域都有所应用，但是却较少应用于评论文本的挖掘算法中。本章引入内容分析法抽取出评论指标，并对该指标进行量化研究，将定性分析转化为定量分析，为评论指标进行等级打分，能更清晰地展现商品的各个属性的良莠，甚至能够精确的知道每个指标（如质量）增加投入一单位时，总体效益增加多少，能够使营销商的营销策略有的放矢、因地制宜。

尽管本章在文本特征词提取和倾向性分析方法上面作了一些改进，但是由于中文文本的复杂性，针对中文评论的挖掘在语义和自然语言的处理方面仍有不足，加之，中文语言的特殊性，一些英文的研究方法和理论不能够很好地适用于中文评论的挖掘，因此需要继续研究新的方法，从技术角度优化挖掘过程，提高挖掘效果。同时，随着Web2.0的兴起，Web网页挖掘、Web内容挖掘和Web结构挖掘等问题也具有研究的必要性，这将在以后的工作中进行。在今后的研究中，还可以将内容分析法用于餐饮业、旅游业等多种指标分析的行业研究中，通过在大众点评网或者其他一些电子商务网站了解用户或者消费者的评论信息，将用户的评论内容用文本挖掘的方法提取出来，结合内容分析法进行量化分析，为更多的用户提供科学的参考依据。

第五章 网络商品评论可信度研究

第一节 研究意义

在线评论是指由消费者发布的有关产品正面或者负面的称述，典型的在线评论有两部分组成：一是文本型在线评论，指的是由买家自行输入的，非结构化的，一般在200字以内具体的购物感受；二是数值型在线评论，指的是买家对商品和购物过程的整体印象打分。在线商品评论信息已经成为消费者进行网络购物的重要信息来源之一。消费者在进行网络购物时查看其他购买者的评论，以此得到更多的商品信息。由于在线评论会直接影响消费者的购买决策，有些网络商家则利用虚假的评论来吸引和留住顾客，常常会找"托儿"来购买自己店铺的商品，并且让其给予较高的评价；还有一些商家利用"恶意差评师"来攻击竞争者，给竞争者的商品发布反面的评论，诋毁对手的产品。这些不实信息夹杂在真实的评论信息之中，可能导致消费者"迷失"其中，难以辨识，从而也影响网络评论信息的可信度。对于在线评论可信度的问题，已有学者进行了研究。

目前学者的研究主要集中在两个方面：其一，探讨了影响在线评论可信度的因素，有学者研究了评论的不一致性、评论者排名、评论字数和负面评论比例等对评论可信度的影响；还有学者认为评论内容和商品功能属性密切相关是判断信息可信度的标准；也有一些学者认为评论质量是衡量评论可信度和有效性的标准，评论质量越高说明评论的可信度越高，越有说服力；Cheung[1]等学者研究发现评论信息的相关性、时间性、准确性和说服性等会影响消费者对评论的信任度。其二，分析了不同类型的在线评论对可信度的影响，Ahluwalia的研究发现，由于炒作等原因使得消费者已不再完全相信好评，而对负面评论有着更高的关注度和信任度；Sen和Lerman[2]的研究指出，不能武断地认为正面评论可信度高还是负面评论可信度高，在线评论的可信度会受到产品类型的影响，由于体验性商品的质量和使用情况难以判断，其效果主要依赖于消费者的使用感受，因此体验型商品的在线评论主观性更大，可信度不如搜索型商品的可信度高。

由前述可知，前人的研究要么是在问卷调查、访谈的基础上，从消费者的主观视角分析了评论长度、评论时间、评论质量、评论不一致性、评论者排名、商品特征关联程度等对在线评论可信度影响，要么是通过在对文本型评论的产品特征词提取和情感倾向性判断的基础上，探讨了在线评论可信度影响因素。前人的研究鲜有将评论的不一致性作为评论可信度的影响指标，虽然Hyunmi B在文献中指出不一致性会影响评论的可信度，但并没有给出不一致性的计算方法和具体的判断过程。此外，前人的研究中还存在影响因素的选择不够全面等问题[3]。为此，本章拟在前人研究的基础上，将文本型评论与数值型评论的一致性进行量化，将其与评论长度、评论时间、评论者等级、评论者身份等因素结合在一起，构建在线商品评论信息可信度的排序模型，并以淘宝中的在线评论为例，检验所构建模型的有效性。

---

① CHEUNG M Y,LUO C,SIA C.Credibility of electronic word-of-mouth:informational and normative determinants of on line consumer recommendations[J].International Journal of Electronic Commerce, 2009,13(4):19–38.

② SEN S, LERMAN D. Why are you telling me this? an examination into negative consumer reviews on the web[J]. Journal of Interactive Marketing, 2007,21(4):76 - 94.

③ 郭国庆,陈凯,何飞.消费者在线评论可信度的影响因素研究[J].当代经济管理, 2010,32(10):17–23.

第二节　可信度信息采纳模型

1.理论模型框架

国内外学者应用信息采纳模型（Information Adoption Model）对在线评论的采纳进行研究，获得了一些进展。2003年，Sussman和Siegal将精细加工模型理论应用到在线信息的传播情境中，构建了信息采纳模型（Information Adoption Model），他们的研究指出消费者对信息的采纳和信任，来源于信息质量和信息源可信性两个因素。具体如图5-1所示：

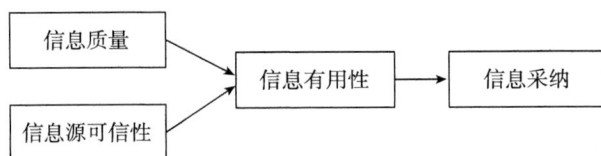

图5-1　信息采纳模型

本章以信息采纳模型为理论基础，将模型应用到在线评论的可信度情境中，评论质量作为信息质量，评论者可信性作为信息源可信性，同时，将评论质量分为"评论一致性""评论时间""评论得票数""评论长度"四个二级指标，将评论者可信性分为"评论者信誉等级""评论者身份披露"两个二级指标，如图5-2所示。

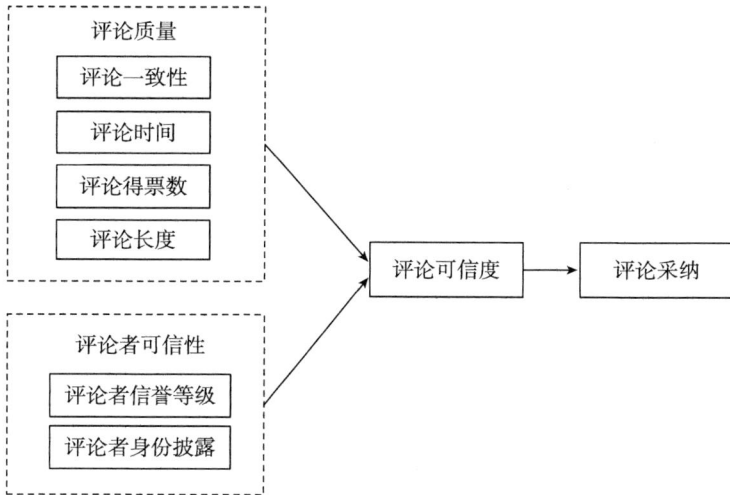

图 5-2　评论可信度模型

2.评论质量

其一，评论一致性。评论信息的方式不仅仅局限于发表文本形式的评论信息，还包括给商家打分、评级的方式。前人的文献已经证明评论的一致性，即文本形式的评论与这些打分类的数值型的评论的一致性，对评论的可信度有着正面影响。文本情感倾向与其他类型的评论倾向的匹配程度越高，即情感倾向越一致，该评论的可信度越高。故提出本章的命题一：文本型评论与数值型评论倾向性越一致，该评论的可信度越高。

其二，评论时间也是影响评论有效性的一个很重要的因素。如果评论时间过长，比如三个月以前的评论，那么很有可能在这三个月内商家已经改进了商品，原本评论中所说的属性特征可能已经改变。Cheung C M K 和 Thadani D R 的研究也表明，时效性是影响评论信息质量的重要因素，随着时间的推移，商品评论信息可信度会逐渐改变。故提出本章的命题二：评论的时间越近，可信度越高。

其三，评论得票数是指某条评论被其他买家点赞同的次数。如果评论的阅读者认为词条评论有用，可以点击评论旁边的"投票"或"有用"，系统会自然计数加 1 次。在一定程度上可以认为标注为"有用"的评论是浏览者认可的，说明该条信息对于阅读者来说是可信的。基于此提出本章的命题三：评论的得票数越多，可信度越高。

其四，评论长度。反映在评论的字数上，如果评论的字数较多，说明买家认真填写评论，并且提到的产品属性特征词也可能较多，从而具有很大的参考价值。因此，评论长度也是评论有效性的一个很重要的指标，故提出本章的命题四：评论长度越长，可信度越高。

3.评论者可信性

其一，评论者身份披露。Rach 指出评论者身份披露会影响评论信息的质量。龚思兰也指出由于网络本身的虚拟性，信息发布者对所发的信息不需要负责，但评论发布者的身份越明确，消费者对评论者的感知信任度会越高。因此提出本章的假设五：评论者身份越暴露，评论的可信度越高。

其二，评论者信誉等级。一般而言，经验丰富的买家，其评价更为客观、中肯，而经验较少的买家，往往对商品富有极大的想象，如果商品与自己想象的有落差，会给出一些极端的评论，严重影响了其他买家对商品的认识和判断。通过研究发现评论者的专业性、声誉和排名会影响评论信息质量，基于此提出本章的命题六：买家信誉越高，评论的可信度越高。

4.评论可信度计算

评论一致性、评论时间、评论得票数、评论长度、评论者信誉等级和评论者身份披露这6个有效性指标的得分与它们相应的权重，即加权之和可以看作是评论的可信度得分，且分值越高，可信度越大。令可信度得分为 $F_{(i)}$，

$$F_{(i)} = w_1 f_{(1)} + w_2 f_{(2)} + w_3 f_{(3)} + w_4 f_{(4)} + w_5 f_{(5)} + w_6 f_{(6)}$$

其中（$i=1, 2, \cdots, n$），n 表示有 n 条评论。假设第 j 条评论的最终可信度得分为 $F_{(j)}$，如果 $F_{(j)} < F_{(i)}$，则表示第 i 条评论的可信度高于第 j 条评论，应该排在第 j 条前面。本章的总体框架如图5-3所示：

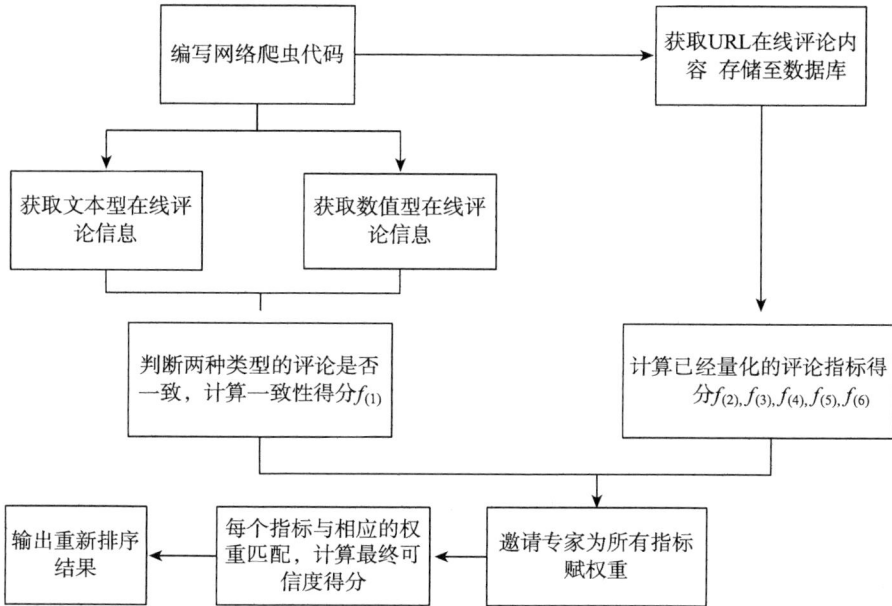

图5-3　评论可信度总体研究框架

第三节　研究过程

1.数据收集

本章选择淘宝网中的评论数据来进行研究。因为淘宝网中的评论必须用户真实购买以后才可以进行评价，并且淘宝网是目前国内最大的C2C电子商务网站，具有一定的代表性。淘宝中女装的销量始终在各种商品中独占鳌头，因此，本章选择连衣裙作为研究对象，采用java语言编写的网络爬虫代码获取在线评论信息。规定字数大于或等于两个汉字的评论才算是有效评论，故对系统设置一个阈值，如果评论字数大于或等于两个汉字（即四个字节）则进行提取，否则视为无效评论，跳转到下一条评论进行判断。

2.评论的一致性判断

文本型评论与数值型评论倾向性越一致，该评论的可信度越高。故令一

致性的权重为 w_1。一致率得分为 $f_{(1)}$，文本型评论极性得分为 P_w，数值型评论得分为 P_s，如果两种评论一致 $P_w=P_s$，$f_{(1)}$ 则为 1 分，如果不一致 $f_{(1)}$ 则为 0.5 分。具体判断过程如下：

（1）产品属性词提取及权重计算

本章采用中国科学院计算技术研究所的 ICTCLAS 分词系统（汉语词法分析系统 Institute of Computing Technology，Chinese Lexical Analysis System）进行分词和词性标注，标注后的格式如表 5-1 所示。

表 5-1　买家评论文本分词

评论1	面料/n 摸/v 起来/vf 很/d 舒服/a ,/wd 垂/v 感/vg 很/d 好/a ,/wd 不/d 厚/a ,/wd 薄薄的/z ,/wd 很/d 适合/v 夏天/t 穿/v ,/wd 性/ng 价/n 比/p 很/d 高/a
评论2	没有/v 色差/n ,/wd 颜色/n 跟/p 图片/n 一样/uyy 的/ude1 ,/wd 质量/n 也/d 很/d 好/a ,/wd 大小/n 长度/n 刚好/d ,/wd 我/rr 158/m 穿/v M/x 码/n 很/d 好/a 看/v
评论3	物流/n 很快/d ,/wd 质量/n 也/d 挺/d 好/a 的/ude1 ,/wd 裙子/n 很/d 漂亮/a ,/wd 也/d 很/d 仙/ng ,/wd 同事/n 都/d 说/v 好看/a ,/wd 穿/v 起来/vf 也/d 显/v 瘦/a ,/wd 非常/d 满意/v

说明："/"后的字母为对应的词语的词性标注。

本章的产品属性词提取采用自动提取和人工结合的方式。将分词的结果导入 excel 中，按照词性对结果进行分类，提取出名词和名词性短语作为产品属性词集合的备选。利用互信息原理找出近义词中最有代表性的词作为产品属性词。例如，有三个意义相近的产品属性词——"布料""料子""材质"，根据互信息原理，我们认为如果其中一个词与另外两个词的互信息最多，则认为这个产品属性词具有很好的代表性，可以用来取代其他两个产品属性词。具体做法是，在百度中输入"布料 料子"，得到相关结果约 25 900 000 个，即布料出现时，料子也出现的情况为 25 900 000 次。同理，输入"料子 布料"的结果是 59 400 000，即料子出现，布料也出现时的情况为 59 400 000 次。因此本章将这两个数据的平均值，作为这两个词的互信息量。同理，得到"布料"和"材料"的互信息量为 13 250 000。"料子"和"材料"的互信息量为 5 845 000。这三个词中，"布料"与其他两个词的互信息量最多，故这三个词中选择"布料"作为这一类产品属性词的代表。

本章采用词频来判断产品属性词的权重。一个属性词在整个评论语料库中出现的频率越高，说明这个属性对于买家来说越重要，应当被赋予较高的权重。目标属性词的次数除以所有产品属性词的次数总和，得到目标属性词出现的频率，本章用这个频率表示目标属性词的权重。本章采用人工方法，并借助excel进行计算。比如，所有产品属性词出现的次数总和为100次，"质量"这个属性词有15次，则"质量"的权重为0.15。

（2）产品属性词情感得分计算

本章参考知网语言知识库hownet情感词典，该词典包含了4 566个正向中文情感词和4 370个负向中文情感词。由专家根据情感词表为情感词进行打分，情感词的得分范围是−1~1分，1分表示非常满意，0分表示中立，−1分表示非常不满意。由于情感得分既有正值也有负值，为了方便后续计算，需要将情感得分进行归一化处理。例如，某店中的一条评论为："质量一般、价格有点贵、做工也不行，不值这个价。看在店家态度不错的基础上，算了，懒得退了，勉强好评"，其产品属性词、情感得分以及归一化后的得分如表5-2所示：

表5-2 产品属性词和情感得分

产品属性词	质量	价格	做工	服务
情感得分	0	−0.50	−0.80	0.60
归一化后的得分	0.50	0.25	0.10	0.80

（3）文本型评论得分计算

假设某个商品有 m 条有效的评论，其中第 i（$0<i<m$）条评论的情感词有 y（$0<y<=n$）个，令它们的权重分别为：w_1，w_2，w_3，$\cdots$，w_y，极性得分分别为 x_1，x_2，x_3，$\cdots$，x_y，则第 i 条评论的极性分值为 $E_i=w_1\times x_1+w_2\times x_2+w_3\times x_3+\cdots+w_y\times x_y$。

由于评论的等级有三种："好评""中评"和"差评"，因此如果将1分看作是非常满意，0分看作是非常不满意，则评论三个等级的划分可以采用等分的方法，将总分值1分等分成三段。故本章规定 E_i 在1~0.667之间为好评，Ei 在 0.666~0.334 之间为中评，Ei 在 0.333~0 之间为差评。令文本型评论的极性得分为 Pw，好评则将 Pw 赋值为 +1 分，中评则将 Pw 赋值为 0 分，差评则将 Pw 赋值为 −1 分，部分代码如表5-3所示：

表5-3　好中差评赋值

if $0.667 < E_i < 1$	then $P_w = +1$
if $0.334 < E_i < 0.666$	then $P_w = 0$
if $0 < E_i < 0.333$	then $P_w = -1$

假设由产品属性词提取及权重计算得出，有"质量""价格""做工"和"服务"这四个产品属性词，且权重分别为：0.14，0.08，0.07，0.08，则该条评论的最终情感得分为：

$Ei = 0.5 \times 0.14 + 0.25 \times 0.08 + 0.10 \times 0.07 + 0.80 \times 0.08 = 0.161 < 0.333$

因此该条文本型评论的结果是差评，故 $Pw = -1$。

（4）数值型评论得分计算

数值型评论是买家对商品和购物过程整体印象进行的打分，有且仅有三种打分，即"好""中""差"。如果买家给出的是好评，则数字型评论的极性得分 Ps 为 +1 分，如果买家给出的是中评，则 Ps 为 0 分，如果买家给出的是差评，则 Ps 为 −1 分。

（5）一致性得分计算

如果 $Pw = -1$，而评论者给出的数值型评论的结果是好评，$Ps = 1$，则 $Pw \neq Ps$。因此该条评论的文字型评论结果和数值型评论结果不一致，一致性得分为 $f(1) = 0.5$；如果 $Pw = Ps$，则 $f(1) = 1$。

（6）人工检验

在阿里旺旺召集信誉在一颗钻以上的、有经验的 20 位买家作为志愿者对文本型评论进行人工判断，将评论分为"好""中""差"评三个等级。将人工结果与计算机的结果进行比对，如果相符的数量能达到 80% 以上，则认为本章提出的模型是有效的。

人工结果与本模型处理的结果按照指标计算出的查全率、查准率均大于 80%，说明本模型的结果与人工处理结果非常接近，可以用本模型来取代人工检查，查全率、查准率结果如表5-4所示：

表5-4 模型检验结果

指标	查全率	查准率
本模型	82.56%	84.67%

综上所述，现将评论一致性判断总结如下：首先，提取买家的文本型评论进行量化计算，确定产品属性词。根据hownet的情感词表，计算出文本型评论的极性得分P_w。其次，对数值型评论的"好、中、差"评进行量化，进而得到数值型评论的极性得分P_s。以此，判断P_w和P_s这两个分值是否相同。如果分值相同说明两者的评论一致，$f_{(1)}=1$；反之则不一致，$f_{(1)}=0.5$。最后，对一致性判断进行人工检验。具体流程如图5-4所示：

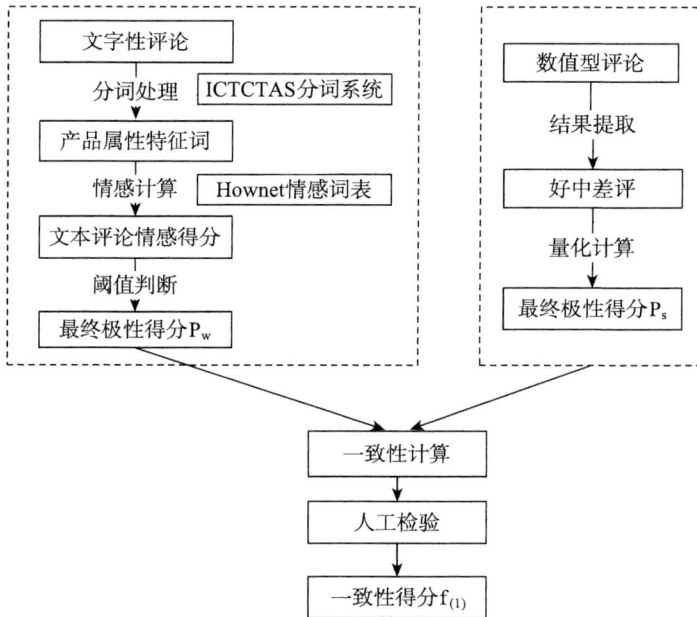

图5-4 一致性得分计算方法

3.其他指标量化计算

①令时间的权重为w_2。评论时间的得分设为$f_{(2)}$，根据距离现在的时间差来判断分值的大小。规定时间差在10天以内记为1分，10~20天为0.9分，依次类推，80~90天为0.2分，大于90天均为0.1分。

②令得票数对商品可信度的权重为w_3，得票数的得分为$f_{(3)}$，规定大于等于9个"有用"为1分，8个为0.9分，以此类推，1个为0.2分，0个为0.1分。

③令评论长度对评论有效性的权重为w_4。评论长度得分为$f_{(4)}$，规定20个汉字及以下为0.1分，21~30个汉字为0.2分，依次类推，91—100个汉字为0.9分，大于100个汉字为1分。

④评论者身份暴露程度对评论信息可信度的权重为w_5。评论者身份披露得分为$f_{(5)}$，规定不匿名评论为1分，匿名评论为0.5分。

⑤令买家信誉对评论有效性的权重为w_6，买家信誉等级的分值为$f_{(6)}$。规定两颗星及以下为0.1分，三颗星为0.2分，四颗星为0.3分，以此类推五个钻为0.9分，一个皇冠及以上为1分。

4.可信度计算

为了计算有效性中的各个指标所占的权重，本章邀请了一些专家对这6个指标（评论一致性、评论时间、评论得票数、评论长度、评论者身份披露、评论者信誉等级）的重要性进行比例分配，其权重之和必须等于1。这些专家中有电子商务专业的教师、博士生以及有着丰富网购经验的买家和有着较高信誉的卖家组成。标度按照0.10~0.90的要求，分值越高表示越重要，最高分值不能超过0.90，最低分值不能低于0.10，分值总和为1。各位专家打分结果，扣除最低分和最高分以后，其余分值求平均值。最终分值如表5-5所示：

表5-5 评论指标权重标度

分值	权重代码	含义
0.19	w_1	评论一致性
0.14	w_2	评论时间
0.10	w_3	评论得票数
0.27	w_4	评论长度
0.12	w_5	评论者身份披露
0.18	w_6	评论者信誉等级

假设根据上面的分析，本章通过量化分析可以得到6个指标的分值分别为 $f_{(1)}$~$f_{(6)}$。假设有 A，B，C 三条评论，根据公式 $F_{(i)} = w_1 f_{(1)} + w_2 f_{(2)} + w_3 f_{(3)} + w_4 f_{(4)} + w_5 f_{(5)} + w_6 f_{(6)}$ 得到可信度得分分别为 $F_{(A)}$，$F_{(B)}$ 和 $F_{(C)}$，如果 $F_{(A)} > F_{(B)} > F_{(C)}$，则排序顺序为 A 评论排第一，B 评论排中间，C 评论排最后。

第四节　实验结果及讨论

1.实验结果

按照模型研究设计的算法，对获取的评论内容进行重新排序。由于篇幅的原因，本章选取淘宝网中原始排序和本模型排序后，前3名的评论进行比较分析，具体如表5-6所示：

表5-6　评论可信度原始表

可信度排序	评论者	文本评论内容	数值评论内容	评论时间	投票数（条）	可信度分值
1	y***8（匿名）◇◇◇	我106斤,1.61米高,客服推荐我买L码,结果稍肥了点,这个码号相当不准,我觉得我买M码就更好了。质量一般吧,不能算差,样式还行。买平常穿的码数就可以。	好评	2014年10月30日09：09	有用（0）	0.574
2	听海观澜ly◇◇◇	很好！样式不错,绒面细腻,不薄不厚。颜色有些偏黄,买了两件,有一件尺寸有些偏差。总得来说还好,值得购买！	好评	2014年9月28日16：47	有用（0）	0.477
3	f***8（匿名）❤	什么啊,就像一块破布,这哪能当衣服啊,懒得退来退去的麻烦,只能压箱底了。卖家态度还不好,不要来这家买。	差评	2014年10月30日22：16	有用（0）	0.218

表5-7　评论可信度排序结果表

可信度排序	评论者	文本评论内容	数值评论内容	评论时间	投票数（条）	可信度分值
1	猪0250 ◆◆◆◆	很惊喜的购物，第一次来，简直是物超所值！实物和图片一样，衣服很漂亮，料子很软，连袖子里面都有一层绒。我1.63米，100斤，M码的胸围有点紧，别的地方都正好。衣服不是米白色也不是浅黄色，而是杏色，个人觉得白色的会更好看。衬里的绒很舒服，不会串到袖子外面，很暖和。已经下水洗涤了，没有脱丝和缩水。	好评	2014年10月30日21：15	有用（1）	0.856
2	柳芊涵 vs... ◆◆◆	买给妈妈穿的，我妈快50岁了，还是喜欢打扮，哈哈。妈妈胸围87厘米，腰围73厘米，衣服的大小正好。比较柔软的蕾丝，很舒服，有弹性，无线头，我把送的胸针的蝴蝶结拽了，就剩个圆形的头像，反倒显得高贵、好看！寄来的时候纽扣掉了，包装袋里也找不到，跟老板联系，老板二话没说，就给寄来了！	好评	2014年10月18日16：47	有用（0）	0.802
3	郑庭菊 ◆◆◆◆	第一次就买了两件，回来就让朋友拿走了，这是第二次购买了，质量还是那么好，无色差，还不贵，比专卖店的都好。穿上特别有气质，我特别喜欢，我朋友看了都说好，都让我给他。拍了好几件了，卖家的服务态度是一流的，物流也快，赞一个，全5分，以后会光顾的。胸花忘给我发了，我就告诉客服，她说马上给我补发，真是好卖家啊，一定还会光顾的。	好评	2014年11月02日14：35	有用（0）	0.767

2.结果分析与讨论

对经过模型排序后的评论与淘宝原始的评论，利用两个指标从"评论的相关性评价"和"评论的体验性评价"进行对比分析。

（1）评论的相关性评价

评论的相关性是可信度的重要指标，直接影响着信息阅读者对评论信息的信任程度。其主要考虑评论者的评论内容是否涉及产品和卖家的相关信息，比如产品质量、产品做工、产品外观、产品性价比、卖家服务、卖家物流这6个要素。

（2）评论的体验性评价

评论的体验性评价主要考虑因素有：评论者是否具有丰富的网购经验、是否使用过产品、是否客观无矛盾地进行了评价。通过线上和线下发放300份问卷，让具有淘宝网购经验的网民填写问卷，并对问卷结果进行统计调研。问卷成功回收187份，下面将调研结果展示如下。其中，认可度超过60%的要素赋予"√"，认可度低于60%的要素赋予"×"。调查问卷的统计结果显示，排序算法的认可度高达93.4%，即有93.4%的用户认为，经过排序算法排序后的评论内容对他们进行网络购物决策的参考价值更大，具体如表5-7所示。

表5-8　排序认可度对比

对比项	相关性评价					体验性评价			备注
	产品质量	产品做工	产品性价比	卖家服务	卖家物流	网购经验	使用过产品	客观无矛盾评价	
淘宝原始排序	√	×	×	×	×	√	×	×	数值型评论与文本型评论态度不一致
	×	√	×	×	×	√	×	√	时效性差，距离现在有52天
	√	×	×	√	×	×	×	×	买家购买经验不足，或更像是注册的"小号"恶意攻击
本模型排序	√	√	√	×	×	√	√	√	
	√	√	×	√	√	√	√	√	
	√	√	√	√	√	√	√	√	

通过上面的分析可以看出，淘宝的原始推荐排序有以下两点不足之处：

①"淘宝原始排序"没有考虑文本型评论与数值型评论的一致性问题，有些评论是自相矛盾的也排在了前面，它们的文本型评论内容与数值型评论内容情感倾向不一致，可信度并不高。

②"淘宝原始排序"中时效性权重不大，一些字数较多的但时效性差的评论会排在前面。时间久远的评论可信度并不高，因为商家很有可能在后期已经对商品进行了改进。

本模型推荐的可信度排序，综合了"评论一致性、评论时间、评论得票数、评论长度、评论者信誉等级和评论者身份披露"这6个指标，能够较好地判断评论可信度的大小。尤其是文本型评论与数值型评论一致性这个指标能够检验出数值型好评下的中差评论内容，这些评论其实并不具有较好的可信度，它往往是买家为了防止卖家事后骚扰或者为了贪图"好评返利"而给出的数值型好评。本模型对此类评论进行了客观的排序，并不会因为这种评论的字数多而排在前面。经过排序算法排序后的服装评论认可度高达93.4，因此，这种方法可以取代人工判断。

第五节　本章小结

在电子商务网站中，海量无序的用户评论可能导致消费者"摸不清方向"，而且一些欺骗性、诋毁性的评论夹杂其中，使得消费者很难在短时间内找出自己需要的信息。针对这个问题，本章提出了一种根据用户评论的可信度进行排序的方法，选取了在线评论质量和评论者可信度这两个指标，且将这两个指标分为"评论一致性""评论时间""评论得票数""评论长度""消费者身份披露""消费者等级"这6个二级指标。经过专家打分赋值，最终得出这6个二级指标的权重。其中，评论长度权重最大，占0.27；评论一致性次之，占0.19；评论者信誉等级居第三位，占0.18；评论时间居第四位，占0.14；评论者身份披露居第五位，占0.12；评论得票数权重最小，占0.10。这6个指标的权重之和为1。专家的权重打分也说明了评论一致性指标在评论可信度中占有重要的分量。本章对文本型评论与数值型评论是否一致进行量化分析，计算出一次性得分，再与其他5个指标的量化得分相结合，按照每个指标相应的权重，加权求和，得出各条评论的可信度得分，最后按照可信度大小对评论进行重新排序。同时，本章以淘宝网站中的有关服装类商品的在线评论为例，通过实验，验证了可信度排序模型的有效性。实验结果表明，有93.4%的用户认为，经过排序算法排序后的评论内容对他们进行网络购物决策的参考价值更大。

本章的模型能够为买家的购买决策提供更高的参考价值，帮助买家分析和辨识可靠的评论信息，使得消费者不需要阅读所有的评论，只需要阅读前面的评论就可以真实、客观地了解产品的相关信息，减少了消费者搜索的时间成本，有利于买家作出购买决策。电子商务网站中还存在追加评论和图片评论，这些追加评论是买家几天后再次进行的评论。再次评论时，买家可能比先前有更多的产品使用经验，但追加的评论是否有着更高的可信度，还有待进一步研究。同时，图片评论传达着更直观的产品信息，对图片的分析和挖掘来判断信息的可信度也将是后续的研究方向。

第六章 网络商品评论不一致性研究

第一节 研究背景

1.网络购物市场迅猛发展

近年来，随着支付系统越来越多样化，物流网点分布越来越广泛，以及物流速度的不断加快，利用无国界、无区域界限的互联网来销售商品或提供服务，已经成为卖家的新选择。因此，互联网上的网络市场成为21世纪最具有发展潜力的新兴市场之一。2009年以来，以网络购物、网上支付、旅行预订为代表的商务类应用持续增长，并引领着其他互联网行业的发展，成为我国互联网购物发展的突出特点。2011年这一态势依然延续，中国网络购物应用依然处于较快发展阶段。除了网民数量的迅速增加，百万家企业也加强了信息化建设，由线下走到线上，将其经营、销售等模式在线上完成。同时，个人信息安全、在线交易安全和网站运营安全都得到了政府的重视，这也直接影响了电子商务的稳定发展和网民对网购市场的信任。国家工信部指出，信息安全是国家经济安全的重要前提。2014年3月15日，《网络交易管理办法》正式施行，国家以此切实保障消费者的权益，为网购市场的合理有序发展保驾护航。

艾瑞统计数据显示，尽管2014年我国电商交易规模的增长速度缓慢，但是网购的渗透率却在持续攀升[①]。据电子商务研究中心监测数据显示，我国零售市场交易规模从2008年开始逐年攀升，截至2013年总额达到17412亿元，而在初期的2008年交易规模仅为1000亿元[②]。2014年中国电子商务市场交易规模12.3万亿元，同比增长21.3%；其中，B2B电子商务市场占比超七成，网络购物占比超两成，有明显提升趋势；中小企业B2B电商市场营收增长超三成；网络购物年度线上渗透率首次突破10%；移动购物市场规模增速超200%。

种种数据表明，我国网上零售市场规模呈稳步上升趋势，具体交易规模如图7-1所示：

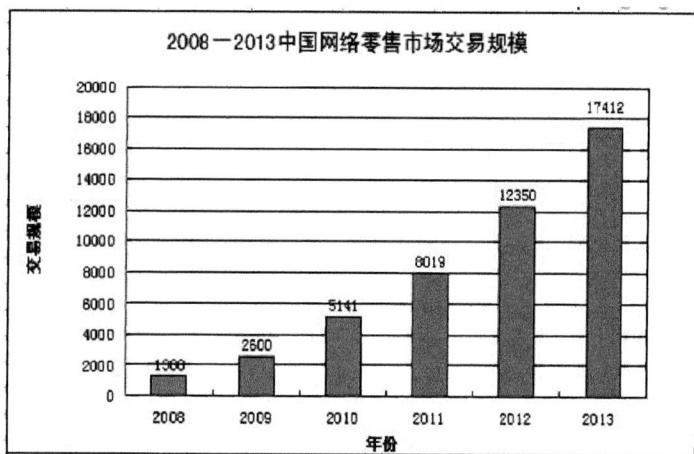

图7-1　我国网络零售市场交易规模

从网民规模上来看，2013年我国已有48.9%的网民参与了网络购物。据我国电子商务研究中心监测数据显示，截至到2013年6月，我国网络用户的规模已经达到2.77亿人，同比增长29.4%。网购用户开始慢慢向年长人群扩散。网络购物逐渐成为网民较为普遍的上网行为，网购规模的扩大推动着我国电子商务市场的高速发展[③]。网络零售这种以互联网为媒介进行商品交易

①艾瑞咨询：http://www.iresearch.com.cn.

②中国电子商务研究中心：http://www.100ec.cn.

③《中国电子商务研究中心：2013年（上）我国网络零售市场数据监测报告》：http://www.100ec.cn/zt/2013ndwlls/.

的活动在迅猛发展。据有关统计，从2003年到2011年，中国网络零售市场的平均增长速度是120％，高居全球第一。央视发布的《中国经济生活大调查（2013—2014）》①显示，2013年中国有网购经历的家庭高达81.52％，喜欢网购的多为18~25岁的年轻人；从网购区域看，网购热情比较高的主要是海南、西藏和江苏；从网购类型上看，网购数量前三位的商品为服装、书籍和家电数码产品。这些包括网络零售在内的电子商务对中国经济起到推动、促进作用。蔡裕东介绍说，一方面网络零售的触角延伸到全国各个角落，拉动消费的作用日益显著；另一方面电子商务的发展有力地促进了创业就业，全国网店创业就业人数达到962万人。

随着电子商务与传统商业的融合发展，传统零售商向互联网转型步伐明显加快，正在成为网上零售的重要力量。电子商务进一步促进了物流配送服务水平的提高，互联网金融开始倒逼传统金融业创新发展。业内人士预计，到2020年，中国网络零售市场交易规模最高将增长至4.2万亿元。用户规模增长如图7-2所示：

图7-2　我国2008—2013年网络市场用户规模

近年来，手机网购市场和农村网购市场也得到了迅猛的发展。易观智库数据②显示，2014年第4季度，中国移动网购市场交易规模达3227亿元，同

---

① 《中国经济生活大调查（2013—2014）》：http://cctv.cntv.cn/special/2013jjsh/fangtan/.

② 易观智库：http://www.enfodesk.com/

比增长178.5%，并将继续保持高速增长趋势。从市场占比来看，第4季度移动网购在网上零售市场中的占比达35.2%，2014年全年整体占比已超过30%，移动端已成为网上零售市场中的重要人口资源①。我国移动网购占比现阶段的增长，更多呈现出消费者从PC端向移动端迁移的态势，更进一步的发展将有赖于智能硬件技术的突破和新应用场景的出现。另外，移动网购也更有利于推动电子商务的O2O化发展，未来移动网购应用场景会更为丰富。

随着一线、二线城市市场增长率逐步放缓，着重构建城市网络的电商们悄然地将触角延伸到农村。快速增长的农村电商市场开始成为巨头们新一轮的争夺焦点，也将成为网购市场的新增长点。农村电子商务通过网络平台嫁接各种服务于农村的资源，拓展农村信息服务业务、服务领域，使之兼而成为遍布乡、镇、村的三农信息服务站。作为农村电子商务平台的实体终端直接扎根于农村，服务于三农，真正使三农服务落地，使农民成为平台的最大受益者。农村电子商务平台配合密集的乡村连锁网点，以数字化、信息化的手段，通过集约化管理、市场化运作、成体系的跨区域跨行业联合，构筑紧凑而有序的商业联合体，降低农村商业成本、扩大农村商业领域，从而使农民成为平台的最大获利者，使商家获得新的利润增长。

2. 网购市场加大了信息不对称性

网络购物为消费者带来便利和实惠的同时，也带来了信息不对称现象及网购风险，影响了电子商务的健康发展。由于消费者在电子商务市场无法真实感受产品，其购买决策完全依赖于对卖家描述的产品性质、功能以及图片等进行辨识。在这种卖家具有信息优势的情况下，一些卖家就会有机会主义的倾向，在文字上美化甚至夸大产品的质量，在图片上利用美图软件进行修饰等，以此给消费者展现商品最好的一面。在这种情况下，消费者处于一种信息劣势的环境中，无从考证商品的质量，尤其是服装类产品，无法通过触

---

① 2014年第4季度：中国手机购物市场季度监测报告,http://www.enfodesk.com/SMinisite/maininfo/articledetail-id-418748.html.

摸感受商品的质地，也无法通过试穿感受商品的舒适程度，因此，承担商品的的质量风险。电子市场的信息不对称性问题涉及多个领域方面的问题，比如法律层面的消费者知情权问题，信息层面的信息处理、博弈论、信用评价等问题，经济学层面的信息经济学分析，信息的价值、风险关系等问题。虽然互联网的搜索功能为人们进行网络购物提供了方便，使人们能够通过搜索引擎来获得更多的信息，但是相对于传统的交易，买卖双方的不对称性依然存在。在消费者购物以后，如果发现商品没有卖家说的那样好，使用效果也不如图片展示的，就会发布自己的评论，给其他买家提供参考信息。因此，买家描述信息与卖家评论信息不一致的现象在电子商务领域是非常普遍的。在电子市场环境下，买方通过搜索找到自己需要的商品，买卖双方进行交易时，由于为初次交易，因此在信息不对称的环境下，相互信任成了网络交易的瓶颈。现在各大电子商务网站的信誉机制系统将买家的反映和体验呈现在其他消费者面前，体现卖家的信用度，以此用来解决交易双方信息不对称的难题。

3.C2C 电子商务市场占据较大比例

电子商务是一种足不出户或者手持移动终端就可以以方便的方式进行购买和出售商品的商务模式。C2C 电子商务不同于 B2B 模式或 B2C 模式，因为它是消费者个人（而非企业）之间的直接互相交互。通常情况下，C2C 电子商务模式为买家需要更低的成本和卖家需要更高的利润提供了平台。新旧产品都通过 C2C 电子商务销售，能够避免中间商参与，技术的进步和访问互联网的便捷也使得越来越多的个人推出 C2C 电子商务企业。

C2C 电子商务（Consumer-to-Consumer E-Commerce），即消费者个人对个人的网上交易，C2C 是利用专业网站提供的大型电子商务平台，以免费或比较少的费用支出销售自己的商品。在这种模式下，交易平台提供商很重要，它同时扮演着监督和管理的双重角色，为买卖双方不仅提供技术支持服务，还提供保险、借贷等金融类服务。C2C 电子商务模式在我国的诞生以1998 年易趣网成立为标志，目前采用 C2C 模式主要有易趣、淘宝等。根据易观国际调查数据显示，在2013年C2C网上零售市场上，淘宝网的领先优势依然明显①。易观国际的研究认为，中国网上零售市场未来数年仍将是C2C市场交易规模占据更大的份额，C2C网上零售市场的进一步加速发展受限于信誉等级体系。尽管如此，C2C电子商务市场仍然以迅猛的发展速度占据着电子商务市场的主要份额。

2014年3月的调研结果显示，在2013年，我国网络购物市场交易规模达到1.84万亿元，其中，B2C交易规模占36.2%，比重最大的仍然是C2C交易。我国的C2C电子商务市场已经比较成熟，以淘宝、拍拍、易趣为三巨头的C2C模式已长期趋于稳定，交易规模持续平稳增长，网购已经成为拉动消费的重要渠道。据我国电子商务研究中心监测显示，以2010年算起，C2C电子商务平台的开创者易趣只占有0.5%的市场份额，而淘宝则占有95.5%的市场份额，远远高于拍拍的4.2%，具体如图7-3所示：

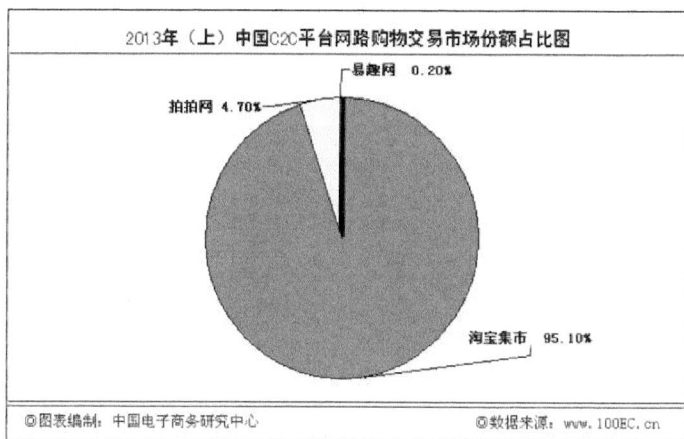

图7-3 2013年（上）我国C2C平台网络购物交易市场份额占比

因此，以淘宝网为基础分析C2C电子商务市场参与者的行为最具有代表性。在网络购物中由于交易双方存在很大的风险，而信用的评价是相对客观的信息，因此信用评价就成为买家在购物时参考的重要依据。信用评价在一定程度上可以检验卖家的描述是否真实，卖家的承诺是否兑现，卖家的服务是否令人满意。中国电子商务公司现在不仅优化物流运作和售后服务，同时

---

① 易观智库:http://www.enfodesk.com/.

也积极努力拓展业务范围。除此之外，国际市场和移动购物成为中国网上购物市场的新力量。

4. 在线评论成为用户网购的重要依据

随着网络应用的进步，尤其是 Web2.0 时代的到来，论坛、博客、微博、购物网站和各类第三方的评论网站（如大众点评网、口碑网等）等社交媒体为消费者们提供了一个无可比拟的平台，使他们通过口口相传或者用户评论的方式，在网上分享自己的使用体验。信息内容也由原先的专业人士生成的内容变成了用户可参与的"用户自生成内容"。购买者认为获取商品信息最可靠的手段是查看其他购买者的评论，因此，用户的产品评论信息已经成为消费者进行网络购物的重要信息来源之一。

提供用户评论渠道的网站和论坛有许多，像亚马逊、淘宝、京东等这样的零售商、消费者杂志，还有独立的消费者论坛、大众点评网、汽车之家等。提供用户评论的网站也已经在一些特别的领域开始出现，譬如旅游和慈善。有越来越多的证据表明网上的产品口碑传播会对购买行为产生不可忽视的影响。

网站上的用户评论有助于吸引消费者对网站进行访问，增加了他们在网站浏览上的时间"黏附度"，并且会使"常客"们产生进入了一个社交圈的感觉。然而，随着用户评论这一功能的广泛应用，策略的焦点从评论的存在转移到了消费者对于评论的看法和利用上。网上的零售商有动机提供消费者认为对其有价值的内容，而像 ebay 和 Amazon.com 还发布了关于用户评论撰写的详细指导原则，因此对在线评论的动机以及激励的研究也相应地展开而来。反馈系统已经被许多流行的购物网站广泛采用，在线评论系统不仅仅提高了电子市场的功效，而且也有利于制造商和销售商收集和了解消费者的偏好。根据市场调查公司尼尔森 2012 年的一份报告①，70% 的消费者表示，他们相信在线产品评论，而且其中的 42% 的人表示对从渠道中获取的信息表示

---

① Nielsen (2012), Global Online Consumers and Multi-screen Media: Today and Tomorrow, http://www.scientificamerican.com/article.cfm?id=manipulation-of-the-crowdNotess.

信任。网上发布的意见被认为是影响消费者选择的重要因素，而且已经蔓延到各个领域，如购物、旅游度假、电影、餐饮等，利用在线商品评论进行决策的趋势也在逐年上升。不过也有专家表示对商品的熟悉度不同，受到评论的影响程度也不同。对于熟悉的产品，用户受价格高低影响较大，占到22.7%；而对于不熟悉的产品时，则更容易受用户评价的影响，占到了44.8%[①]。C2C网站上在线评论的具体内容，如图7-4和图7-5所示：

图7-4　拍拍网在线评论网页

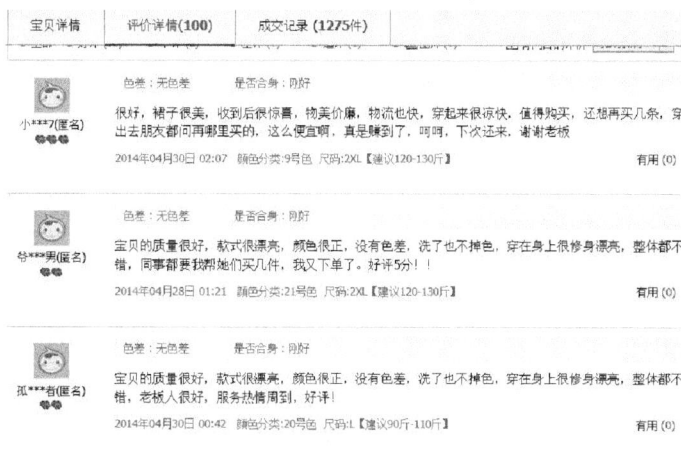

图7-5　淘宝集市在线评论网页

①《CNNIC我国网络购物市场研究报告》:http://www.199it.com/archives/211771.html.

　　由于网络消费者对商品是"看不见""摸不着"的，因此网民对商品价值的判断则转移至"看得见"的评价文字。已购买群体对同一种商品的使用体验不同，必然会有好评、中评、差评，或者不做评论。仅有4.06%的被调查者会对不满意的商品做出比事实情况严重的差评。除此之外，逾七成被调查的购买者会采用晒单、实话实说的方式，对所购买商品做出真实评价[1]，具体如图7-6所示：

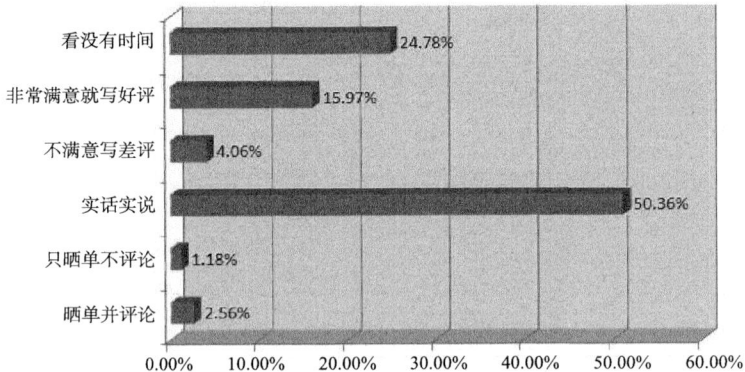

图7-6　消费者在线评论方式

　　调查数据显示，逾八成被调查者会查看商品的全部评价。比较有趣的是，9.55%的被调查者只查看差评，远高于仅查看好评的被调查者群体占比[2]。随着评论数量的增多，消费者在参考在线评论时也越来越理性，并没有一味地追风好评如潮的商品。评论对于消费者的影响也取决于评论的内容，比如有关质量的差评会降低用户对商品的喜爱程度，对快递和物流的差评则对用户的态度影响不大。有关在线评论影响的因素具体调查结果如图7-7所示：

---

①《CNNIC我国网络购物市场研究报告》：http://www.199it.com/archives/211771.html.

②《CNNIC我国网络购物市场研究报告》：http://www.cnnic.net.cn/hlwfzyj/hlwxzbg/dzswbg/201304/t20130417_39290.htm.

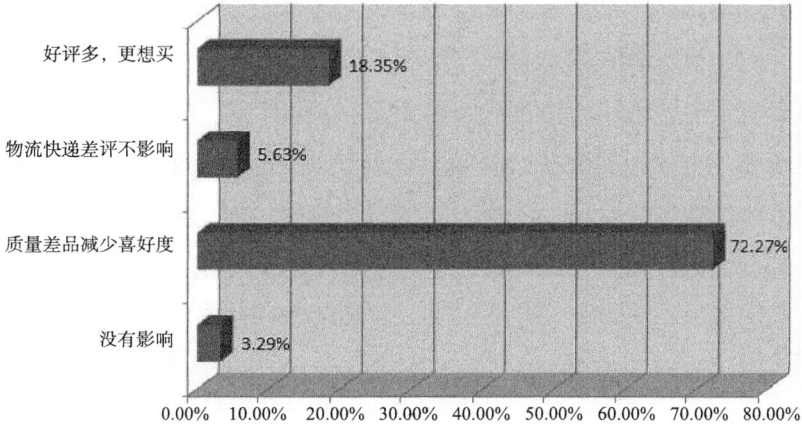

图7-7 评价内容对消费者的影响

5.在线评论的问题凸显

尽管在线评论在C2C电子市场中的作用举足轻重，但是随着在线评论的增多，买家素质、卖家素质的参差不齐，在线评论数量庞大的同时，质量也参差不齐。尽管学者已对在线评论的文本内容挖掘研究、在线评论声誉系统的机制研究、正负面评论的动机、影响性等方面的研究十分丰富，并且肯定了在线评论的作用，但是随着时间的推移，实际操作的买家和卖家均发现在线评论以及在线评分系统存在如下问题：

（1）商品的在线评价主观性强，标准不统一

用户的使用体验因人而异，判定标准不统一且不可量化，具有很强的主观性。在线客户评论提供产品信息可以从客户的角度提出建议，即提供了以用户为导向的，包括产品优缺点的信息。一般而言，用户在网购前都会根据卖家提供的图片和描述在内心对商品有一个预期，如果实际的使用情况比期望值高或者持平，买家才会给出好评；相反，如果期望落空，买家会对商品感到不满，此时会给出负面的评价。当然，用户的购买经验会对预期有一定的影响。初次网购者或者网购经验较少的用户，期望偏差很大，有的期望过高，有的期望过低，所以之后给出的评价客观性不高，甚至不具有很好的参考价值。相反，购买经验丰富的人群对购买流程、售后服务和交易纠纷有较

为详细的了解，承受能力也较强，往往能够给出比较客观公正的评价。

（2）C2C网站中的在线评论可信度差

由于在C2C网站中卖家能够看到买家的评价，并且知道买家的信息，如果发现中差评会联系买家进行修改。因此，买家在进行评价时往往为了避开一些不必要的麻烦，避免与卖家的冲突，会给出一些口是心非的评论。比如，文本型的评论明明显示的是中评，但是数值型的评论却给的是好评，因为得到好评的卖家不会被扣分，因而也不太会找买家麻烦。还有一些卖家设置的好评返现，如果买家给予好评，卖家会给他们现金奖励或者包邮的优惠，这样常常使得部分买家为了自身利益，而发表了好评评论。还有一些是消费者当时没有评论，系统会在14天以后自动默认为好评，而消费者体验之后又进行了追加评价。追加评价的内容与系统默认好评的态度有可能不同，因而会产生评论前后不一致现象。具体如图7-8所示（红色花朵表示好评）：

图7-8 买家文本型评论与数值型评论不一致

（3）好评率和店铺动态得分这两个指标对买家的购买决策影响较小

服装类商品店铺的这两个指标得分十分相近，并不具有区分度。本章随机抽取了100家店铺，其中好评率在98%以上的有92家，99%以上的有86家，且店铺动态得分全部在4.0以上（满分为5分）。因此这些指标对消费者的购买决策起不到很好的帮助作用，大多数消费者获取商品信息和产生对卖家的信任还是通过其他消费者的评论。店铺动态得分指的是下面的五颗星，好评率指的是商家的信誉，具体如图7-9所示：

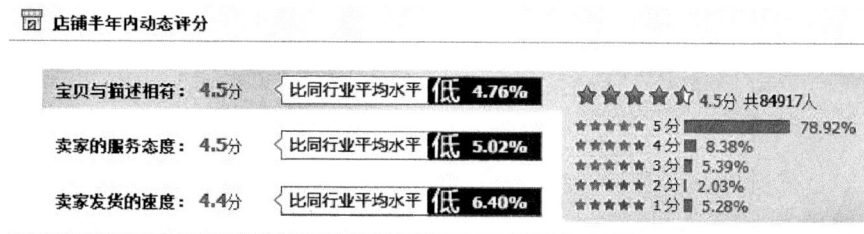

图7-9　好评率和店铺动态

（4）信用炒作严重

有些不诚信的卖家经常邀请自己的亲朋好友或者付费给专业的炒作团队，以此提高自己的销量和好评率。由于淘宝中商品的排序是按照一定的规则，这个规则将商品销量、商品收藏量、下架时间、商品描述等信息综合在一起考虑，算出一个分值，按照这个分值对商品进行排序。其中，商品销量是非常重要的因素，所以如果商品销量不多，商品在排名时就很难排在前面，而且人们买东西时都查看评论，没有评论的商品人们很少去买。所以卖家在发布商品或者想打造爆款时，会找亲朋好友来购买，并且写一些好评评语，去诱导其他买家。这种情况在新手卖家中表现得更为明显。

网络市场兴旺发达的基石就是网络社会诚信体系，信用炒作的危害令人深思。信用炒作加大了市场的诚信成本，给消费者的购买决策造成干扰。由于对商品销量和收藏量的炒作，网店的销量虚高，且评价也很可能并不真实。消费者购买时往往按照销量排名进行选择，这就使得一些使用信用炒作的商家有机可乘，出现在网页的前面。因此，网店店主应该不断地调整营销策略、逐步完善商品才是持续经营成长的必由路径。

（5）第三方专业恶意差评，专业差评师兴起

不诚信经营的商家会雇佣专业的差评师来攻击竞争商家，给专业差评师支付工资报酬，让他们去竞争对手的网站购买产品，然后丑化产品、歪曲事实，给竞争对手留下不好的言论，进而达到减少竞争对手产品销量，诋毁和损害竞争对手的信誉，争夺市场份额的目的。职业差评师会注册很多小号，去拍店铺的商品，然后以质量问题、色差问题、物流问题等各种问题来给卖

家差评。职业差评师对淘宝卖家伤害很大，皇冠级别的卖家，职业差评师的几个差评起不到作用，但是对于中小卖家来说，几个差评基本上就会使其店铺面临倒闭了。

尽管在线评论在电子商务市场中的作用毋庸置疑，但在线评论存在的问题仍不容忽视。在线评论多为非结构化的自然语言组成，数目巨大的在线评论对于买家的阅读和信息的获取造成了麻烦，对用户有用的信息掩埋在大量的、无用的、混乱的、不一致的信息中，因此，消费者在购物时如何选择呢？如何对不一致评论进行判断呢？哪些方面评论内容与卖家描述不一致呢？这些不一致现象背后的影响因素是什么呢？同一个买家针对同一件商品不同类型的评论前后一致嘛？为什么有一些买家敢写负面评论却不敢给卖家打差评呢？引起这些现象的原因是什么呢？这些问题是当今研究的关注点。

第二节　国内外研究述评

人与人之间口口相传的非正式的商品信息交流，不仅可以影响其他消费者的购买决定，还会影响消费者购买前对商品的预期，以及购买后对商品的态度和评价，这些评价往往称之为"口碑"。Westbrook 认为口碑是一种非正式交流，是基于产品和服务、使用和特性的一种交流。Westbrook 明确了口碑是发生在人与人之间的一种交流，而不是来自媒介的有关卖家的信息[①]。随着社会的发展，计算机技术的进步，人们逐渐将口碑转移到网络中来，更多的消费者选择在电子商务网站或者第三方评价网站（如大众点评网）发表自己的观点和看法，进而形成了"网络口碑"（有 Internet Word-of-Mouth, Online Word-of-Mouth, Electronic Word-of-Mouth 等不同表达方式）。

在线评论是形成网络口碑的一种，是消费者网上购物后对购买的商品或者网站的服务，在购物网站评论系统或者信誉系统上发表的评论。该种口碑与普通的口碑有着不同之处：①文本短小精悍，自然语言、网络用语较多。

---

① ANDERSON E W. Customer satisfaction and word-of-mouth[J], Journal of Service Research,1987,(1):50-117.

②与商品的相关度极高。一般在购物网站上发表的评论大多针对商品本身、网站服务质量、网站发货速度等密切相关的购后评价。③该评论受卖家影响较大。由于卖家可以在购物网站中看到买家的评论，同时知道买家的手机号码、家庭住址、姓名等个人信息，因此，买家在进行评价时容易受到卖家的影响，有时会不敢给予差评，避免发表容易引起与卖家发生冲突的负面评价。

在线评论的研究目前主要包括以下几个方面：消费者参与在线评论的动机研究、在线评论的内容挖掘研究、在线评论的有效性研究、在线评论对消费者行为的影响研究以及在线评论的一致性研究。

1. 在线评论研究文献的计量学分析

（1）发表数量分析

从数量上进行分析，国内有关在线评论的研究文献仍然不足，且国外的研究成果在国内指导性不强。在过去的几年中，在线评论这种新型的口碑形式成为电子商务、市场营销等领域的研究热点，研究成果在数量上呈显著的增长。为了深入了解国内外的研究进展和尽可能全面的搜索相关的文献，本章以 web of science 数据库以及中国知网数据库为两个代表，分别对英文相关文献和中文相关文献进行了检索。发现英文的有关 online review 的文献从 2003 年就已经开始出现；而中文有关在线评论的文献查询发现，中文文献从 2006 年开始出现，明确以在线评论为主题的研究则是从 2010 年以后，开始大幅度增加。

文献的数量和发表时间正好印证了国内外电子商务发展的情况。国外的电子商务，以 Amazon 为标志，Amazon 这样的网上零售巨头多年前就已对消费者开放了这一功能，而国内其他的零售商直到最近几年才开放。一些公司选择从 Amazon.com 或其他站点购买用户评价并发布在他们自己的电商网站的相应产品页面上。国内随着 2008 年淘宝的崛起，相关的研究文献才开始逐步增多。我国的在线评论主题的研究晚于国际的步伐，主要是受制于国内电子商务实践的起步较晚，发展较为缓慢。在线评论主题的理论研究从 2009

年才得以突飞猛进。

国外的研究成果虽然丰硕，但学术文献提供的指导性意义却非常有限。在线评论的研究是基于西方消费者，以西方电子商务网站的数据作为研究样本，研究的是西方消费者发布在线评论的动机、行为以及英文的文本评论挖掘研究等，所以研究成果很难适用于中国的土壤。众所周知，中国消费者在许多方面不同于西方，包括购买行为，品牌认可度，评论发表动机、评论态度，消费者偏好，消费心理，以及投诉行为、购后行为等。因此，国外的文献很难嫁接到国内的土壤生根发芽，对国内电子商务的实践帮助收效甚微。

（2）发表期刊分析

从发表的期刊上进行分析，学者们研究在线评论基于的视角不同，所发表的期刊也有所不同。在线评论的研究涉及十分广泛的领域，在线零售和在线论坛直接推动了在线评论的产生，不同的行业都需要利用在线评论对市场进行分析。汽车制造也需要利用在线评论以了解消费者对车型的喜好、价格的接受能力；而旅游、酒店管理这种线上和线下结合的方式，则更需要依靠在线评论这种反馈机制来给客户线下提供更好的服务和路线。旅游服务和酒店服务属于无形的体验性商品，所以针对O2O（Online To Offline）这种模式的在线评论研究也与日俱增。

目前，在线评论已经成为管理学、市场营销学、经济学、心理学、计算学等多种学科的研究热点。下面本章对在线评论的英文文章以online reviesws为关键词，中文以"在线评论"为关键词，分别搜索web of science和中国知网两个数据库，统计结果如下。英文文献主要集中发表在以下期刊：Management、Mis Quarterly、Information Systems、Tourism Management、Journal of Consumer Studies、Journal of Marketing Management Research、Decision Support Systems、Information Systems And E-business Management、Electronic Commerce Research等，中文文献主要集中在以下期刊：情报学报、中文信息学报、软件学报、计算机科学、计算机工程与设计、情报杂志、情报科学、现代图书情报技术、管理科学学报等。

本章将搜索到的文章，无论是中文文章还是英文文章，都按照期刊的类型进行对涉及的学科领域进行分类。分类后分别得到下面几个研究领域：管理学、计算机学、情报学、经济学、社会学、心理学和其他学科。然后分别统计每一领域的文章数量，再除以总数量，得到有关在线评论的文章在各个学科所占的百分比。最终统计分析数据，得到在线评论发表期刊领域百分比，具体如图7-10所示：

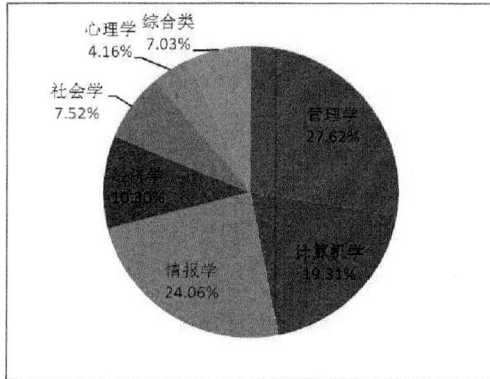

图7-10　2009—2014年在线评论文献期刊分类

　　从7-10图可以看出，在线评论的文章大多发表在管理学、计算机学、情报学以及经济学这四大学科中，这四大学科期刊中的论文数量占到所有在线评论论文总数的80%以上。

　　（3）研究主题分析

　　通过对文献的整理发现，以2009—2014年这5年的研究来看，在线评论的研究者所占的视角不同，进而导致文章的切入点和主题也有所不同。本章将在线评论文献的研究视角进行了如下归纳，主要有以下几种：①将在线评论作为一种参与社会交换的物质视角，散布口碑者为网络用户提供商品信息和购物体验，是在相互传递和交换信息的过程中形成的一种无形的用户交流网，为现实社会提供了前所未有的舆论多元空间。人们逐渐习惯在网上交换关于产品的信息和看法，在线评论成为人们信息交流的重要方式之一。将在线评论或者说是口碑作为一种社会交换，按照社会交换理论，发表和传播口碑除了服务社会以外，评论发布者还期望获得一种声誉、地位、愉快等的交换。②另外一种研究将在线评论作为一种信息流，将社会网络视为由代表个体参与者的节点和代表联结参与者的社会关系的图表组成。Jonathan Frenzen 等学者指出信息流发生在一个项目通过关系图从一个节点传递到另一个节点中；没有关系图或节点的准许，信息流将不会被观察到[①]。信息流极度依赖于参与者在传递信息时予以合作的决心和把参与者联系到一起的关系结构。电子商务市场是由卖家信息流、买家信息流、信誉机制信息流（包括在线评论的信息流）、资金流等组成的，这些信息流的流通和共享使得电子商务市场有序的运转下去。③还有学者将在线评论的研究看作是客户知识管理的研究，在线评论表达了消费者的使用感受，传达出潜在客户的需求，成为一种关键的战略资源和竞争要素，是一种重要的客户知识来源。通过对在线评论的研究可以很好地发掘潜在客户的需求，了解客户知识的产生、客户知识处理以及客户知识的信息化管理等问题。

具体的研究主题可以分为以下几种：①消费者对在线评论的动机研究，其中包括消费者查看和搜索评论的动机、消费者发表评论的动机；②在线评论的挖掘研究，包括在线评论的特征词挖掘和评论的情感判断和分析；③在线评论效用的研究，在线评论的质量、有效性、可信度、有用性等的研究；以及在线评论对销量的影响研究（在线评论影响酒店预订、电影票房、汽车销量、饭店餐饮等）；④在线评论影响消费者的行为研究，如在线评论影响消费者感知和群体规范，在线评论影响消费者的购买和判断过程等；⑤在线评论不一致研究，比如在线评论的偏差研究、在线评论的矛盾性研究等等。本章以 web of science 和中国知网两个数据库为主要代表，查看近 5 年在线评论发表的主题情况。具体如图 7-11 所示：

① FRENZEN J, STRUCTURE N K. Cooperation, and the flow of market information[J]. Journal of Consumer Research, 1993, 20(3):360-755.

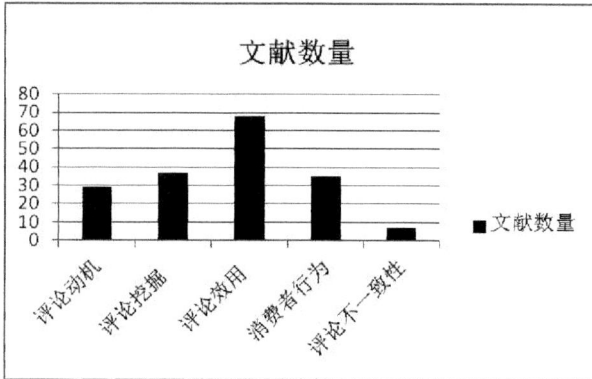

图7-11　2009年—2014年在线评论研究主题

由上图可以看出，在线评论的研究这五年发展较快，成果比较集中，但是在线评论的不一致性研究还较为稀缺，而且已经发表的这7篇也均是在2012年以后发表的，说明人们对在线评论的不一致性的关注从无到有，也渐渐走进学者的视野，被学者们所重视。但与其他主题相比还相对比较薄弱，文献参考资源也相对比较匮乏，因此需要再做进一步的研究和深入。

2.消费者参与在线评论的动机研究

顾客参与在线评论的动机研究目前可以分为两种：一是参与发表在线评论的动机研究，即口碑传播；二是参与搜索查看在线评论的动机研究，即口碑接受。早在1966年就有学者研究了传播信息的动机，他将动机分为四大类：与产品相关的动机、与自我相关的动机、与他人相关的动机以及与信息相关的动机。20世纪90年代以后，对于口碑的研究持续升温，并与市场营销学体系结合，研究的重点扩展到服务市场中的口碑传播行为。21世纪以后，随着计算机技术的飞速发展，以网络为载体的口碑和评论飞速增长，为产品的销售和企业的形象带来了前所未有的影响。

（1）参与发表在线评论的动机研究

虽然从业者们和学者们已经说明了在线评论的重要性，但消费者们上网发表产品评论的动机如何，以及应该怎样去刺激消费者们进行更多的网上评论，都仍有待探索。

早期的消费者专业知识水平较高，他们进行在线评论的动机更有可能是对声望、地位的追求，希望自己在圈中树立有影响力的形象。此外，有关信息创新扩散的文献表明，早期的网络用户有一定的特点，他们除了具有专业的知识，而且一般拥有较高的收入，不会太在意商品的价格。因此，对早期的网民而言，因价格所产生的满意或者不满意，并不是他们进行网络评论的主要动机。然而，由于这十年来网络的发展与成熟，网民数量的增大，普通消费者对商品进行在线评论已经成为主流。相对来说，后期的网民更加务实，更注重商品的性价比。由于早期的网民只构成现在网络用户群体的一小部分，研究者们认为如今在消费者网上评论的动机中，表达自己的满意度或者不满这两个因素会得到强化。

近几年，学者们在探究消费者进行网上评论的动机时，开始将着眼点放在对消费者和产品的特点研究上，还有一些因素在近几年的研究中也被发现，譬如成为意见领袖，展现自己对产品的熟悉度等。不同的消费者进行评论时也许是受到不同的动机所驱动。

根据口碑的正负面性可以将动机分为两种，一是消费者传播正面口碑的心理动机，即通过展现他们不同凡响的购买选择，无私地与他人分享自己的专业知识，以此获得社会认同以及自我认同。Hennig-Thurau的研究也表明，网上评论可作为消费者展现他们的专业知识和社会地位的方式。二是发表负面口碑的心理动机，即口碑可被用来表达满意或者不满意。例如，之前有研究发现部分消费者之所以散播负面口碑，或是出于发泄敌意，或是为了寻求报复。另外还有学者将消费者参与发表评论的动机分为主动动机和被动动机。主动动机是由内在心理决定的主动参与动机，如自我实现、社交利益。消费者传播正面口碑和负面口碑背后的动机，来源于对自己拥有的专业知识进行分享的渴望，后者则是为了发泄不满。被动动机是指由外在激励而决定的，如商家奖励。

后来的研究者们对在线评论、网络口碑的传播动机的研究更加具体、细致，指出主动参与动机的原因主要在集中在以下几个方面：①产品因素。产品质量的好坏、产品的使用体验、产品使消费者满意的程度都是用户参与评论的直接原因。有学者调查了德国消费者参与网络产品评论的状况，强调了消费者愿意评价的原因主要是情感释放，特别是对商品质量、商品使用情况不满意的抱怨。②商家因素。消费者自发地对商家服务、商家态度等给予的主动评价。商家的态度和服务可以对评价的结果产生重要影响，甚至可以改变消费者原本的评价动机。商家的激励措施也是促进消费者进行在线评论的主要动机。有关调查表明，如果发布在线评论能够获得奖励、商品价格折扣，消费者表示更愿意主动地、积极地进行对商品进行评价。③自我主义。无论是在传统购物环境还是网络环境下，消费者都希望获得尊重、希望实现自我价值这也是其进行在线评论的重要原因。有学者利用了因子分析方法对我国消费者进行口碑传播的动机进行分析，发现提升自我形象、社区兴趣、情感分享、获得奖励、信息回报、支持或惩罚商家这几种因素对消费者参与在线评论发表行为有着显著影响，而个人娱乐对在线评论的口碑传播作用却不明显。④利他主义。陈明亮和章晶晶在研究在线评论的动机时，构建了网络口碑再传播的影响模型，并通过问卷调查分析了消费者参与在线评论的利他主义动机有：乐于分享、知识贡献、提醒和忠告、助人为乐四个测度项目。

（2）参与搜索查看在线评论的动机研究

参与搜索查看在线评论的动机主要集中在以下几个方面：①获取购前信息。有学者指出在线评论在无形市场和不确定市场中更容易发生传播和接受行为。消费者在该市场中会自发地寻求信息，更会主动咨询有经验的购买者，来获得更加具体完整的产品信息以消除对市场和产品的不确定性，降低购买风险。②参与社交。网络购物环境也是一个社会网络，在该网络中，网络的节点处会有一些活跃的评论者对网络起到很好的链接作用。优秀的评论者懂得参与在线评论也是虚拟社区知识共享的过程，渴望参与社交、建立社交地位是有些消费者积极搜索评论、回复评论，给评论打分投票的重要动机。③经济因素。艾瑞咨询调查结果显示，65%的人在购买产品前会先上网搜索有关产品的评论，这有利于消费者比较价格、降低购买成本、降低感知风险和提高议价能力。④了解产品。在消费者购买行为结束以后，可能在使用产品的过程中会出现一些问题，有些消费者希望通过查看评论内容以找到解决问题的办法，或者希望通过在线评论来查看其他消费者是否也遇到类似的问题，印证自己选择的正确性，了解其他消费者的购买感受。Henning-Thurau 和 Walsh 认为消费者搜寻在线评论的主要动机有获得相关购买信息、社交、社区成员关系、经济因素以及学习如何使用产品。

3.在线评论的内容挖掘研究

随着研究的深入和计算机技术的成熟，将在线评论作为语料库对其进行数据挖掘，提取在线评论中有用的信息，已经得到越来越多研究者的关注。通过对前人的文献进行总结发现，挖掘的方法主要有以下几种：构建本体的方法，基于句式、语义的方法，线性模型方法，马尔科夫模型，基于搜索引擎片段等方法。可以利用自然语言处理技术，无监督的方法提取产品特征，还可以基于搜索引擎测量，判断消费者在线评论的态度是消极的还是积极的。将文献进行整理，在线评论的挖掘研究主要有以下几个方面：

（1）挖掘产品特征词

从网络评论中挖掘出产品特性词已经成为信息发掘和语言处理两个领域研究的热门话题，其中最具代表性的是 Hu 和 Liu 提出的超越传统信息挖掘方法。还有其他学者的挖掘方法也为在线评论的研究提供了很好的参考价值。例如，KeyGraph 提出了信息提取框架模型，以提取关键特征词。还有一些学者提出了自动挖掘的其他模型，比如，自动信息总结模型，语法模型和专业术语相结合的模型，半自动化模型等，这些模型和挖掘方法较 Hu 和 Liu 推出的基础方法相比更为有效。

特征词的挖掘可以分为自动方法和人工方法。人工提取方法就是针对该领域的产品建立属性特征词表，邀请该领域的专家对产品的属性特征进行定义。该种方式工作难度和工作量较大，产品属性的可移植性较差。如果更换了文本语料库，那么又需要聘请专家再次进行挖掘，重复利用率低。自动提取方式是指通过对计算机输入指令和程序，通过软件进行词性标注、句法分析等自然语言处理技术对产品评论中的语句进行分析，从中识别产品属性。其中精准度较高的是Popescu等的研究，他们利用Konwitall系统自动生成的鉴别短语和提取词的PMI值，根据贝叶斯分类筛选出产品的属性特征词。其他学者也做了有益的尝试，比如采用人工定义的方式，以电影评论为挖掘对象，找出电影的产品特征属性；或者采用词性标注的方法，将名字（/n.）和名字短语（/n.）抽取出来，再使用关联规则，选取出频繁特征集（Candidate Frequent Features），再去掉没有意义的冗余词语，最后确定产品特征。该方法的优点在于算法简单，易于统计，缺点在于可能会产生大量的冗余词语。Popescu AM等人改进了Hu的方法，通过"定义产品特征""定义基于产品特征的观点""定义观点的极性，比如褒义的还是贬义的""基于权重对观点进行排序，'糟糕'的负向情感强度大于'坏'的负向情感强度"四个步骤，得到产品特征以及特征对应的观点。尽管在召回率方面，该方法比Hu和Liu的研究低了3%，但是在特征词提取率上却高出22%，且区分符的统计往往比较依赖于人为统计，机器学习的效率并不高。自动提取产品特征词的优点是计算速度快，节约人力，但是提取出的属性精准度不高，因为目前的评论大多是非结构化的自然语言，而计算机很难像人的大脑一样通过语义进行判断。

　　由于语言的差别，现存的挖掘成果对英文文献的效果较好，而由于中文语言和句式的差异，现存的挖掘成果很难运用到中文评论中来。我国学者们针对面向电子商务的中文网络客户评论中产品特征提取及相关技术进行研究，为中文领域内的网络客户和企业提供更为方便和科学的评论挖掘工具。我国学者李实、叶强和李一军等针对中文的特点，探索了中文环境下网络客户评论的产品特征挖掘方法，该方法基于改进关联规则算法，针对魅族MP3播放器、诺基亚手机、图书《达·芬奇密码》和两款佳能数码相机这5种产品的评论语料进行了数据实验，实现了针对中文产品评论的产品特征挖掘，查准率和查全率较高。但是，对于中文评论中的产品特征挖掘研究还处于起步阶段。刘健等提出产品特征挖掘，并且考虑产品特征的情感倾向这两个功能类似的意见实例抽取，把产品特征归为实例，利用语言学知识对在线评论中的特征词性进行标注，但这些知识的建立需要大量的人工工作。

　　目前面向中文网络客户评论的产品特征词挖掘研究都无法实现自动评论

挖掘功能。由于网络客户评论在书写时随意性较大，遣词造句基本没有约束。如果是用监督性方法对其进行挖掘，首先需要从语言学的角度对这种主观性的文本进行研究，包括语料收集、分析语言规律、研究标注规范和方法等。但在国内的研究中，这方面的基础研究还做得很少。如果实现非监督型的挖掘方法，就可以降低人工参与程度，所以对于中文客户评论中的产品特征挖掘亟须进一步研究。

（2）挖掘评论的情感倾向性

对于文本的情感分析，是指使用自然语言处理、文本分析和计算语言学识别和提取主观信息资料来进行。一般来说，情感分析的目的是判断说话者的态度或作者对一些主题或整个文档的上下文极性。态度可能是指其判断或评价（见评估理论），情感状态（也就是说，作者写作时的情绪状态），或预期的情感交流。根据 Kim 和 Hovy 的研究指出，意见的发布者针对某主题发表了带有情感色彩的意见表述，这种情感色彩就是主题的情感倾向。情感倾向是由评价词（Opinion words）也常常被称为情感词（Sentiment words）决定的。情感词是指评价者对评价对象表达自己观点时所使用的带有感情色彩的词。对这些词的感情进行极性判断就是对给定的文本片段（词汇、短语或者文档）判断其情感倾向。情感分析的基本任务是对极性进行分类，极性存在于给定的文本文档中、句子中，以及文档所要表达的意思中。例如：

积极——"单反效果不错，质量很好，做工挺精致的，实用方便，出门在家都可以用来拍，时刻记录精彩瞬间，我很喜欢，非常满意。"

消极——"电池能力较弱，刚来的时候还有问题，动不动自己关机。"

中性——"还行，像素一般，套餐里送的东西不怎么值钱。"

基于对情感倾向性挖掘的文献有很多，一般将挖掘后的情感词用于判断情感词的正负、强度等，研究用户商品在线评论的主观情感分类，分类的结果体现了评论者的态度是支持还是反对；或者提取在线评论语料库的观点摘要，让消费者在大量的在线评论面前一目了然，不必注意阅读评论就了解评论的观点。Titor 等人就利用已知的产品特征，作为评论文本的主题，再对每个主题赋予一个情感标签，得到 "my soup was cold"，"The chicken is great"

这样的有关鸡肉和汤的观点摘要。还有学者将产品特征词与情感词放在一组进行讨论，指出一个特征词对应一个相近的情感词，将与产品特征词最近的那个情感词作为该商品特征的情感；也有研究者利用窗口概念，以主观情感词为中心，凡是在窗口中显示的名词和名词性短语都被认为是产品特征词。这两种方法无论是用特征词找情感词，还是用情感词来找特征词，都能得到较为满意的结果。郝媛媛、邹鹏和李一军等在影评研究方面具有一定代表性，他们利用面板数据（Panel data）能够很好控制不可测因素和随时间变化的优点，根据数字评分等级对评论文本的倾向性进行分类，提高了情感分类的合理性和准确性，在国内引起很大反响。Singh、VK 等人介绍了一种启发式的方法，该方法针对特定特征的电影评论。该方法将所有评论分为多个方面，每个方面单独处理和分析，并分配一个情绪标签。最后将这多个方面聚合，生成整部电影所需的所有情感参数。结果显示，该方法可以产生一个更精确的情感分类，与以往简单的文档分析相比，将所有评论分为多个方面分析再集中，实验结果更好。

利用文本特征选择与某些情感信息来帮助区分在线评论的情感极性。例如，"爱"在"我爱这款相机"明确表示该审查的一种积极的情绪。现存的有关特征词选择的研究主要是对文本进行分类，而不是对情绪进行分类。而且大多数研究是在英语环境下，对英文的在线评论进行研究。由于语言结构的差异，英语和汉语的生成文化背景不同，中国有其独特的情感表达方式，所以英语在线评论的情感分类的研究结果不能直接应用到汉语。因此，本研究选择文本特性来研究中国在线评论的情感分类。

语义分析方法可以通过分析每个词体现出来的情感态度倾向来判断文档的情感倾向的。首先从文档中提取一系列体现文档情感态度的词汇作为文档的特征向量，然后分析向量每一个维度的倾向，即提取出来的每一个词汇的倾向，进而确定整个文档的语义倾向。四种统计特征选择方法，例如文档频率（DF）、信息增益（IG）、卡方统计量（气）和互信息（MI），采用选择功能。还有学者引入语义倾向的概念来判断在线评论的情感极性。语义倾向用两个维度来衡量：一个是偏离方向（Direction）；一个是偏离强度

（Strength）。偏离方向指该词汇表达的意义是属于正面的还是负面的，在客户评论文本中即指一个词语表达的意思是赞成的还是反对的。偏离强度指该词汇所表达的正面或负面意义的强度。在客户评论文本中即指词语赞成或反对的强烈程度。比如"精彩""好看""平淡""失败"这四个形容电影的词语。"精彩"和"好看"的语义倾向是指向电影好的一面，属于偏离基本义原正面方向；而"平淡"和"失败"则指向的是电影差的方向，属于偏离基本义原负面方向。该方法较少运用于文本的主题分类，而主要是应用于体现情感观点的评论文本分类。

4.在线评论的有效性研究

有效性，也称之为效用，指的是消费者通过消费或者享受闲暇等使自己的需求、欲望等得到的满足的一个度量。在线评论的有效性是指在线评论所提供的信息量可以给消费者提供参考，帮助消费者进行购买决策，使消费者的需求得到满足。许多电子商务网站，如亚马逊、当当、京东、淘宝等都提供在线商品评论的效用评价功能——依据每条评论获得的"有用"投票数占总投票数的比例对商品评论进行排序。获得支持票数越多的评论，说明其效用越大。然而，仅仅提供在线评论功能并不足以吸引和留住消费者，卖家需要那些让消费者认为有帮助并能说服他们购买产品的评论。不论买家还是卖家，作为在线商品评论的读者都希望从中获得有助于制订决策的信息。然而，针对一件商品的在线商品评论往往数量众多，而且内容质量参差不齐，这使得消费者很难把目光聚焦在最有价值的评论上，进而迅速制订购买决策。

目前在线评论的效用存在两方面的问题：①研究表明，在线评论的分值分布不均，在两端的居多，中间分值较少，即要么好评，要么中差评。也就是说如果消费者觉得购物体验一般，则在线评论的动机则不强。②在线评论中如果提到的商品关键词较少，则对消费者的购买决策没有帮助。例如，某位消费者在对某款衣服的评论中写道："由于出差回来晚了，今天才从物业那里拿到，还没有穿，很喜欢，还不错的样子。不好意思评价晚了。"由文字可以看出这个评论的倾向性是积极正面的，但是说了一堆与评价时间有关的事宜，并没有提交衣服的质量、款式、色差、上身效果等与产品有关的特征词。对于在线评论有效性的测量，有学者从"相关性"和"体验性"这两个指标进行对比分析。评论的相关性主要考虑评论者的评论内容是否涉及产品和卖家的主要特征，比如产品质量、产品做工、产品外观、产品性价比、卖家服务、卖家物流这6个要素；评论的体验性主要考虑评论者是否具有丰富的网购经验、是否使用过产品、是否客观无矛盾地进行了评价这3个要素，这些要素的分值可以反映在线评论效用的大小。目前对于在线评论效用的研究文献主要集中在以下几个方面：

（1）对在线评论的质量、可信度和垃圾评论的研究

有学者对评论本身进行考察，通过文档频率阈值、信息增益、互信息、卡方统计、词项强度等指标来对评论质量进行量化判断，是一种定量的研究方法。还有学者从在线评论的有用性、可信性、影响力等因素来研究，从侧面反映在线评论的质量。比如在线评论A比B多了对商品销量、收藏率、点击率的评价，那么就可以认为在线评论A的质量比B的好。

可信度，就是对人或事物可以信赖的程度。在线评论的可信度是指消费者对在线评论真实性的相信程度。在线评论的可信度受三个方面因素的制约，一个是在线评论的内容本身，一个是在线评论的传播者，还有一个是在线评论的发布平台。在线评论的说服力也取决于传播者的特性，即他们的可信度。例如，人们在同亲友交流时，对方的可信度通常是为自己所知的。然而，同线下口碑交流不同的是，在网上任何人都可以向陌生人发表他们对于产品的看法。此外，由于在大多数网上情境中缺乏社交情境线索，我们必须使用其他信息，如通过评论的内容，去鉴别评论者的可信度。从在线评论本身的内容来看，在线评论中提到的产品属性词以及情感强度的真假，都是影响在线评论可信度的要素。还有发表在线评论的平台可信度，也是影响在线评论可信度的重要因素。

垃圾评论是信息大爆炸时代带来的普遍问题，由于网络的匿名性，消费者不需要直接面对生产商，所以，有的评论者潦草应付，并没有认真地进行

评论。因此并非所有评论都是有价值的。如何定位评论质量的好坏，以及如何鉴别垃圾评论有着重要的研究意义。研究表明10%—15%的评论效用会受到先前评论的影响，尤其是先前垃圾评论的影响。有关学者还指出区分评论和垃圾评论并没有那么简单，有时候界限很模糊，需要借助计算机技术的处理来进行判断一条评论到底是有用的还是垃圾的。对于没有用的评论，可以对垃圾评论的发布者进行检测，通过找到垃圾评论者发表垃圾评论的行为模式，并将其作为检测指标，可提高垃圾评论的识别准确率，为净化在线评论环境，提高在线评论的整体有效性提供帮助。

（2）在线评论的有效性对销量的影响

有学者探索了在线评论有效性对销量的影响，尤其是评价者的特点和购买偏好对销量的影响。也有研究发现评论的质量，即投票数，同样会对销售产生影响。也有研究者证明了这些影响会随着产品类型变化而改变，产品类型起到了调节的作用。研究发现在线评论对销量的效用在电子科技产品中影响最大，对于保险、理财等产品的影响较小，因为这些产品必须线上和线下相结合，而且受到地域的限制，因此这些类产品的销量更倾向于受到传统口碑的影响，人们更倾向于听从朋友和家人的推荐。盘英芝也在研究中指出，在线评论对销量的效用还受到热门产品和非热门产品的影响，她以体验型商品为研究对象，根据商品的热门程度不同来进行研究。其研究结果表明在线评论对销量的效用根据图书的热门程度不同而不同，以此为商家的营销和管理提供建议。

还有学者将产品分为客观评价类产品和主观评价类产品，并指出在线评论效用对不同产品销量的影响不同。在线评论对客观评价类产品的长尾效应会起到抑制的作用，而对于主观类评价产品则不会。具体如表7-1所示：

表7-1 在线产品评论对销量影响相关研究

作者	研究对象	结论
Duan等（2008）	电影	在线产品评论数量和票房收入都对在线产品评论数量产生影响,同时在线评论数量的增加反过来又会增加电影的票房收入,两者之间是相互影响的

作者	研究对象	结论
Forman等（2008）	书籍	评论者的相关信息对消费者判别产品的质量和可信度有着较为重要的影响，评论者身份的公开化对产品的销量有着显著性影响
Godes（2004）	电视节目	通过互联网对电视节目进行评论，增加电视节目评论数量，能够很大程度上提高这个电视节目的收视率
Liu等（2006）	电影	在线产品评论对每周票房和总票房收入都有影响，特别是对刚开始几周的票房有显著影响。但通过对在线评论负面倾向性百分比研究发现，影响票房收入的是在线评论总数而不是评论内容
Chen等（2004）	书	书籍在线产品评论内容对产品销量无明显影响，而评论的数量与产品销量呈现正相关关系
Ye等（2009）	酒店	在线评论内容的正负性与酒店预订量呈现正相关关系，而评论内容的多少与酒店的预订量无直接联系
郝媛媛等（2010）	电影	在线影评中正向情感、较高正负情感混杂度、较长句子对评论的有用性具有显著的正面影响
盘英芝（2011）	图书	在线评论对销量的效用还受到热门产品和非热门产品的影响，在线评论对销量的效用根据图书的热门程度不同而不同

（3）在线评论有效性的影响因素

①产品因素。产品的品牌、价格、类型对在线评论的有效性有着重要影响。产品的品牌代表了产品的知名度，一些知名度较高的产品会被消费者广泛认可，而一些知名度较低的产品则不会被广大消费者所熟知，如果消费者想要了解非知名品牌产品的信息，在线评论则是非常重要的信息来源。相对于知名品牌，消费者在购买非知名品牌时，为了降低购买风险，会更加依赖于在线评论。因此研究者认为在线评论在非知名品牌产品中的作用更大。Ahluwalia研究了用户在市场中处理负面信息的方法，并指出品牌（brand）被认为是负面评论效用的缓和剂。他根据理论框架，测试了负面信息的作用，认为对于消费者而言负面评论的效用较大。然而Sen和Lerman却认为并不能直接说是正面评论有用还是负面评论有用，在线评论的效用还会受到产品类型的调节影响。他们的研究表明：实用型商品的消费者更倾向于将负面评论归因于内部原因，即评论者主观原因，认为负面评论是无用的；而享乐型产品的消费者更倾向于将负面评论归因于外部原因，即产品原因，所以认为负面评论是有用的。还有学者将产品类型分为搜索型商品和体现型商品，

由于体验性商品的质量和使用难以判断，其效果主要依赖于消费者的使用感受，所以他们认为在线评论对体验性商品的影响度更高。价格也是影响在线评论效用的重要因素，价格过高的商品，即使在线评论很多，消费者依然感到尝试的成本较大，不会促成购买行为。因此高价格商品的在线评论对消费者购买决策影响效用不大，反而是低价商品的在线评论可以提高消费者的尝试欲望，有效性更高。所以，价格在在线评论影响消费者购买决策时也起到了一定的调节作用。

②评论者因素。在线评论发布者的身份对在线评论的作用也有重要的影响。首先，有学者指出意见领袖有着较好的交际圈，较高的社会地位，可以给出有关产品的专业知识和权威的建议，以帮助公司很好地促销产品。因此，在线评论发布者的权威性对在线评论的作用有着正向影响。其次，网络购物环境是一个虚拟的环境，评论者的个人信息很难被获取，因而使得消费者对评论的真实性产生怀疑。如果评论者的身份可以被公开并提交，那么身份提交的在线评论会有很大的影响力。Forman 于 2008 年对亚马逊网站的在线评论进行实验，实验结果表明发布者身份的"真实性"和"公开性"对在线评论的作用和产品的销售有着正向影响。最后，在线评论发布者对产品的熟悉程度，以及购买经验影响着评论的深度，也影响着在线评论的有用性。中国人民大学郑小平通过对有丰富网络购物经验的消费者进行访谈，指出评论者经验越丰富，评论的数量越多，对消费者购买决策的影响越大。

③评论本身的因素。目前一些网站要求评论者必须在评论中同时呈现产品的优点和缺点，甚至有些网站将评论区域分成两块分别供评论者填写优点和缺点。有学者在广告学领域研究过，提供两方面的信息会比仅仅提供一方面信息显得更可信，这样的信息更丰富，更具有说服力。在现实的网购环境下，消费者不仅查看评论内容，还关心评论中的产品评级（即除了文本型内容外的数值型评分）。因此，有学者指出一个评论的效用不仅仅取决于在线评论的评论内容，还取决于产品的评分。这表示同时包含了产品优点和缺点的评论，并不总是可信的、有说服力的，因为这取决于评论者给产品的评分。

尽管评论者陈述的是完全"正确"的论据，但在特定条件下，可能会取得相反的效果，因为这样可能会引发人们对评论者资质的质疑，从而降低了评论的帮助度和说服性。实际上，如果一条包含了产品优缺点的评论带有一个极高分数，那么它所产生的产品判断价值甚至不如一条带有相对保守评分的评论。在线产品评论的影响因素相关研究概括，如表7-2所示。

表7-2　在线产品评论的影响因素相关研究

类别	作者	研究对象	内容
产品因素	Vermeule等(2009)	产品品牌	消费者在购买非知名品牌时，会更加依赖于在线评论，因此在线评论在非知名品牌产品中产生的作用更大
	Sen等(2007)	产品类型	在线评论的效用还会受到产品类型的调节影响
	卢向华等(2009)	产品价格	高价格商品的在线评论效用不大，低价商品的在线评论可以提高消费者的尝试欲望，有效性更高
评论者因素	Li F等(2011)	意见领袖	意见领袖有着较广的交际圈，较高的社会地位，可以给出有关产品的专业知识和权威的建议以帮助公司很好地促销产品
	Forman C等(2008)	发布者身份	实验结果表明发布者身份的"真实性"和"公开性"对在线评论的作用和产品的销售有着正向影响
	廖成林等(2013)	对产品熟悉程度	在线评论发布者对产品的熟悉程度以及购买经验，影响着评论的深度，也影响着在线评论的有用性
评论本身因素	Ann E等(2011)	评论评分	在线评论如果同时包含产品优点和缺点，并不总是可信和有说服力，因为还取决于评论者给产品的评分
	Crowley等(1994)	评论正反面	提供两方面的信息的评论会比仅仅提供一方面信息显得更可信，这样的信息更丰富，更具有说服力

5.在线评论对消费者行为的影响研究

对在线评论的影响研究，有些学者也称之为在线评论的作用研究。从经济学、管理学和市场营销学的众多研究发现，产品评论能够影响产品的销量、消费者态度、网站忠诚度和消费者行为等。具体有以下几个方面：

（1）在线评论影响消费者感知和群体规范

基于信号理论的研究发现，消费者在进行网络购物时，买家和卖家之间的信息是不对称的，即卖家掌握了比买家更多的信息。在网络购物环境下，消费者无法通过直接观察产品实物而获得产品质量的信息，参考先前消费者发布的在线评论就成为消费者了解产品质量和价值的主要渠道。研究认为先前消费者的在线评论信息比来自商家提供的商品信息更为可靠，感知有用性更多。如果将在线信誉系统看作是一个虚拟社区的话，那么虚拟社区成员对先前的知识贡献者的在线评论有着顺从、认同和内化的过程。他们会与先前的知识贡献者保持一致，这样可以有效地降低感知风险。在线评论除了给消费者提供信息以外，还对消费者的网络购物行为的群体规范起到了一定的影响。先前的在线评论会影响和指导后续消费者的网络购物行为，甚至会改变后续消费者对产品的印象、购买意图和购买行为。

（2）在线评论影响消费者购买过程

Mudambi 和 schuff 指出消费者的购买过程包含需求认识、信息搜寻、选择产品评论、购买决定和购买行为五个阶段。一旦需求得到确认，消费者将会把用户评论作为信息搜寻和同类产品比较的渠道。在购买决定做出并正式购买后，一些消费者会回到网站留下对产品的评价。而消费者们在看完其他消费者的评论后，开始意识到一种未被满足的产品需求，产品购买决定总进程在此告一段落。在这五个阶段中，在线评论在不同阶段起到了不同的作用。在前两个阶段，消费者查看在线评论以帮助自己增加对产品的认识，辅助自己对信息的把握；在选择产品和购买决定阶段，消费者依靠在线评论来帮助自己做出决定；在购买行为发生以后，有部分消费者会返回网上对购买的商品进行评论，进而形成一个循环的过程。在众多的研究中，在线评论对消费者购买行为的影响研究最多，因为在线评论直接决定着商品的销量。一些学者对具体产品进行了分析，如指出电影评论（如雅虎电影）对消费者购买电影票有着重要的影响，决定着票房。电视节目的在线评论数量对节目的排名有着正向影响，评论的数量（volume）越多表示观众对电视节目越喜爱，越多人参与讨论就越吸引其他消费者进行观看，进而决定着电视节目的收视率。或者一个网站上对某书的评价数量增加了，相应地会增加消费者对该书的购买量。我国的学者郝媛媛、邹鹏和李一军等将电影的在线评论的影响分为：评论情感倾向的影响和评论数量的影响，并指出电影发布后第 3 周，在线影评的情感倾向对电影票房收入的影响超过了影评数量对票房收入的影响。这说明购物网站上，用户给出的评价越多，给其他消费者提供的潜在价值就越大。因此，鼓励用户发表有质量的在线评论目前已成为许多网上商家策略的重要一环。在线产品评论对消费者行为的影响，如表7-3所示：

表7-3　在线产品评论对消费者行为的影响

作者	影响的对象	内容
Lee等（2008）	感知风险	在线评论影响消费者对购物风险的感知
Lascu D等（1999）	购物行为 产品印象	先前的在线评论会影响后续消费者的购物行为,甚至会改变后续消费者对产品的印象
Li,X等（2008）	感知安全	评论可以增加消费者感知安全性
Mudambi等（2010）	产品认知 购买决定	在线评论可以帮助消费者增加对产品的认识,帮助自己做出决定
Godes D等（2004）	观看意向	在线评论数量对节目的排名有着正向影响,越排在前面的节目,越能引起观众观看的兴趣
Chevalier等（2006）	产品质量推断	网上评论可以降低消费者对产品的不确定性,帮助消费者推断产品的质量

6.在线评论的不一致性研究

在探讨在线评论的不一致性之前，首先要了解的是认知理论，因为消费者对在线评论的判断是否一致和统一，是建立在认识理论基础之上的。认知评论理论由 Rosenburg 在 1956 年首先提出，评价认知一致是指一个人对于某对象的抽象评价（比如数值型评分）和他对于某对象的具体评价内容（比如文本型评论）的一致性。例如，如果一个人对某产品持赞同的信念，该产品在其眼中就会显得完美无缺，从而导致他对该产品极度推崇的评价的出现。相对地，如果一个人同时持有赞同或者不赞同的信念，产品看起来就会显得既非完美无缺也非一无是处，因此会导致中立评论的出现。

在现实的网购环境中，网上的评论者有时会修改他们的评分（数值型评论）以获得卖家的经济回报或者树立自己"好人"的形象，或者出于同情，答应卖家修改评论的请求等。有时他们觉得卖家也不容易，于心不忍，或者处于习惯给买家较高的数值型评分，这样就导致高的评分与具体的评论内容不一致。可能会取得相反的效果，因为这样会使得评论者态度出现矛盾，让其他阅读者不知道评论者的立场，从而使得评论显得不那么有帮助性和有说服力。

我国的施国良和石桥峰对不同购物网站同一商品评论是否一致进行了研究，发现不同购物网站对同一商品的评论并不完全一致。这种不一致主要体现在商品特征上面，说明了商品评论会因为购物网站的不同而出现差异，但其并没有对同一网站中的评论是否一致进行研究。虽然美国的Schlosser指出评论者提交的在线评分与在线评论文本之间可能存在不一致性，并会影响评论的可信度和说服力，但是没有给出判断这种不一致性的方法。Chakravarty等的研究考虑了消费者评论与卖家评论之间的不一致性或冲突性，研究表明这种不一致性会削弱口碑的作用，削弱的程度取决于消费者的个体特征和评论的倾向性。在线产品不一致研究概括如表7-4所示：

表7-4　在线产品不一致研究

作者	不一致对象	内容
施国良等（2011）	不同网站之间	不同购物网站对同一商品的评论并不完全一致，这种不一致主要体现在商品特征上面
Schlosser等（2011）	评论内容与评分之间	评论者提交的在线评分与在线评论文本之间可能存在不一致性，这种不一致性会影响评论的可信度和说服力
Chakravarty等（2010）	消费者与卖家之间	消费者评论与卖家评论之间有着不一致性，这种不一致性会削弱口碑的作用，削弱的程度取决于消费者的个体特征和评论的倾向性

通过文献调研发现，目前在线评论的内容挖掘、评论动机、效用及影响已经在众多的研究中得到了很好的发展，有关在线评论的质量、可信度、垃圾评论的识别等领域也已经取得了一定的成果，随着在线评论数量的不断增多，对在线评论的质量、效用以及评论一致性的研究逐渐得到重视。但仍存在以下几方面问题：①目前研究成果大多适用于英文的在线评论，由于英文的句式、语法和单词的空格都较为有利于文本挖掘的分词和判断，相对而言，有关对中文的语料的研究还有待丰富。②与国外相比，国内的研究还主要集中在定性的研究以及理论的研究上，而国外则偏向于数据挖掘技术以及对大数据评论的处理。③在特征选取上并没有考虑商品评论独有的特点，只

是根据文本的特点来进行分析。事实上在线评论与其他文本还是有一定区别的，比如主观性强、短小精悍，口语化表达等。④有关对在线评论一致性或者矛盾性的研究，主要集中在数值型评论与文本型评论不一致上，通过对文本型评论与卖家描述进行对比，查看是否一致，其中对在线评论的矛盾性研究还需进一步深入。⑤前人的研究没有将在线评论的文本型评论与数值型评论不一致的比例进行量化，以及未探寻买家为何发表这种不一致类型评论的原因。因此本章将以在线评论的内部不一致性以及外部不一致性为两个切入点，更加全面探讨消费者发表不一致在线评论的影响因素，寻求如何促使消费者发表一致的在线评论方法，并为网站提供高质量的一致性的评论作出贡献。

第三节　概念界定及研究问题

1.在线评论的类型

在线评论是一种发生在人与人之间的，基于产品和服务的，与消费者满意度密切相关的非正式交流。由于C2C所在的比重较大，加之淘宝网站在国内的影响力较大，因此本章仅针对淘宝网上的购物评论进行研究，不包括天猫、天猫超市等B2C网站的评论。

有学者将在线商品评论（Online Customer Reviews，下文简称OCRs）分为两组：一组是定性的在线评论，另一组是定量的在线评论。定性OCRs指的是描述商品的使用经验、购买经历等书面的文字性描述。定性评价，是顾客完全自由选择如何描述，提出批评和评估产品；而定量OCRs指的是，客户对自身评价的一个评级量化或者是一个评价的总结统计。因此本章也将评论分为两部分：一是文本型的评论内容（即文本型在线评论），指的是买家自行输入的，非结构化的，一般要求在500字以内的具体的购物感受；二是数值型的在线评分（即数值型在线评论），指的是买家选择的结构化的评分，比如，好、中、差评和五颗星打分。本章所考虑的数值型评论只考虑"好、中、差"评这三个等级的数值评分，好评为1分，中评为0分，差评为-1分，不考虑"宝贝与描述相符、卖家的服务态度、卖家发货的速度、物流发货的速度、送件人员态度"这五种五颗星打分。具体如图7-12和图7-13所示：

图7-12　五颗星打分的数值型评论

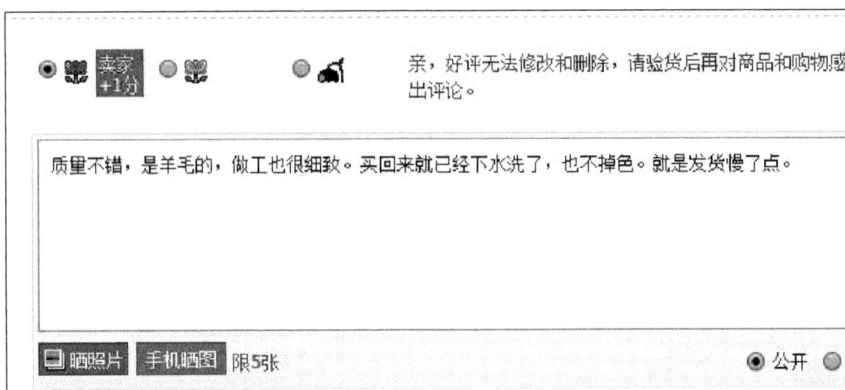

图7-13　好中差评数值型评论与文本型评论

2.在线评论的不一致性

在线评论的不一致性包括：不同买家之间评论的不一致性，不同购物网站之间评论的不一致性，买家评论与卖家描述之间的不一致性，以及买家评论中文本型评论与数值型评论之间的不一致性。本章讨论的是在同一个网站，同一个买家的情况下，买家文本型评论与卖家描述之间的不一致性，以及买家文本型评论与数值型评论之间的不一致性。将这两种不一致性分别称之为外部不一致性和内部不一致性。具体表现如下：

外部不一致性（文本型评论与卖家描述之间的不一致性）。有的在线评论包含负面的评论，指出了商品的一些缺点和不足，这些文本型评论内容与卖家给出的商品描述不符。即消费者口中评价的商品并没有商家描述的那么好。例如，商品的描述如下："韩国原单！领子边上有白色的压皱木耳领拼接，假两件的款式看着特别好看，毛线面料长绒厚实、柔软、有弹性，软软的，特别有质感，打底或者单穿效果都是特别赞。"而买家的评论是："怪不得商品详情页面里不写衣服长度，原来是缩小版的"韩国原单"。外面的毛儿都让店主摘掉了吧？颜色也漂过了吧？结果太让人失望了，"韩国原单"原来都长这样啊。"这种就是本章所说的在线评论的外部不一致性，即买家文本型评论与卖家商品描述的不一致。

内部不一致性（买家的文本型评论与数值型评论不一致）。有的评论在好评下隐藏着负面的评论内容，或者中评下面是正面的评论内容。前者出现的情况主要是由于买家害怕卖家找麻烦不敢给中差评，或者买家被迫给卖家好评。因为有些卖家一旦发现有中差评，会第一时间联系买家，让其将差评修改为好评，以威逼利诱等方式让买家发表违背自己意愿的评论。还有一些卖家设置了好评返现，如果买家给予好评，卖家会给他们现金奖励或者包邮的优惠，这样常常使得部分买家为了自身利益，而发表了好评。后者情况大多数出现在新手买家中，因为新手买家有时候并不了解淘宝的评价规则，以为好评就是满意，中评就是中等满意，实际上中评是不太满意的意思。这种情况并不多见，因此本章只探讨内部不一致性中的数值型评分比文本型评分高的情况。

本章针对在线评论的不一致性的现象及影响因素进行分析，研究问题主要包括以下两个方面：

其一，判断在线评论内容与卖家的商品描述是否一致以及一致的比率是多少。如果一致说明买家公正评价，卖家也进行了公正描述；如果不一致，将在本章中讨论哪些因素影响了这种不一致的现象以及影响的程度有多大。

其二，从网站、消费者和卖家三个角度，提出对策和建议。希望买家和卖家能够克服自身缺陷，纠正不一致现象，维护良好的网络市场交易环境，并鼓励买家发表一致的评论，为其他消费者提供购买参考。研究方法如下：

（1）文献研究法

文献研究法（Literature Research）主要指搜集、鉴别、整理文献，并通过对文献的研究形成对事实的科学认识的方法。本章通过检索工具分别在英文和中文数据库中查找文献资料，通过对前人有关在线评论研究成果的总结，提炼出有关的研究结论，结构化自己所要研究的问题。通过对前人有关在线评论的研究，比如在线评论的矛盾性研究、在线评论的动机研究、在线评论的质量研究等等进行综述，为本章论点寻找理论支撑。已有的研究为本章奠定了良好的文献基础，成为本章研究开展的基石。以往研究涉及的相关理论比如博弈论、信息不对称理论、社会交换理论、动机理论等，都为本章的理论分析过程提供了佐证。

（2）文本挖掘

文本挖掘（text mining）又称为文本数据挖掘或文本知识发现，是指在大规模的文本中发现隐含的、以前未知的、潜在有用的模式的过程。本章对在线评论的研究会涉及文本型在线评论和数值型在线评论，对在线评论会使用网络爬虫代码进行提取。在第三章、第四章、第五章都需要用到文本型在线评论，因此需要在网页上提取买家的文本型在线评论作为语料库。文本挖掘作为一种海量数据的处理技术，可以从各种各样的文档格式数据中，过滤掉控制信息，快速抽取出需要的评论文本，以便用户实现多种数据资源的统一管理和量化计算。

（3）结构方程模型

结构方程模型（Structural Equation Modeling，简称SEM）是社会科学研究中的一个非常好的方法，该方法在社会科学以及经济、市场、管理等研究领域已经成熟。本章将理论分析和实证研究相结合，建立在线评论的动机和有效性影响因素，构建相应的结构方程模型。一些常见的SEM方法包括验证性因素分析、路径分析、建模和潜在的增长。结构方程模型是基于变量的协方差矩阵来分析变量之间关系的一种统计方法，是多元数据分析的重要工具，能够很好地分析在线评论不一致性形成的原因。

（4）访谈法

访谈法（interview）又称晤谈法，是指通过访员和受访人面对面地交谈来了解受访人的心理和行为的心理学基本研究方法。访谈的主要任务是了解受访者所说的意思，根据受访者的答复搜集客观的、不带偏见的事实材料，以准确地说明样本所要代表的总体的一种方式。同时，访谈法收集信息资料是研究者与被调查对象通过面对面直接交谈方式实现的，具有较好的灵活性和适应性。

本章为了探寻买家参与在线评论的动机，需要和受访人进行面对面的交谈，来了解受访人的心理和行为动机。访谈法可以对评论的动机和原因进行较深层次的了解，能够收集多方面的资料。由消费者口述的内容，具体而准确，有着问卷调查法无法比拟的优势。通过访谈收集评论发布的原因以及评价结果不一致的原因和动机，可以为模型和实验结果提供更全面、详尽的解释。

（5）数学建模法

数学模型（Mathematical Model）是运用数理逻辑方法和数学语言构建的科学或工程模型。开发一个数学模型的过程就是数学建模。数学模型用于自然科学（如物理学、生物学、地球科学、气象学）和计算机科学、人工智能等，以及社会科学（如经济学、心理学、社会学、政治科学）等。物理学家、工程师、统计学家、操作研究分析师和经济学家使用最广泛的是数学模型。模型可以解释系统，研究不同组件的影响，并对行为进行预测。

数学建模根据实际研究问题的需要，从定量的角度分析，用数学的符号和语言发表，有时还结合计算机软件进行处理，用计算得到的结果来解释实际问题。本章在判断文本型评论与卖家描述是否一致，以及文本型评论与数值型评论是否一致时，需要用到数学建模的方法，构建买家文本型评论与卖家描述的不一致性模型，以及文本型评论与数值型评论的不一致性模型。模型用数学符号、公式、程序、图形对实际的在线评论问题进行抽象刻画，对预测在线评论的一致性起到了很好的帮助作用。

此外，本章还采用归纳与演绎、分析与比较等常用的研究方法。具体思路如图7-14所示：

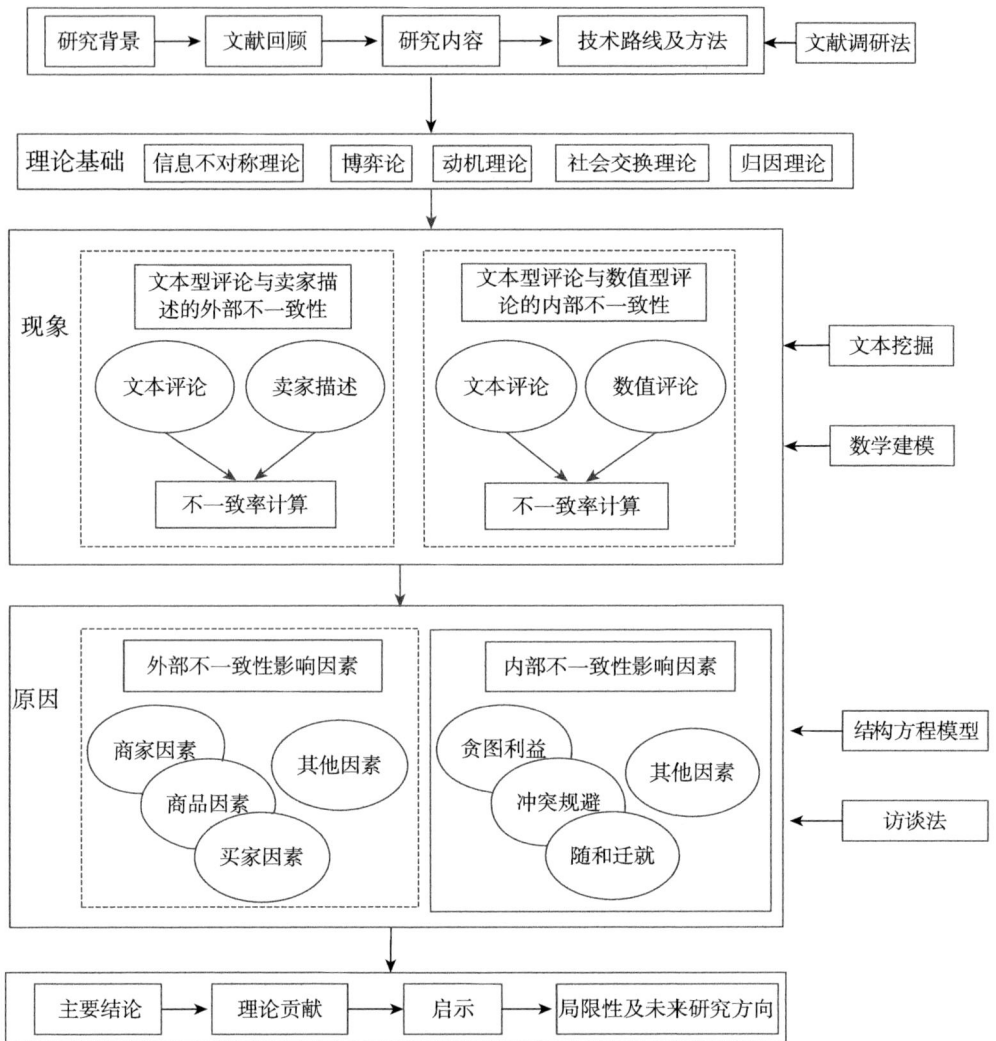

图7-14 在线评论不一致性现象及影响因素研究思路

第四节 理论基础

1.信息不对称理论

早在1970年就有学者研究了"柠檬市场"中的信息不对称性和市场机

制。在 1970 年 George A. Akerlof[①]发表的 "*The Market for 'Lemons': Quality Uncertainty and the Market Mechanism*" 一文中，提到信息不对称时就提到柠檬市场。Akerlof 指出在二手车的市场中信息不对称性非常严重，市场中有好车（Good）和次品车（Lemons）两种。在这种二手车市场中，汽车的卖主会比买家有着更多的汽车质量信息，但是买家并不知道这个车子是好还是坏，只有使用过一段时间后才能给出车子一个定论。买家只能通过汽车在市场中的价格来判断产品的质量。消费者都想买到又便宜又好的东西，并不愿意出高价，只愿意出市场的平均价格。因此，市场中好的汽车以平均价格出售，卖主显然会亏本，因此卖主更愿意销售次品的汽车，因为这样才可以获得利润。这样使得新市场中汽车的平均价格也会下降，当买家再进行购买时，以新的平均价格出价，又会导致一部分质量好的产品退出市场，进而使得平均价格再次下降，久而久之，市场中只剩下了柠檬产品，即次品。进入市场的消费者会认为市场中都是柠檬的产品。即使面对价格高的好产品时，也会怀疑，还是选择低价格的柠檬产品，这就是柠檬市场的表现。因此柠檬市场也称之为次品市场。

信息不对称理论指出了信息对市场经济的重要影响。由于全球经济增长、技术进步，大规模经济结构的变化，日益激烈的市场竞争，导致企业面临更多的不确定性和更大的风险。从信息经济学的角度出发，信息不对称产生机会主义行为，即逆向选择和道德风险。

市场信息不对称的理论一直是经济学研究的一个活跃领域。近年来，非对称信息理论是信息经济学的核心，被广泛应用在金融等领域，如保险、拍卖市场、风险资本和商业管理。信息不对称意味着某些参与者拥有较多的信息，有些则没有。在信息不对称的研究中，拥有信息优势的一方通常被称为代理人，处于不利地位的人被称为客户。代理人可以使用他们的信息优势来实施一些对自己有好处的不良行为，这就引发了信息不对称理论中的两个核心问题：逆向选择和道德风险。

---

① GEORGE A. AKERLOF. The Market for "Lemons": Quality Uncertainty and the Market Mechanism[J]. The Quarterly Journal of Economics, 1970,84(3):488-500.

有学者研究了 IT 数码产品在 B2C 商场中信息不对称问题的企业因素[①]，对网站所提供信息的数量、信息的真实程度、信息的阻碍因素进行了探讨，指出了信息不对称性对商家和消费者的影响，以及对第三方厂商和物流企业建设的影响。这也说明信息不对称性在网购市场中普遍存在，且对在线交易、信息搜寻、第三方机构的建设等都有影响。张庆亮采用基本的博弈方法对网上购物进行了分析，指出货到付款和货前付款等都存在信息不对称的现象[②]。HemantK.Bhargava[③]指出在电子商务中，质量的不确定性通常是由于买卖双方分居两地，不能像实体店铺那样面对面的交易，产品的观察、谈判和挑选都只能在线完成，商品质量无法观察。因此，买方和卖方存在着商品信息的不对称性。

2.博弈论

博弈论是对战略决策的研究。具体而言，它是应用数学模型来研究个体的预测行为和实际行为，并研究它们的优化策略。博弈论在经济学、政治学、心理学、逻辑学、计算机科学、生物学等都有着广泛的应用。博弈论在应用于行为学的关系时，形成了一个总称为决策科学的逻辑。

近代对于博弈论的研究，开始于策梅洛（Zermelo）、波莱尔（Borel）及冯·诺依曼（von Neumann）。冯·诺依曼证明了博弈论的基本原理，标志着博弈论的诞生。约翰·福布斯·纳什[④]（John Forbes Nash Jr）利用不动点定理证明了均衡点的存在，为博弈论的一般化奠定了坚实的基础，这成为博弈论和数理经济学的标准方法。20世纪50年代，该理论被许多学者广泛应用，已成为许多领域的重要工具。

---

① 高海霞.消费者的感知风险及减少风险行为研究——基于手机市场的研究[D].杭州:浙江大学博士学位论文,2003.

② 张庆亮,周扣琴.我国农村金融监管制度的博弈分析[J].海南金融,2007(1):24.

③ JUAN FENG, HEMANT K. BHARGAVA, DAVID M. PENNOCK. Implementing Sponsored Search in Web Search Engines: Computational Evaluation of Alternative Mechanisms[J]. INFORMS journal on computing,2007,1(1):137-148.

④ NASH J F. Equilibrium Points in n-Person Games[D]. Proceedings of the National Academy of Sciences of the United States of America.1950, 36:48-4.

按照博弈的类型可以将博弈论分为合作博弈和非合作博弈。合作博弈指的是博弈者能够形成具有约束力的承诺。比如法律制度要求他们坚持自己的承诺。而在非合作博弈中，是没有这种约束承诺的。纳什均衡，又称为非合作博弈均衡，是一种策略组合，使得每个参与人的策略是对其他参与人策略的最优反应。纳什均衡最经典的案例就是囚徒困境。囚徒困境说明了两个纯粹"理性"的人可能不配合的原因，即使他们所作的选择看似是他们最佳的利益。纳什均衡对亚当斯密的原理提出了挑战。亚当斯密认为市场会有"看不见的手"来进行调控，只要每个人按照自己的利益出发，最终社会会达到利他的效果。但是纳什均衡则指出，当博弈者每个人都从自己的利益出发时，未必总的效用达到最大最优，有时候会既不利己也不利人。

按照博弈论的时间序列性还可以将博弈论分为静态博弈和动态博弈。静态博弈指出博弈者同时进行选择，或者虽然不是同时选择，但彼此也不知道对方采取了什么行动。而动态博弈就是在博弈的过程中，博弈者的行为分为先后顺序，先前的行动者会被后续的行动者所看到，后续的行动者根据先行者的选择而做出选择。例如，在下棋的过程中，就是一种动态的博弈行为，每一步的选择都是分为先后顺序，而且知道前一步结果的。而囚徒困境则是属于静态博弈。

按照博弈人之间的互相了解程度，又可以将博弈论分为完全信息博弈和非完全信息博弈。完全博弈是博弈者对其他参与者的特征、信息都有准确的把握，而非完全信息博弈是对博弈参与者了解的信息不够准确，或者不是对所有参与人的特征、信息都了解。在现实生活中，交易买卖双方基本都是非完全信息博弈。买家和卖家信息不完全对称，买家掌握的商品信息较之卖家来说少之又少，因此属于非完全信息博弈。尤其是在网络购物的环境下，消费者无法亲眼看到实物，也不能够试穿和试用，这就进一步增加了信息不对称性，进而导致不完全信息博弈。

很多学者已经在C2C电子商务领域采用博弈的方法，分析了买家与卖家之间的信用问题、消费者参与交易的演化过程以及信息不对称问题①。学者李程晨②在对电子商务诚信问题的研究中，假设C2C交易只有买方和卖方两个参与者，而且参与的过程都是他们自己思考决策的结果，其他人不会参与干涉。卖家和买家交易之前都不知道对方的行动，可以认为这种买家和卖家之间的博弈为静态博弈。胡晓雪指出，卖家和买家的博弈不仅仅存在于交易中，还存在于交易后的购后行为——信用评价中③。买家行为中冲突规避行为、恶意评价行为，卖家的报复行为、信用篡改行为等，都可以利用博弈理论的思想对买方和卖方的评价行为进行描述，分析双方行为的规律以及影响这种行为的决定因素。根据前人对在线评论信誉的研究，本章也引入博弈论为买家和卖家的研究提供理论支撑。

3.动机理论

动机是用来解释行为的理论构建，可以广义地被定义为作用于方向上的力，是激发和维持有机体的行动，并将使行动导向某一目标的心理倾向或内部驱力。

动机和动机理论被认为是在组织行为领域研究中最重要的领域，却并没有一个单一的动机理论是被公认的。心理学家在19世纪末和20世纪初就已经提出，人类基本上是程序性的行为在某些方面的实践，程序性取决于行为的线索。西格蒙德·弗洛伊德（Sigmund Freud）④认为个体行为最有力的决定因素是个体并没有意识到的东西。早在20世纪，研究人员开始研究在个体动机差异的其他可能的解释。一些研究人员专注于用内部驱动力作为主动行为的解释。还有一些研究学者研究了动机对人们认知过程的影响，如他们

---

① 郭晨,黄贞.电商价格战博弈[J].中国商贸,2012,(028):15.

② 李程晨.我国C2C诚信交易的博弈分析与研究[D].合肥:合肥工业大学,2009.

③ 胡晓雪.我国C2C信用评价过程中的参与者行为演化博弈模型研究[D].北京:北京化工大学,2010.

④ Sigmund Freud, Studien über Hysterie, co-authorJosef Breuer Die Traumdeutung.1856.

对未来事件的信念^①。随着时间的推移，主要的动机理论研究分为两大流派：一个是内容型动机理论（major content theories），一个是过程型动机理论（major process theories）。

内容（或需要）型动机理论侧重于内部因素，个体的活力和直接的行为。一般来说，这种理论将动机作为内驱力，迫使个人行动对需要的满足。内容型动机理论在很大程度上是基于早期的动机，跟踪行动的路径对行为的内驱力理论。内容型动机理论有几大代表：马斯洛（Abraham Maslow）的层次需求理论、阿尔德佛（Alderfer）的 ERG 理论、赫茨伯格（Herzberg）的双因素理论和麦克利兰（McClelland）的学习需要理论。

马斯洛提出的层次需求理论指出，人类的需求有五个层次，分别为生理需求、安全需求、归属需求、尊重需求和自我实现需求。生理需要是最基本的，人类生存需要食物、水，以及其他必需的生存条件。安全需求包括在一个物理环境的安全性、稳定性和情绪不被困扰的自由。归属的需求：人人都希望得到相互的关心和照顾。情感上需要有所依托。尊重的需要是与人获得自身和他人的尊重相关。最后，自我实现需要是那些对应于实现自己的潜能，锻炼和人的创造能力，要成为一个能做到的最好的人。低层次的需要，如生理和安全需求必须得到满足之后，上级的归属感，自尊和自我实现等需求才能被满足。ERG 理论是马斯洛需要层次的延伸。德弗认为需求可分为三类，而不是五类。这三种类型分别是生存需求、关系需求和成长需求。生存需求是类似于马斯洛的生理和安全需求类别，关系需求是类似于马斯洛的归属感和自尊方面的需求，成长需求是类似于马斯洛的自我实现的需求。

过程型动机理论关注的是如何确定个体的行为激励、引导，并保持特定的意志和自我认知的过程。过程型动机理论是基于早期的认知理论，它认为行为是有意识的决策过程的结果。过程型动机理论主要有：期望理论、公平理论、目标设置理论和强化理论。

动机理论必须考虑到环境与文化对有机体及其动机满足的影响，但决不

---

① HOLBROOK M B, Beyond attitude structure: Toward the informational determinants of attitude [J]. Journal of Marketing Research, 1978: 545–556.

可成为纯粹的情境理论。它还应看到有机体有其天生的内在结构，并且能主动创造心理环境等事实。动机理论还应看到，有机体通常表现为一个整体，但有时则不然，孤立、局部、分裂的反应在一定情况下是可能的。这类现象不一定是虚弱、病态或者不好的，相反，它们经常被看作是有机体的一个最重要的能力的证明，即有机体以不完整的、独特的或分散的方式对付局部的、熟悉的事物或者易于解决的问题。这样，有机体的主要能力就可用于解决更重要的或更具挑战性的问题。

动机理论不应像心理分析学家那样仅仅关注无意识的欲望，还应重视达到目的的可能性这个因素。这对于理解文化中各个阶级、等级之间的动机差别是至关重要的。动机理论必须合理地看待现实对于有机体内部冲动的影响。内部冲动与现实之间不一定是截然对立的关系。正是基于上述考虑，马斯洛在建构自己的动机理论时，从一开始就试图使之立足于基本需要及其层次发展的研究之上。同时，这一切也预示着，马斯洛动机理论必将与既往动机理论有着很大的不同。

从以往研究来看，动机理论已经在研究用户发表在线评论、传播网络口碑的领域得到了广泛的应用，主要有以下两个方面：①与自我相关的动机（self-involvement）。在这类动机下，消费者传播产品信息是为了满足自我心理和情感需要：包括引起注意、表明自己是意见领袖[①]、显示自己在社区的身份和地位、自我肯定、声誉等。②与他人相关的动机（other-involvement），在这类动机下，传递产品信息分为两种情况，一种是传播负面评论或口碑的动机，主要有发泄情绪、指出商家的缺点、打击报复、帮助卖家改正、提醒其他消费者不让他人遭受和自己同样的经历[②]，等等；另一种是传播正面口碑的动机，主要有帮助其他消费者决策、助人为乐、表达关心。还有学者在动机理论的基础上，结合跨文化的因素，来比较中国人的评论动机

---

① HUSAD A、RATCHFORD, Intention: the moderating role of involvement[J]. International Journal of Electronic Commerce,2007,11(4): 125-148.

② D. Maheswaran, J. Meyers-Levy, The influence of message framing and issue involvement [J].Journal of Marketing Research,1990, 27(3):361-367.

与美国人的评论动机有何不同。研究结果表明，中国人的信息搜寻动机比美国人要强烈，但信息提供的动机则较小。前人引入的动机理论能够恰当的解释消费者进行在线评论的动机，但仍不够全面，还没有形成完整的研究体系。本章以社会交换理论为基础，分析买家发布不一致评论的动机，同时根据动机理论来解释不一致评论的影响因素。

4.社会交换理论

社会交换理论是 20 世纪 60 年代兴起于美国，进而在全球范围内广泛传播的一种社会学理论。交换理论越来越明确地把社会结构看作是产物和交换品。布劳思考了一个基本的问题是，社会生活是如何被组织成由人类交往构成的日益复杂的结构。布劳试图从社会交换关系的理论视角来解答这一问题，即通过对人们之间交换关系的微观社会学分析，对社会结构和制度的宏观社会学研究提供一个理论基础。彼德认为，有两种交往方式，一种交往是把被参加者的目的看作是自在的，随意的目的；另一种交往是把被参加者的目的看作是实现更远目标的目的。

同时，他还指出对社会报酬的预期会产生社会吸引，形成社会交往的动机。一方面，甲乙双方的平等社会交往互动形成了社会纽带和增强了社会关系。另一方面，社会交往中单方面给予报酬时，接收方服从给予方，给予方获得权力。交换的前提是交换物质的存在，且交换也是一个相互的过程，单方面是不能完成交换的，交换是双方在某个时间内进行的活动。布劳试图从社会交换关系的理论视角来解答这一问题，即通过对人们之间交换关系的微观社会学分析，对社会结构和制度的宏观社会学研究提供一个理论基础。布劳也提出了社会交换的主体是生活在这个社会的自然人，只有人有主观能动性，才能在社会生活中进行自愿自主的交换。因为人是有一定的社会意识，他具有社会判断力也才能作出正确的交换。

社会交换理论指出进行社会交往是人的本性，在过去的经历中，我们会发现分享能够使人愉悦；此外，交往过程还会为他人带来好处，使他人受益，同时自身也收获一种助人之乐的快感和名誉，利他主义通常都与利己主义中的精神享乐观密不可分。但是其理论和霍曼斯的交换理论又有差异。布劳的理论从社会学的角度改进了霍曼斯的理论，但是由于其理论本身的缺陷，也遭到了一些批评：①布劳并不能解释和认证他所认为的人类行为是以交换为指导的。②布劳认证的组织范围太过宽泛，不具有针对性，以至于很多领域都被认为在他所说的组织之内。③布劳的研究并没有达到社会学立场的目标，也没有对这一目标进行更深入的研究。

Tong从社会交换的成本和收益角度出发，研究指出认知成本、执行成本、助人为乐、消费者需求、自我提升以及经济回报是在线反馈系统信息产生的几个主要因素。余航、王战平，结合了我国消费者和网络环境的特点[①]，基于社会交换理论，构建了影响消费者参与在线产品评论意向因素的理论基础，研究发现消费者发表评论的主要原因是帮助其他消费者从而自身获得愉悦感，帮助企业改进商品以获得成就感，与经济回报、认知成本无关。陈蓓蕾在网络和信任理论对消费者发布口碑的动机研究中[②]，借鉴社会交换理论，社会认知理论和社会资本理论的基础上，引入了结果期望、自我效能、结构维度、关系维度和认识维度几个变量来测度消费者信息分享行为的前因。崔金红、汪凌韵在探讨电子商务网站在线系统环境下，消费者网络口碑传播的动机中[③]，指出社会交换是一个互惠的原则，如果利益不是相互的，那么交换行为就会停止。他们将在线评论发布的动机也看成是社会交换行为的一种，消费者通过分享自己的购物经历、商品信息，以期望获得外界的认可、经济回报或者助人为乐的愉悦感、声誉、地位等，采用社会交换理论来试图解释消费者在线评论的行为动机。邵兵家、马蓉等人认为社会交换理论是一种计算个人利害得失的理性行为[④]，个人行为的动机是追求自身利益最大化，

① 余航,王战平.网络口碑影响的研究综述[J].情报杂志,2013,32(06):100-106.

② 陈蓓蕾.基于网络和信任理论的消费者在线口碑传播实证研究[D].杭州:浙江大学,2008.

③ 崔金红,汪凌韵.在线反馈系统中消费者网络口碑传播动机的实证研究[J].现代图书情报技术,2012(10):55-60.

④ 邵兵家,马蓉,池世龙.在线零售商多元化经营特征的实证分析[J].重庆大学学报(社会科学版),2011,17(05):61-66.

并且付出成本的最小化。因此，他们在研究消费者参与在线评论的动机中，提出了两种因素，一是利益因素，二是成本因素，并指出利益是导致人们参与评论的直接动机，将帮助他人获得的愉快、成就感归之为内部利益，将经济利益等归之于外部动机。当这两种动机都产生作用时，消费者的行为才会开始。在考虑成本因素时，引入了认识成本、执行成本这两个变量来解释消费者发表在线评论的原因。

5.归因理论

归因就是"寻找事情结果的原因"，解释自己或他人的行为以及探寻影响他们情绪、动机和行为的心理学理论。最早由美国心理学家海德（Fritz Heider）提出用来解释两个事情的因果关系的理论框架。

1958年，海德在他的著作《人际关系系理学》[①]中，从通俗心理学（Naive psychology）的角度提出了归因理论，该理论主要解决的是日常生活中人们如何找出事件的原因。海德认为所有事情无外乎内因和外因两种原因。内因，比如情绪、态度、人格、能力等；外因，比如外界压力、天气、情境等。海德指出，在归因的时候，人们经常使用两个原则：一是共变原则（Principle of covariation），它是指某个特定的原因在许多不同的情境下和某个特定结果相联系，该原因不存在时，结果也不出现。我们可以把结果归于该原因，这就是共变原则。比如一个人经常在考试前闹别扭、抱怨世界，其他时候却很愉快，我们就会把闹别扭和考试连在一起，把别扭归于考试而非人格。二是排除原则，它是指如果内外因某一方面的原因足以解释事件，我们就可以排除另一方面的归因。比如一个凶残的罪犯又杀了一个人，我们在对他的行为进行归因的时候就会排除外部归因，而归于他的本性等内在因素。

在海德之后，美国心理学家伯纳德·维纳（B.Weiner）对归因理论又进行了丰富和完善。伯纳德·维纳从个体的归因过程出发，对动机、归因、情绪问题进行了研究，探求个体对成败结果的归因与成就行为的关系，提出了

---

① HEIDER F. The Psychology of Interpersonal Relations, New York: John Wiley & Sons.The psychology of interpersonal relationships,1958.

动机和情绪归因理论的观点。维纳认为，人对成功或失败的归因会对今后的行为产生重大的影响。

20世纪90年代，我国的学者开始了在社会认知范围下的归因研究，运用社会学、心理学的方法，通过问卷调查来研究公众成就感的归因问题[1]。还有学者应用归因理论探讨了消费者行为的原因、企业发展归因因素[2]。归因理论逐渐被国内学者用来解释事情的原因、影响因素等问题。在关于网络口碑的研究中，Laezniak 以及 Chatterjee[3]等都运用了归因理论，来探讨消费者的内部或外部归因对于其品牌的评价或购买意愿的影响。本章针对消费者文本型评论与数值型评论不一致的影响因素也采用了归因理论进行分析，以求获得对消费者行为和评论意愿的合理解释。

第五节　文本型评论与卖家描述不一致性研究

目前，学者对在线评论的研究大多致力于挖掘买家的产品评论信息，而较少考虑到卖家提供的产品描述信息。同时，大多数研究基于技术和算法的改进，而基于应用层面的内容考虑得较少。本章拟将卖家的描述信息和买家评论有效性指标考虑进来，通过加权求和计算出卖家描述与买家评论的相符度分值，辅助消费者在大量的评论中获取关键的信息。

本章将买家评论指标分为两部分：一是基于外部因素的有效性指标，主要包括买家信誉等级、评论时间、评论长度、得票数；二是基于评论内容的属性特征词指标，主要包括属性特征词、属性特征词极性两个指标，具体描述如下：

①买家信誉等级是淘宝网对会员购物实行评分累积等级模式的设计，每

---

① 唐桦.群际接触与偏见：交流中台湾青年的心理机制[J].台湾研究集刊,2017(6)：8-14.

② 盛丹华.85后知识型员工归因、工作压力、工作满意度与工作绩效关系研究[D].广州：华南理工大学,2014.

③ CHATTERJEE P. Online Reviews: Do Consumers Use Them?[J]. Advances in Consumer Research, 2001(28)：129-133.

得到一个"好评",就能够积累1分。250分以内的积分用红心来表示,251分到1万分用黄钻来表示,1.01万分至50万分评价积分用黄色皇冠表示,50.01万分以上的信用等级用红色皇冠表示,越往后买家信誉级别越高。

②评论时间指的是买家提交评论的时间,不包括追加评论的时间。一般买家在确认收货以后就可以填写评论,当然卖家也可以在交易成功后给买家评论。如果双方都不评价,一般是15天后就不再有评价的权利,系统不会都默认好评。但如果其中有一方是好评了,而另一方没有评价的话,一般15天后会默认好评。

③评论长度指的是买家发表文本型评论的字数,如果评论的字数较多,就说明买家认真填写评论,并且提到的产品属性特征词也较多,具有很大的参考价值。一般淘宝中商品评价的评语字数上限是500字,同时买家还可以在评价后面发表评价解释,评价解释也是上限500字。

④得票数指的是某条评论被赞同的次数,网上零售商们一般使用"有帮助程度"作为主要方式以获得用户对一则评论的看法。例如,在亚马逊网站中,针对每一条评论都会问到"这则评论对你有帮助吗",如果评论的阅读者认为此条评论有用,可以点击"投票"或"有用"按钮,系统会自然计数加1次。亚马逊或者淘宝的信誉系统会将这条评论的"得票数"附着在一旁(如"31人中有26人认为这条评论对他有帮助",或者"得票数是26"),然后他们会将最有帮助的评论放置在产品信息页最显眼的位置。消费者也可以按照它们的帮助程度对评论进行排序。

⑤属性特征词指的是产品评论中提到的有关产品属性的词或者短语。例如,一条评论"宝贝收到了,颜色也很正,毛呢面料质量非常好,就是物流慢了点,我同事都说穿着很好看",则该条评论的属性特征词为"颜色、面料、物流"。

⑥属性特征词极性指的是属性特征词的情感表示的是支持还是反对,支持极性为正向,反对极性为负向。如上条评论中提到的"颜色好、面料好、物流慢"所对应的属性特征词极性为"正向、正向、负向"。这些属性特征词和极性反映了评论中提到的产品属性,买家对这些产品属性的态度是怎样

的。评论指标具体如图7-15所示：

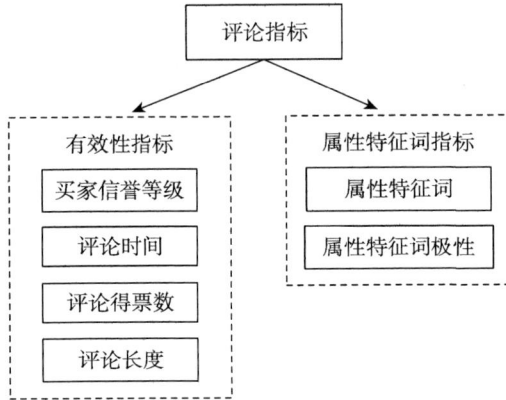

图7-15　评论有效性指标和属性特征词指标

1.研究命题及变量定义

在研究买家评论和卖家描述相符度时，本章首先比较两者属性特征词的重复程度。假设某件商品的所有买家评论中包含有A个产品属性特征词，卖家对商品的描述中含有B个属性特征词，则重复的个数为A∩B，产品特征词个数最少的一方为min（A，B）。由此提出本章的命题1：如果，A∩B/min（A，B）≥80%则认为属性特征词匹配符合要求，即买家与卖家属性特征词相符度较大，能够较好地反映商品的特征。例如，某件商品的所有买家评论中含有10个产品属性特征词，卖家描述中含有7个属性特征词，假设两种重复的产品属性词个数A∩B=6。卖家描述与产品评论相比，其产品属性词个数较少为min（A，B）=7个。故A∩B/min（A，B）=6/7=85.7%≥80%则认为属性特征词匹配符合要求，即买家评论与卖家描述中包含的属性特征词相符度较大，能够较好地反映商品的特征。

如果买家和卖家在同一个属性特征词上给出的极性在80%以上一致，则认为卖家在产品属性特征词极性的描述上与买家评论的态度相符。由此提出本章的命题2：假设卖家给出的极性值为a，买家给出的极性值为b，如果min（a，b）/max（a，b）≥80%，则认为该属性特征词极性匹配一致。例如卖家给出描述为"颜色非常正的一款"，假设颜色的极性值为a=0.9，买家给出评论为"颜色很正",假设颜色的极性值为b=0.8,那么 min(a,b)/max(a,b)=0.8/0.9=88.89%≥80%,则认为该属性特征词极性匹配一致。

买家的购买经验对评论的有效性产生一定的影响。一般而言,经验丰富的买家其评价更为客观、中肯,而经验较少的买家,往往对商品富有较高的预估值,如果商品与自己想象的有落差,会给出一些极端的评论,严重影响了其他买家对商品的认识和判断。基于此提出本章的命题3:买家信誉越高,其评论所占的权重越大,买家信誉对评论有效性的权重为w_1。

评论时间也是评论有效性的一个很重要因素。如果评论时间过长,比如三个月以前的评论,那么很有可能在这三个月内商家已经改进了商品,原本评论中所说的属性特征已经改变。基于此提出本章的命题4:评论的时间越近,在线评论的有效性越强,时间对评论有效性的权重为w_2。

投票数是指某条评论被其他买家点赞同的次数。对用户有帮助的评论指的是"由用户发出的,对消费者作出购买决定有促进作用的评价"。将帮助度理解为用户在购买决策过程中感知价值的测量,在消费者作出购买决定的各个过程中,用户评论都可以提供诊断价值。因此,得票数越多说明该条评论越有用。基于此提出本章的命题5:得票数对评论有用性的权重为w_3。

评论长度反映买家有没有认真填写评论,如果评论的长度较长,则评论提及的产品属性词也会较多。评论的长度可以判断评论者提到的产品属性特征词是多还是少,这决定着该条评论的参考价值。因此,评论长度也是评论有效性的一个很重要指标,故提出本章的命题6:评论长度对评论有效性的权重为w_4。

2.文本型评论与卖家描述的一致性模型构建

本章的模型构建分为两个阶段,第一个阶段是特征词匹配阶段,即先利用网络爬虫获取在线商品的买家评论信息和卖家描述信息,建立两个语料库,然后分别对这两个语料库提取产品属性特征词,生成买家属性特征词库A和卖家属性特征词库B。如果买家和卖家属性特征词重复的部分占这两个属性特征词库最少一方的80%以上,则认为属性特征词匹配成功,进入下一个阶段，如果不成功，程序直接退出。第二个阶段是属性特征词极性的匹配阶段，如果相同的属性特征词给出的极性程度有80%以上一致，则认为第二个阶段匹配成功，即卖家在产品属性特征词的极性描述上与买家感受相符，如果不成功，程序直接退出。具体如图7-16所示：

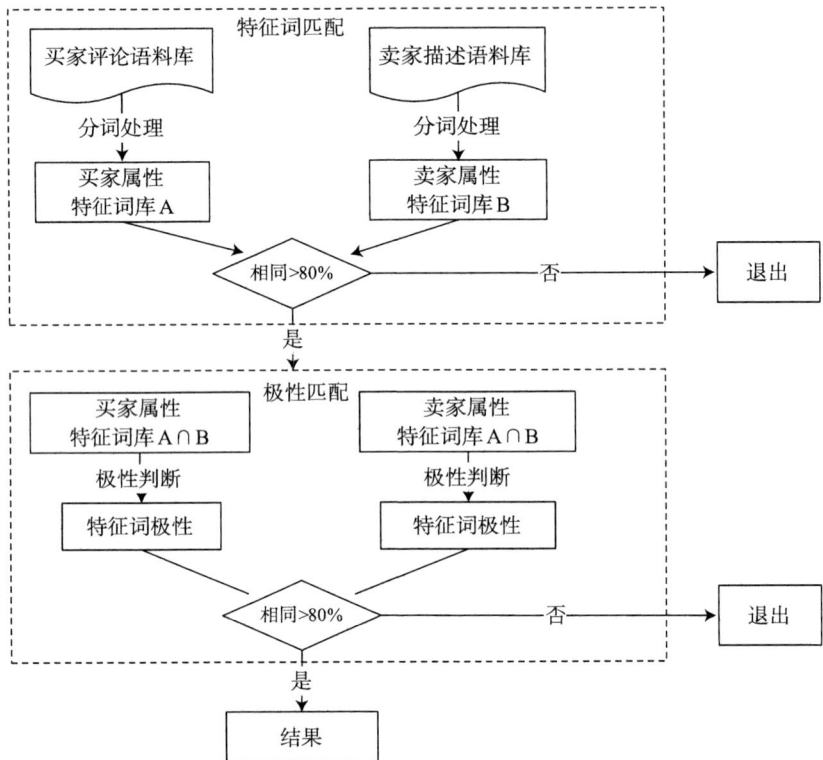

图7-16　卖家描述与买家评论相符度判断流程

（1）买家在线评论文本和卖家描述文本属性特征词提取

①评论内容获取

本章采用自行编写的网络爬虫代码，对在线评论文本和卖家描述文本进行抓取，该爬虫代码（见附录1）可以按照从用户指定的商品网页上筛选出用户所需要的信息。由于本章需要将卖家的描述与买家的评论进行对比分析，因此本章一共需要提取两部分语料库，一个是买家文本评论语料库，一个是卖家描述语料库。

②分词

对卖家和买家的两个语料库，分别进行分词处理，包括文本切分、停用词删除、词性标注等处理。本章采用中国科学院计算技术研究所的 ICTCTAS 分词系统进行分词和词性标注，每篇文本标注后的格式如表7-5所示：

表7-5　买家评论文本分词

原句1	宝贝已收到了,非常不错,和图片上的一模一样。想一想我买得真值,便宜又实惠,关键是穿着很好看。不错,快递的速度也很给力!!!
切分句1	宝贝/n 已/p 收到/v 了/e ,/wd 非常/d 不错/a ,/wd 和/cc 图片/n 上/f 的/ude1 一模一样/al 。/wj 想/v 一/m 想/v 我/rr 买/v 得/ude3 真/d 值/v ,/wd 便宜/an 又/d 实惠/an ,/wd 关键/n 是/vshi 穿/v 着/uzhe 很/d 好看/a 。/wj 不错/a ,/wd 快递/v 的/ude1 速度/n 也/d 很/d 给/p 力/n ! /wt ! /wt ! /wt
原句2	衣服有点小,客服一听要退货,立马潜水了,不再理会,一直联系客服也无人应答,衣服只好囤着了,最郁闷的一次购物,大家要小心啊,什么七天无理由退货啊,都是忽悠人的。
切分句2	衣服/n 有/vyou 点/qt 小/a ,/wd 客/ng 服/v 一/m 听/v 要/v 退货/vi ,/wd 立马/d 潜水/vi 了/y ,/wd 不再/d 理会/v ,/wd 一直/d 联系/vn 客/ng 服/v 也/d 无/v 人/n 应答/vi ,/wd 衣服/n 只好/d 囤/v 着/uzhe 了/y ,/wd 最/d 郁闷/a 的/ude1 一/m 次/qv 购物/vi ,/wd 大家/rr 要/v 小心/a 啊/y ,/wd 什么/ry 七/m 天/qt 无/v 理由/n 退货/vi 啊/y ,/wd 都/d 是/vshi 忽悠/z 人/n 的/ude1 。/wj

说明："/"后的字母为对应的词语的词性标注。

③提取属性特征词

本章的属性特征词提取采用自动提取和人工结合的方式，主要分为两步：

第一步是去除不是产品属性词的词。根据分词的结果提取名词和名词性短语作为属性特征词集合的备选，通过 excel 的替换功能将"衣服""连衣裙"这种比较宽泛的词语用空格进行替换，删除不是产品属性的名词，如"衣服、大衣"等。

第二步是利用互信息原理找出近义词中最有代表性的词作为产品属性词。将分词的结果导入 excel 中，按照词性对结果进行分类，提取出名词和名词性短语作为产品属性词集合的备选。例如，有三个意义相近的产品属性词——"布料""料子""材质"，根据互信息原理，我们认为如果其中一个与另外两个的互信息最多，则认为这个产品属性词具有很好的代表性，可以用来取代其他两个产品属性词。具体做法是，在百度中输入"布料 料子"，得到的结果页面的最上方有这样一行文本提示"百度为您找到相关结果约2590万个",即布料出现时,料子也出现的情况为2590万次。同理,输入"料子 布料"的结果是"5940万",即料子出现,布料也出现时的情况为5940万次。因此本章将这两个数据的平均值,作为这两个词的互信息量。同理,得到"布料"和"材料"的互信息量为1325万。"料子"和"材料"的互信息量为584.5万。这三个词中,"布料"与其他两个词的互信息量最多。故这三个词中选择"布料"作为这一类产品属性词的代表。具体流程见图7-17:

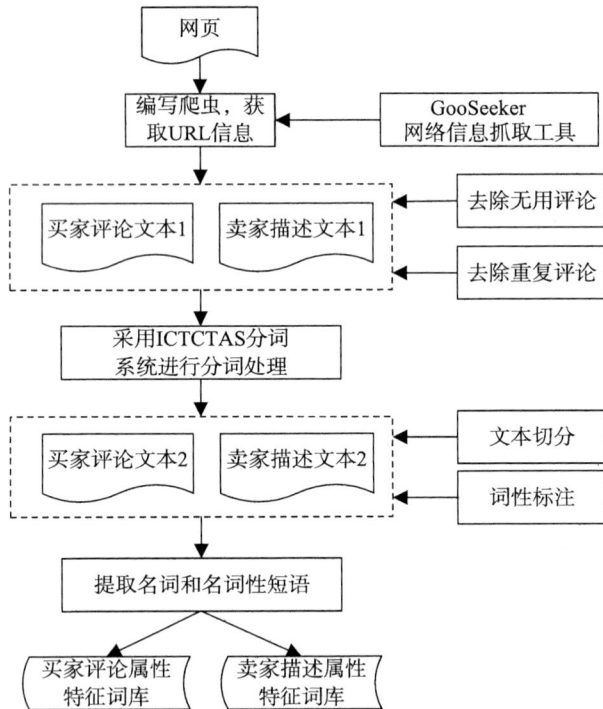

图7-17 卖家描述和买家评论属性特征词提取流程

3.卖家描述和买家评论属性特征词极性强度判断

(1)卖家描述属性词极性强度判断

参考极性词表即可方便地计算出卖家的产品属性极性。假设卖家给出的极性只有两种,一种是正向的极性+1,一种是负向的极性-1。例如,卖家对羊毛大衣描述为："此款羊毛大衣颜色很正，版型挺，很厚，需要注意的是腰部不是收腰设计的，而是宽松的哦。"这段评价的关键词为"羊毛、颜色、版型、厚度、收腰设计"，极性词为"羊毛、颜色正、版型挺、厚度厚、不是收腰设计"，故极性分别为"正向+、正向+、正向+、正向+、负向−"。故这段描述文本的属性特征词和极性如表7-6所示：

表7-6　卖家描述极性强度得分

属性特征词	羊毛	颜色	版型	厚度	收腰设计
极性强度	+1	+1	+1	+1	−1

（2）买家评论属性特征词极性强度判断

买家评论中属性特征词极性计算需要经过四个步骤来进行，具体如下：

①单条评论中买家评论属性特征词极性判断

本章主要参考台湾大学的简体中文情感极性词典，该词典包含了8276个负极性词语和2810个正极性词语。同时，本章又人工添加了一些表示观点的网络新词汇，如正向情感词："给力""拉风""赞""顶"等；以及负向情感词："汗""无语""晕""垃圾"等。例如，一位买家的评论为："这质量，太无语了，说的是羊毛其实根本不是，除了款式、颜色好看外，根本不值这个价。"该条评论的极性得分如表7-7所示：

表7-7　买家评论极性强度得分

属性特征词	质量	羊毛	款式	颜色
极性强度	−1	−1	+1	+1

②四个指标的分值判断

本小节将文本评论的四个指标"买家信誉等级、评论时间、得票数、评论长度"做如下规定，进行量化后有利于模型的计算和一致性判断。具体如下：

a.买家信誉等级的分值计算依靠淘宝网原有的买家信誉等级，由于大多数买家的信誉集中在皇冠以下，所以本章规定两颗星及以下为0.1分，三颗星为0.2分，四颗星为0.3分，以此类推五个钻为0.9分，一个皇冠及以上为1分。

b.评论时间的分值依靠距离现在的时间差计算，时间差越大，则评论时间所占的分值就越小。规定时间差在10天以内记为1分，10天到20天之间为0.9分，20天到30天之间为0.8分，……以此类推，80天到90天之间为0.2分，大于90天均为0.1分。

c.得票数根据淘宝评价页面中显示的"有用"个数来进行计算。由于"有用"的个数较少，所以本章规定大于等于9个有用为1分，8个为0.9分，7个为0.8分，以此类推，1个为0.2分，0个为0.1分。

d.评论长度可以根据评论文本汉字的个数来进行计算。由于在线评论大多为言简意赅的句子，字数大于100个的评论并不多见。所以本章规定大于90个汉字为1分，81个到90个汉字之间为0.9分，……依次类推，11个到20个汉字之间为0.2分，10个汉字及以下为0.1分，

③买家评论有效性计算

假设买家信誉等级、评论时间、得票数和评论长度四个有效性指标的分值分别为$f_{(1)}$、$f_{(2)}$、$f_{(3)}$、$f_{(4)}$；权重分别为w_1、w_2、w_3、w_4；则该条评论的有效性$f_{(i)}$最终得分的计算公式为：

$$F_{(i)} = w_1 f_{(1)} + w_2 f_{(2)} + w_3 f_{(3)} + w_4 f_{(4)}$$

其中，i=（1，2……n），n表示有n条评论。为了计算有效性中各个指标所占的权重，本章邀请了一些专家对这四个指标的重要性进行比例分配，四个指标权重之和必须等于1。例如，买家信誉为0.3分，评论时间为0.5分，得票得分为0.2分，评论长度得分为0.4分。这四个指标经过专家打分后的权重分别为0.25，0.20，0.25，0.30，则该条评论有效性的分值为0.3×0.25+0.5×0.2+0.2×0.25+0.4×0.30=0.345。

④多条评论属性特征词综合极性得分计算

本章将所有评论中的属性特征词极性得分乘以所在评论的有效性得分，然后求和取均值，得出该属性特征词极性的最终得分。假设有n条评论都提到了第t个产品属性，这n条评论的有效性为$F_{(i)}$，其中，i=（1，2……n）。评论中第t个产品属性的极性分值为e_i，其中i=（1，2……n），则这n条评论

中第 t 个产品属性的综合极性得分计算公式为：

$$E_t = \left(e_1 F_{(1)} + e_1 F_{(1)} + \cdots + e_1 F_{(1)} \right) \div n$$

其中 i=（1，2……n），t=（1，2……m）。i 表示任意一条评论，共有 n 条评论；t 表示任意一个属性特征词，共有 m 个属性特征词。例如，一件商品一共有三条评论，这三条评论中"质量"的极性分值分别为：+1，+1，−1，有效性得分为：0.345，0.45，0.125，则"质量"这个属性的综合极性得分为：（1×0.345+1×0.450+1×0.125）/3=0.306。

4.买家评论与卖家描述一致程度计算

买家评论与卖家描述一致程度计算，本章又称为买家评论与卖家描述的相符度计算。相符度计算分为两步，第一步是将买家属性特征词的极性得分除以卖家属性特征词极性得分，求出单个属性特征词的对比结果；第二步是针对所有属性特征词的对比结果求平均值，得出总的相符度分值。假设 E_{ts} 表示卖家的属性特征词得分，E_{tc} 表示买家的属性特征词综合极性得分，t=（1，2……m），表示一共有 m 个产品属性词。则相符度的计算公式为：

$$Q = \left(\frac{E_{1c}}{E_{1s}} + \frac{E_{2c}}{E_{2s}} + \cdots + \frac{E_{tc}}{E_{ts}} \right) \div t$$

（1）数据收集与清洗

本章获取了淘宝网上一款销量较好的女士羊毛大衣的三家店铺的评论和商品描述，最终得到这三家店铺的评论个数分别为 A 店 1708 条，B 店 2056 条，C 店 1922 条。然后分别构建属性特征词库，经过比对后，保留重复的属性特征词，具体如表 7-8 所示：

表 7-8　买家和卖家重复属性特征词

A 店	羊毛、质量、版型、颜色、收腰、做工、厚度、夹棉、剪裁、尺寸
B 店	羊毛、质量、版型、颜色、下摆、长度、厚度、里衬、包装、尺寸
C 店	羊毛、质量、颜色、紧身、里衬、标签、正品、版型、包装、尺寸

为了确定买家评论的四个有效性指标的权重，邀请专家对四个指标进行

打分，邀请的专家中有女装皇冠卖家和经验丰富的买家，通过阿里旺旺进行沟通，发放电子问卷，回收答案，最后计算每个有效性指标的最终权重得分，具体如表7-9所示：

表7-9　有效性指标权重分配

指标	买家信誉等级	评论长度	投票数	评论时间
权重	0.32	0.29	0.14	0.25

（2）极性得分计算

根据多条评论属性特征词综合极性得分计算公式，计算出买家属性特征词的综合极性得分，再根据极性词表比对得出卖家描述中属性词极性得分，结果如表7-10所示：

表7-10　三个店铺属性特征词极性得分汇总

属性特征词	羊毛	质量	版型	颜色	收腰	做工	厚度	夹棉	剪裁	尺寸
A店买家	0.636	0.689	0.635	0.715	0.698	0.721	0.622	0.809	0.636	-0.478
A店卖家	1	1	1	1	1	1	1	1	1	-1
属性特征词	羊毛	质量	版型	颜色	下摆	长度	厚度	里衬	包装	尺寸
B店买家	0.715	0.80	0.910	0.471	0.712	0.780	0.835	0.891	0.734	0.812
B店卖家	1	1	1	1	1	1	1	1	1	1
属性特征词	羊毛	质量	颜色	紧身	里衬	标签	正品	版型	包装	尺寸
C店买家	0.567	0.645	0.885	0.905	-0.529	0.935	-0.433	0.816	0.812	0.908
C店卖家	1	1	1	1	1	1	1	1	1	1

（3）计算结果人工修正

人工修正是发现并纠正数据文件中可识别的错误的最后一道程序，包括检查数据一致性，处理无效值和缺失值等。由机器提取和分词处理以及计算录入后的数据的清理一般需要人工完成。本章对提出的判别在线评论不一致的模型，通过计算机得到的结果进行人工修正，给后续的数据处理以及应用提供了准确的数据输入。

以商家A为例，买家评论与卖家描述的相符度得分为：

$$\left(\frac{0.636}{1} + \frac{0.689}{1} + \cdots + \frac{-0.478}{-1} \right) \div 10 = 0.6639$$

同理，B商家和C商家的最后得分为0.7667，0.5511。将它们各个属性特征的极性得分数值分别用柱状图来表示，如图7-18所示：

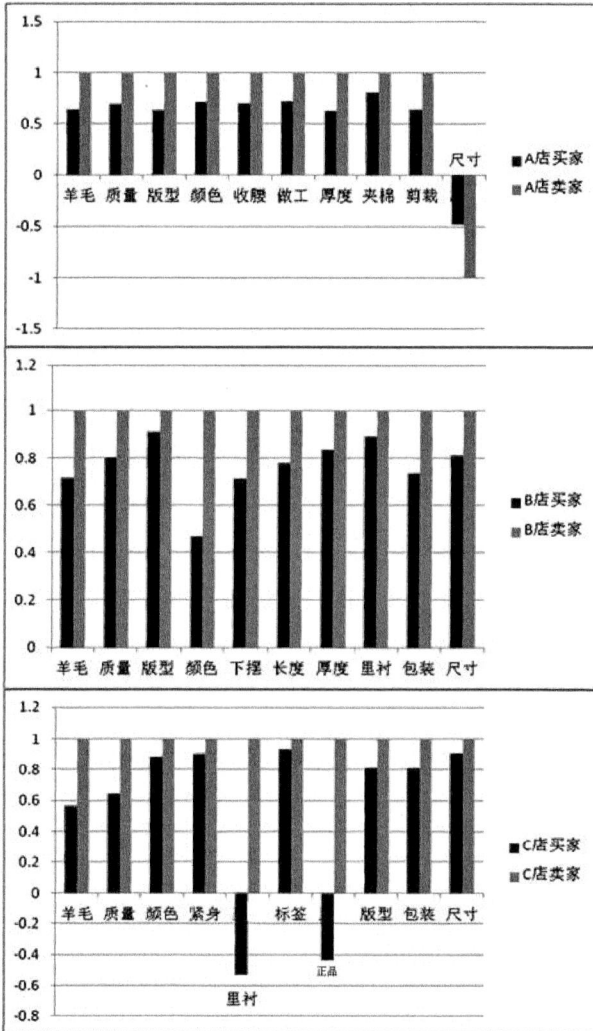

图7-18　三个店铺属性特征词极性得分对比

5.研究结果讨论

通过上面的结果可以看出，B分值最高为0.7667，说明与商品描述相符的程度很高，相符度为76.67%，C商家相符度最差，只有55.11%。分析每个商家产品的属性特征词得分可以看出：商家 A 销售的商品中除了尺码得分比较低以外，其他属性都较好，并且商家 A 在描述中已经提道："本店尺码比正常的码号要小，请各位买家购买时尽量选择比平时衣服大一号。"所以在最后计分时除法抵消了负号对总分的影响，相符度得分仍然较高。商家 B 的所有产品属性得分都较高，除了颜色的分值低。因此，商家 B 需要更新拍摄设备或者将照片处理后再上传，使颜色尽量与商品实物相符。商家 C 最注重包装和商标这些商品外在的东西，而买家均反映版型很好，但是质量、含羊毛量以及里衬一般，里衬和是否正品的评判分值为负，说明买家对它是否是正品表示怀疑，因此该店的相符度得分最低。

将本章的结果与淘宝原有的系统比较发现：

①淘宝系统中的"商品与描述相符"得分是根据各买家对店铺的打分，计算出的平均值，这个分值的评判过于简单。而本章是对文本进行定量化的处理，将买家和卖家的属性特征词极性分值进行比较，得出的相符度分值，并且通过图片展示了在哪些产品属性上与卖家描述一致，该分值更具有准确性和科学性。

②"大家印象"是最近淘宝新增加的语义评论内容，但这部分没有对评论的有效性进行分析，只是提取了评论中的高频词作为"大家印象"。如下图 7-19 所示，"大家印象"中的高频词如"衣服不错""衣服很舒服""颜色很正""版型漂亮"等仅仅考虑了在线评论文本的本身，并没有考虑"买家信誉等级""评论长度""评论投票数""评论时间"这些指标的权重，而实际上，这些指标在对在线评论的有效性上是有影响的。本章提炼的产品属性词都考虑了这些指标的权重，比淘宝系统更加符合事实，也更具有说服力。

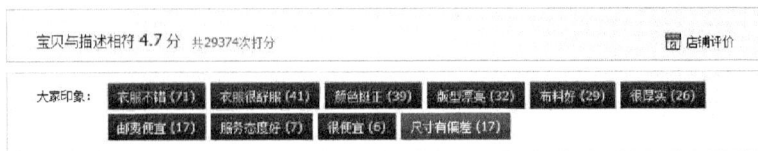

图 7-19　淘宝评价系统中的"大家印象"

本章给出的属性特征词以及极性得分考虑了影响评论有效性的四个指

标，降低了一些经验不足的买家或者没有认真写评论的买家对平均分值的影响，同时也降低了时间久远的评论对目前产品的影响，更好地向消费者传递了商品的真实信息。还有淘宝给出的"大家印象"中关键词评判过于模糊，也容易产生歧义。比如上图中的"尺寸有偏差"这一项，使人不清楚到底是卖家没有说明衣服尺寸有偏差，还是卖家已经说了且买家也确实认为尺寸不符。这两个对"商品与描述相符"得分的影响是截然相反的。如果卖家没有说清楚，则相符度分值应该减少，如果卖家说清楚了，则相符度分值应该增加。由于淘宝原始系统的"大家印象"没有考虑到卖家的商品描述信息，因此会让一些卖家蒙受委屈，而本章考虑到了这点，将买家评论与卖家描述对比起来研究就会避免上述的误区。

③对于在线评论的研究，有学者指出在探讨在线评论的不一致性之前，首先要了解的是认知理论，因为消费者对在线评论的判断是否一致，是建立在认识理论的基础之上的。有学者指出评论不应该只关注产品的缺点，应该将优点和缺点这两个方面都加以考虑，并且将低等级的评论（low ranking），也就是人们常说的中差评，归结为与卖家认知不一致，那么，这也印证了本章的观点，买家认知与卖家认知不一致，从而导致买家文本评论与卖家描述不一致。

④商品信息不被买家知晓。购物的主体是商品，商品本身存在一些基本的信息，如衣服的颜色、形状等这些显而易见的特征，这是买卖双方都已掌握的信息。除此之外，还有一些隐秘的信息，这种信息往往只有商家自己知道，即私人信息，例如衣服的材质、衣服是否会缩水和掉色，衣服的面料手感等这些商品的内在的属性，仅仅通过网络，买家无从知晓。因此现实的需求也验证了本章的必要性，经过模型计算后的结果能够更细节、准确地反映出商品在哪些属性上相符，以及多大程度上相符，进而更有效地辅助消费者决策。

第六节　文本型评论与卖家描述不一致影响因素研究

上一章已经验证了买家信息和卖家信息有时候是不一致的，那么本章将探讨这两者之间不一致的影响因素。卖家的商品描述信息与买家的商品评价信息如果不一致，以商品真实的情况为参照物，要么就是卖家没有真实描述，要么就是买家没有真实评价。

本章将卖家没有真实描述归属于不正当竞争的范畴，将买家没有真实评价归属于不公正评价的范畴。因此，本章探寻C2C买家描述与卖家评论不一致现象的影响因素可以从下面两个角度进行分析：

（1）不正当竞争角度（unfair competition，UC）

不正当竞争，属于违背公平竞争、诚信经营的原则，打破了正常的经营秩序行为。根据《反不正当竞争法》第二条规定，可以将电子商务中的不正当竞争定义为：参与电子商务活动的经营者，违背诚实信用，公平竞争等的原则，采用各种违法手段，扰乱正常经济秩序，损害其他经营者合法权益的行为。由于竞争变得日益尖锐，利益的驱动，使一些电子商务主体不惜违反诚实信用和公认的商业道德准则，采取非正当手段从事经营活动，不正当竞争行为出现。齐红卫指出造谣诽谤、捏造散布虚假事实、虚假广告、混淆网站信息、侵犯商业秘密、域名纠纷等行为是电子商务不正当竞争的主要表现形式。同时，经营主体的虚拟性以及技术性隐蔽性强，给电子商务不正当竞争的监管带来难度。

（2）不公正评价角度（unfair rating，UR）

不公正评价是指卖家如实、客观地提供了高质量的商品或者服务，而买家却没有给出公正的评价。在现实生活中，这种情况也时有发生，比如，买家有时会因为卖家服务态度、快递员服务态度、物流速度，收到货后发现卖家降价，或者发现其他店铺有卖更低价的同类商品等这些"非产品因素"而影响买家评价时的心情，从而导致买家给出不公平的评价。还有一种情况是"恶意差评师"的作为，即一些商家会雇佣"恶意差评师"故意购买竞争对手的产品，然后让其给出不符合事实的差评，来诋毁和打击竞争对手。不公正评价除了在业界已不是新鲜事以外，在学界也引起了一些学者的关注。有部分学者指出了针对恶意评价的检测和过滤方法，通过"聚类过滤"和买卖双方匿名的方法来降低恶意评价的概率。还有学者针对如何激励买家提供公正的评价，提出了自己的观点。

1.文本型评论与卖家描述不一致性影响指标构建

（1）感知价值

感知价值（perceived value PV）是消费者对于其所购买的产品或服务，具有主观的认知，对产品或服务进行价值判断。在有关消费者感知价值与购后行为的关系研究中指出，消费者感知价值与期望，与消费者满意度以及消费者心理都有着密切联系，这些联系直接影响着消费者的购后行为。在本章研究卖家描述与买家评论是否一致的情境下，消费者的感知价值与消费者的心理需求是否得到满足有关。分析卖家描述可知，卖家描述中会涉及商品性价比、质量、功能、独特性、发货速度和时间等内容，以满足网购消费者的求廉心理、求奇心理、追求便捷心理等。因为，网上商城与传统商城中同等商品的价格差异是刺激消费者网上购物的重要因素。有专家统计分析得出，网购消费者参照传统商城的价格，认为网上商城的商品价格应该比传统商场便宜20%左右，这样才能刺激他们在网上商城购物，满足消费者求廉心理的诉求。并且，除了追求便宜以外，消费者也希望通过网购买到新颖的东西或者新潮的服装，这些需求也包含在消费者的价值感知中。同时，随着生活节奏的加快，以购物方便、节约时间为目标的网购者也越来越多，因此及时发货和快速物流也是消费者选择网购的主要原因。如果卖家没有做到描述中的承诺，消费者感受到自己付出的金钱得不到商品或服务的价值，那么就会产生负面情绪，进而使卖家遭受负面评价，形成买家评价与卖家描述不一致的现象。基于此，提出假设H1。

H1：感知价值对买家进行不一致评论有着负向影响。

（2）感知信任

感知信任（perceived trust PT）长久以来被视为买卖双方交易中的一种积极要素。根据 Ba 和 Pavlou 的研究，信任被定义为买家相信与卖家的交易会符合其自信的预期。信任可以分为下面两个维度：善心（善意的信任）和信誉（能力和可靠性）。在研究市场类文献中，善心被视为卖家会表现公平，不会利用买家，哪怕是在不利条件下也能如此。信誉是消费者选择商家或者合作伙伴的"外部标识"，可以增加消费者对商家或者合作伙伴的认可和信任，有效地减少对卖方信息搜寻的费用和时间成本。买家相信卖家是有能力且可靠的，将执行有效率的交易。

因此在信任的基础上，消费者在购物时可以有效地降低认知风险、减少不确定性。相反，如果卖家描述没有给予消费者以信任，或者购物之前让消费者产生了信任，而购物之后消费者发现上当受骗，那么消费者会进行申诉或维权等购后行为。如果买家进行了真实的评价，那么与之前卖家的描述就不会相符合，则就造成了买家评论与卖家描述的不一致现象。基于此，提出本章的假设 H2。

H2：感知信任对买家进行不一致评论有着负向影响。

（3）感知风险

感知风险（perceived Risk P.R）最初是由哈佛大学的 Bauer 从心理学延伸出来的。他认为消费者任何的购买行为，都可能无法确知其预期的结果是否正确，而某些结果可能令消费者不愉快。所以消费者购买决策中隐含着对结果的不确定性，而这种不确定性就是风险。

消费者为了控制由于购买决策而产生的必不可少的风险，而做出购买决策时总是试图利用某些"风险控制方法"或者"风险减少策略"从而增加自己的决策信息。因此卖家会通过描述来降低消费者购买的产品质量风险、服务风险和价格风险，以强化对消费者购买决定的影响。相反，如果卖家没有诚信经营，卖家承诺的也没有兑现，会使得消费者感知风险增加，那么消费者在在线评论中将反应这一情况，会使得在线评论与卖家的描述不一致。因此提出本章的假设 H3。

H3：感知风险对买家进行不一致评论有着正向影响。

（4）恶意攻击

恶意攻击（hostile attack HA）也是购后行为的一种，这种情绪的产生与消费者对产品是否满意有关。网络消费者被恶意攻击的例子有不少，比如淘宝商城的韩都衣舍旗舰店就遭受到持续恶意攻击而暂停营业。攻击者会不断地变换手段向电脑用户发动恶意攻击，这些方法更具有隐蔽性，所以防范难度越来越大。在电子商务交易中的恶意攻击主要有：如果消费者是卖家的竞争对手，就会进行恶意差评，无中生有，诋毁卖家的商品和服务，发表与实际情况不相符合的评论。前人的研究也指出当消费者的损失较为严重时，很可能会基于惩罚对方的目的给予报复和攻击。因此这种恶意攻击行为也是买家没有公正评价的一种，影响着买家评论与卖家描述的一致性。基于此，提出本章的假设H4。

H4：恶意攻击对买家进行不一致评论有着正向影响。

（5）失落心理

失落心理（Lost mental LM）指的是没有达到预期的期望，而产生的一种沮丧、灰心的心理，是一种消极的悲观心理，常常伴随着失望、苦闷、彷徨、委屈、茫然、压抑、悲观等情绪。在电子市场交易中，失落是不满意购物的一种普遍现象，是人们对所购买的东西不满意，没有达到自己的预期效果，而产生的一种消极心理。失落心理除了使人产生负面情绪以外，还对消费者的购后行为产生影响。比如给卖家中差评，找卖家退换货等。阮慧婷指出，在电子商务中买家有时会因为卖家服务、快递员服务、物流速度或者收到货后发现卖家降价，或者发现其他店铺有卖更低价的同类商品等这些"非产品因素"而影响评价时的心情，从而导致给出不公正的评价。

因此，如果买家有失落心理，那么会在评论中表现出来，这种不满意就会反映在在线评论上，进而影响买家评价与卖家描述的一致性。基于此，提出本章的假设H5。

H5：失落心理对买家进行不一致评论有着正向影响。

（6）经济回报

经济回报（Economic returns ER）是刺激人们参与一种行动的外在动力。在社会交换理论中，经济回报是社会交换中"外在性报酬"的一种，即在社会交往关系之外取得的报酬。比如有些店铺会给发表好评的买家返现、赠送折扣券、赠送商品、秒杀团购邀请等。有学者指出经济回报是消费者在移动互联网环境下发表评论的影响因素。

通过调研我们发现许多商家都会设置"好评返现"的奖励，或者在邮寄商品的包裹中放入"好评截图返现"的字条，这就导致一些买家为了返利而给出违背自己意愿的评价，甚至过度夸奖卖家的商品。而当卖家进行的是公正描述时，就会使得买家评论与卖家描述不一致。还有一种情况就是职业差评师为了自身的利益，受雇于人，要么以差评勒索卖家，要么给卖家差评从受雇人那里得到佣金，这也是导致买家评论与卖家描述不一致的原因。因此，本章认为经济回报是不一致性评论产生的影响因素。并提出本章的假H6。

H6：经济回报对买家进行不一致评论有着正向影响。

（7）漏报偏差

买家购买到评论的整个过程中会出现自我选择偏差，购买偏差和漏报偏差都会使评分平均值成为产品质量的偏差估计量。在网络购物行为中，感到特别满意或者特别不满的消费者更可能留下他们的评论，相应地，那些持中立观点的消费者进行评论的可能性会小一些，这被称之为漏报偏差。实际上要想公正的评判还是要鼓励那些对产品感觉一般的人来写评论，而实际上这些人大多都选择了让系统自动默认为好评。以至于网页上留下来的评论要么是特别满意的，要么是特别不满意的，这样就造成了漏报偏差。

在对消费者评论动机的研究中，有时候买家的评论并没有提及产品的质量、属性等要素，而是描述了与产品、商家无关的信息。例如，一条有关衣服的评论为"前几天出差，才收到衣服，不好意思评价晚了"，这种评论也是漏报偏差的一种。还有学者指出漏报偏差产生的原因可能是以下两种：一是买家有能力进行公正、全面的评价，但却没有去这么做；二是买家想要公正评价，但是缺乏与产品相关的知识，没有能力评价。故提出本章的假设H7。

H7：漏报偏差对买家进行不一致评论有着正向影响。

综上所述，提出下面的模型，具体如图7-20所示：

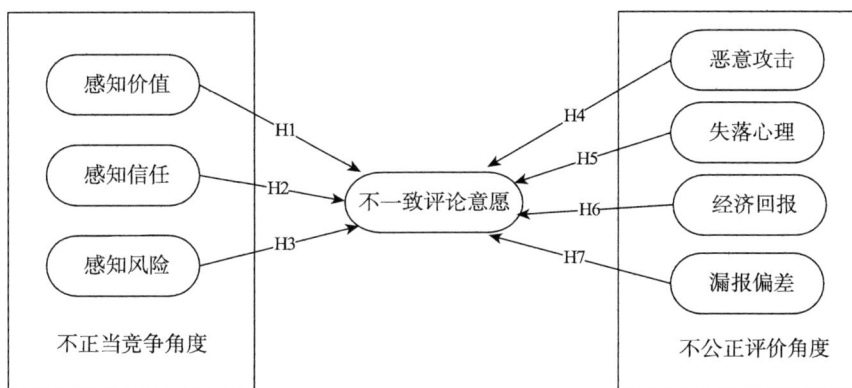

图7-20　文本评论与卖家描述的不一致模型

2. 文本型评论与卖家描述与不一致影响因素问卷调查

（1）变量设计与测度

共有8个变量，每一个变量均采用多指标进行测度。

本章指标的提取都是在前人研究的基础上进行的，参考已有的文献，形成初始量表。并且选择50个买家填写问卷进行预调查，并且修正问卷，形成最终的问卷。研究的每一个变量设置3—4个测量项来对变量进行测度。如表7-11所示：

表7-11　变量的测量项

变量	测量项	指标内容
失落心理	LM1	商品没有想象中的好,我感到失望
	LM2	我发现更便宜的了,我立马觉得我买的不值,不好
	LM3	商品与想象的落差太大,令我不满意
	LM4	商品令我不满意,我觉得失望

变量	测量项	指标内容
漏报偏差	OD1	我很难对产品质量进行估量
	OD2	我不确定商品是否物有所值
	OD3	在我非常不满意的情况下会影响我对产品的客观判断
	OD4	如何正确判断商品的价值,我缺乏相关知识
经济回报	ER1	卖家给我奖励,我会夸奖卖家的商品
	ER2	卖家给我折扣,以激励我对商品做出评价
	ER3	卖家给我高级会员级别,以激励我对商品做出评价
	ER4	卖家给我现金返利,我会美化卖家的产品
恶意攻击	HA1	我会对网购商家发表恶意的言论
	HA2	商家态度不好,我会以牙还牙
	HA3	售后没有得到处理,我会报复卖家
	HA4	商品太令我失望,我会攻击卖家
感知风险	PR1	我觉得网购不会面临较高的风险
	PR2	我觉得网购不会给我带来损失
	PR3	我觉得网购不会让我花冤枉钱
感知价值	PV1	我觉得网购的东西很便宜
	PV2	我觉得网购的东西质量很好
	PV3	我觉得网购的东西很特别,实体店不轻易能买得到
	PV4	总之,我觉得网购的东西性价比很高
感知信任	PT1	我觉得网购很可靠
	PT2	我觉得网购值得信赖
	PT3	我觉得网购的商家有能力兑现自己的承诺
	PT4	我觉得网购的商家诚实无欺
评论意愿	CI1	我会在评论中指出卖家说得不属实的地方
	CI2	如果卖家没有履行描述中的承诺,我会在评论中指出,从而让商家受到批评
	CI3	我愿意对商品和购物经历发表个人看法,尽管与卖家描述得不符
	CI4	总之,我会发表与卖家描述不一致的评论

本章采用Likert5级量表进行测量,1分表示"非常不同意",2分表示"基本不同意",3分表示"不能确定",4分表示"基本同意",5分表示"非

常同意"。

（2）数据收集及样本特征

本章采用定量分析，通过问卷调查收集数据。问卷分为两个部分，第一部分用于收集调查者的基本信息，包括性别、年龄、学历以及网购频率。第二部分包括测量题项的问题，问卷中测量变量一共有31个问题。

本章通过问卷星发放网络问卷，问卷的受访人员是具有1年及以上网购经验的买家，这些受访人员中有在校大学生、信息管理学院的博士生以及导师。还有通过旺旺聊天工具发放问卷，在淘宝中征集志愿者进行填写，志愿者的要求是淘宝账号的信誉等级在五颗星及以上的买家，这些问卷的受访者是淘宝中网购经验相对丰富的买家。因为淘宝的信誉制度规定每成功进行一次的评价就可以得到1分，选择五颗星及以上就是得分在250分以上的买家，也就是说最少要有250次的交易经验（并不是每次成功的交易都计分，相同商品不同颜色或者类型只计分1次，且只有卖家给买家好评才计分）。在问卷星上发放问卷300份，在旺旺上发放问卷200份，共发放500份，问卷的回收工作约2个月，共收到问卷367份，去除空缺答案和所有选项单一答案等无效的问卷，共得到有效问卷343份。

样本分布如下：样本特征是年龄在20岁之前的占6.8%，20—30岁之间的占42.7%，30—40岁之间的占39.6%，40岁以上的占10.9%，其中男性占45.6%，女性占55.4%，平均在网络中的购物年限为3—5年。

3. 文本型评论与卖家描述的不一致影响因素实证分析

（1）样本信度与效度检验

本章利用AMOS20统计分析软件进行数据处理。用Cronbach's α系数衡量内部一致性，检验问卷题目间的一致性、稳定性。下表7-12反映了各因子的Cronbach's α系数均在有效值0.7以内，各因子具有很高的信度，而且表7-13也反映了各因素间的相关系数，位于对角线上的AVE平方根均大于0.707，且所有因素间的相关系数均小于对角线上的元素，模型的聚合效度和判别效度都在有效值内。因此，本章模型的效度是令人满意的。

表7-12　各指标的信度分析

因子	测度项	Cronbach's Alpha 值
感知价值(PV)	4	0.890
感知信任(PT)	4	0.781
感知风险(PR)	3	0.869
失落心理(LM)	4	0.777
经济回报(ER)	4	0.863
恶意攻击(HA)	4	0.784
漏报偏差(OD)	4	0.915
评论意愿(CI)	4	0.884

表7-13　AVE值及各指标相关系数

	PV	PT	PR	LM	ER	HA	OD	CI
PV	0.804							
PT	0.502	0.745						
PR	0.695	0.587	0.865					
LM	0.362	0.464	0.582	0.874				
ER	0.371	0.325	0.287	0.416	0.797			
HA	0.503	0.426	0.579	0.485	0.307	0.751		
OD	0.372	0.553	0.426	0.328	0.198	0.482	0.811	
CI	0.264	0.363	0.159	0.253	0.322	0.141	0.113	0.758

（2）模型与假设检验

本章采用基于偏最小二乘分析（PLS）及结构方程模型对研究假设进行分析。结果如图7-21所示。

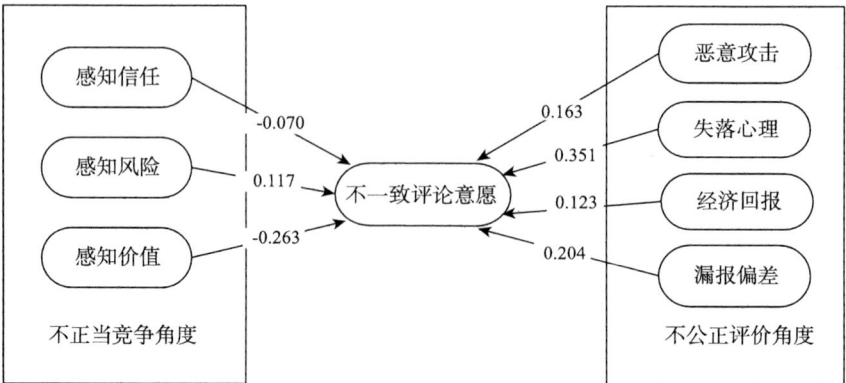

图7-21　文本型评论与卖家描述不一致模型结果

在卖家方面，感知信任对买家进行不一致评论的回归系数为 -0.070，且在 0.01 的水平下显著；感知风险对买家不一致评论的回归系数是 0.117，且在 0.001 水平下显著。感知价值对买家不一致评论的回归系数是 -0.263，且在 0.01 水平下显著，这说明回归模型也有显著意义的。同样在买家方面，恶意攻击、失落心理、经济回报、漏报偏差对买家不一致评论的回归系数分别为 0.163、0.351、0.123、0.204，且都在 0.01 的水平下显著。由此得到本章所提出的所有假设 H1 至 H7 都通过了检验。

7 个影响因素与买家不一致评论都有着显著的相关关系。先前的研究已经证实失落心理、发泄情绪、报复和攻击是负面评论的动机，卖家没有诚信经营是购后报复和抱怨行为的主要原因。7 个影响因素对不一致评论的回归系数不同，从而影响的程度也不同。从回归分析结果可知，在感知信任、感知风险、感知价值、失落心理、漏报偏差、经济回报、恶意攻击这些影响因素中，失落心理对不一致评论的影响最大。这是因为卖家描述与买家评论的不一致，大多数情况下卖家描述的产品质量、性能等过好，而买家并没有觉得商品像卖家说得那样好，甚至觉得不值和吃亏，因而产生了负面评论，指出商品了不足，反驳卖家的描述。如果此时卖家承诺的 7 天无理由退换、保修包退等服务也没有兑现的话，那么会更加激起消费者的负面情绪，进而产生恶意攻击、惩罚报复卖家的行为。

4. 卖家访谈验证

本章从淘宝中征集淘宝卖家进行访谈，从卖家的角度询问卖家描述为何与买家评论不一致。与上一节的结构方程模型的结果进行比较分析，以保障研究的完备性和全面性。受访卖家会回答下面几个问题：

你经营网店多长时间了？

你的网店主要经营什么产品？

你经营网店效益如何？

你的信誉得分如何？

你的销量处于什么样的水平？

你在商品描述时都喜欢提及哪些内容？

你为什么要描述这些内容？

你描述的这些内容对销售有什么帮助？

你在商品描述时会承诺哪些内容？

你为什么要承诺这些内容？

你承诺的这些内容都能做到吗？

通过对20位志愿者卖家的访谈，本章将访谈结果进行总结，得到卖家进行商品描述的目的如下：

（1）使消费者觉得物有所值

当买家进入到商品页面时，会通过卖家对商品的描述来了解商品信息，进而考虑商品的属性、功能等是否符合自己的要求，再决定要不要购买。卖家通过商品描述尽可能多地介绍商品的优点、功能，发货及物流速度，利用PHPTOSHOP等图片处理软件对照片进行美化，以及介绍促销活动的力度，以迎合消费者求廉、求奇、求便捷的心理，使得消费者觉得自己购物划算、品味独特等等，提高消费者对商品的感知价值。

（2）减少消费者疑虑，增加信任

卖家在描述中常常承诺消费者保障服务，比如7天无理由退换、损失赔付、破损补发，运费保险等项目，使消费者产生安全感，觉得在此购物安全可靠。因此，卖家的描述信息除了提高商品的感知价值以外，还有一个重要的作用就是减少消费者购买的疑虑和风险，增加消费者信任，以获得消费者的购买行为。

（3）提高商品转化率，增加利润

从商品被点击到商品被购买就是一个转化的过程，通常将商品的购买数与点击数的比例，作为商品的转化率。对于卖家而言，可以通过以上方法提高商品的转化率。商品的转化率越高，说明商品越吸引消费者。假设有100个人点击查看商品页面，有1个人买，那么转化率就是1%。一般而言，女装的转化率在1%左右，男装的转化率为2%，转化率因消费者的性别、年龄、商品等的不同而不同，但同样的商品，商品转化率主要取决于商品的描述信息、商品的销量和商品评论。因此，卖家做好商品描述有利于其提高商品转化率，增加销量，获取利润。

因此图7-21中的影响不一致评论的七个因素与我们之前问卷访谈的几个题项也非常吻合。比如迎合消费者的求奇心理（消费者希望在网络中买到新、奇、特的商品），迎合消费者的求廉心理（消费者希望买到比实体商店便宜的商品）。这些都验证了之前的问卷结果，本章中的所有假设再一次得到支撑。

5.结果及讨论

本章中7个假设全部得到支持，揭示了影响买家进行不一致评论的相关因素，并通过分析卖家不正当竞争时，买家进行不一致评价的影响因素，以及买家不公正评价时，买家进行不一致评价的影响因素，对模型的假设进行了验证。感知风险、失落心理、恶意攻击、经济回报、漏报偏差对买家发表与卖家描述不一致的评论起到了正向的影响作用；感知价值、感知信任对买家发表于卖家描述不一致的评论起到了负向的影响作用。

其中，失落心理的正向影响作用最大。因此卖家如果想要买家发表和自己描述一样的评论，除了要兑现自己的承诺、满足消费者心理、降低消费者购物的风险外，还要保证商品质量、形状大小、颜色等令消费者满意，不让消费者失望，以免消费者产生失落心理。但消费者则认为不一致评论是提醒其他消费者一个很好的方法，可以为其他消费者提供参考信息。同时，好评下有负面的评论内容，是一种发泄愤怒的好方式，损坏企业的名声，让他们因为服务不周全或者不履行承诺而受到批评。

消费者自身的消费经历和体验，导致了最初口碑的诞生，如果消费者对产品的认识不足，知识和体验不够，那么将导致评论有偏差。Chen &Xie对网络口碑研究指出，让消费者的评论中包含更多的商品属性，可以更好地帮助卖家根据消费者的评价调整自己的营销传播策略。

因此，商家应主动引导消费者提供商品信息，引导消费者正确的产品知识观念。在销售没有配备使用说明的商品时，比如服装、配饰等，商家可以提前准备服装和配饰的穿戴方法、潮流搭配、洗涤及晾晒说明等，打印成小册子，随商品一同寄出，不仅让顾客感觉到商家的专业和商品的高档，也让顾客了解更多的商品信息，有助于他们进行在线评论。

通过以上的分析，提出买家和卖家在实践中的启示和建议：

①评论者也许会很愿意吐露真相，但是他们没有能力去判断产品。例如，一条评论是"衣服竟然缩水了，本来就不大，缩水后穿不上了，这质量不满意"，对比卖家的解释为"亲，全棉的衣物就是会缩水的哦，这是无法避免的，由布料的成分决定的，不属于质量问题的。而且在商品描述中也已经写了，全棉的衣服会缩水，建议买大一码呢"。诸如此类，该评论的消费者没有对产品进行公正评价。还有一种情况是消费者有能力判断商品，但是由于情感、情绪等原因，没有给出真实的评价，也会造成过激评价或者不公正评价。

②卖家的描述会主观的偏向自己有利的一方，会对商品的优点通过商品描述进行放大，对商品的缺点则进行缩小和掩盖，商品质量的参差不齐致使买方很容易购买不合意的商品。因此建议卖家如实、客观地描述商品的优点和缺点，让消费者自己去权衡感知价格和感知成本。只有客观的描述，才不会让消费者有过多的幻想，进而避免消费者因期望过大，失望也过大而造成不一致评论的后果。

③卖家承诺的服务要兑现，例如，7天无理由退换货、24小时内闪电发货、商品如实描述、破损赔偿等。如果消费者申请退款或者申请售后，要给予及时的处理，保障消费者的权益。否则，就会受到买家的指责和抱怨，产生对自己不利的评论，进而影响自身的信誉和产品的销量。

④在买家没有掌握商品使用方法、没有了解商品性能之前，切勿盲目评价。再者，买家不可感情用事，要客观评价。买家评价往往带有主观的色彩，会导致过高评价或过低评价，因此买家进行评价时要避免感情因素的影响，不要随意发泄情绪或为了报复卖家而过低评价。同时，也不要为了得到

卖家的奖励，为了获得经济利益，而过高评价。这两种评价都会使得评论信息失真，不利于真实信息的传播。只有通过卖家和买家的共同努力，才能为网站或者其他消费者提供更多有价值的商品评论信息。

第七节　文本型评论与数值型评论不一致性研究

1.不一致研究命题

本章主要研究文本型评论与数值型评论不一致的现象。这种不一致的评论会给其他买家的购买决策造成困扰，过高的好评率往往使买家信以为真，从而很难对商品辨认优劣。因此，需要一种方法对买家评论进行处理，判断数值型评论与文本型评论是否一致，还原评论的真相，有着非常重要的意义。

本章提出了文本型评论与数值型评论不一致的几个命题，具体如下所示：

①假设店家 A 的某个商品有 m 条有效的评论，其中第 i（$0<i<m$）条评论的情感词有 y（$0<y<=n$）个，它们的权重分别为：w_1，w_2，w_3，……w_y。情感得分分别为 x_1，x_2，x_3，……x_y，则第 i 条评论的情感分值 E_i 为：$E_i=w_1×x_1+w_2×x_2+w_3×x_3+……+w_y×x_y$。

②本章规定 E_i 在 1—0.667 之间为好评，在 0.666—0.334 之间为中评，在 0.333—0 之间为差评。因此文本型评论结果数字化后，到底是好评还是中差评，可以根据上面的阈值范围进行判断。好评就为+1分，中评就为0分，差评就为-1分。根据每条评论的得分，逐条判断评论是好评还是中差评。令文字型评论的评论结果得分为 pw，评分值规范表部分程序如下：

表7-14　评分值规范

if 0.667<Ei<1	then Pw=+1
if 0.334<Ei<0.666	then Pw=0
if 0<Ei <0.333	then Pw=+1

③令数字型评论的情感为p_s，通过比较p_w和p_s是否相同，可以判断数字型评论与文本型评论是否一致。本章规定在 m 条评论中，文本型评论与数字型评论一致的个数有 p 个（$0<p<m$），p 的计数方式如下：开始令 p 等于 0，如果文本型评论p_w和数值型评论p_s的值相同，那么对 p 进行赋值，令 p 加 1，p 等于 p 加 1。如果不相同，则 p 保持不变，p 等于 p 本身。具体代码如下所示：

表 7-15　评论个数赋值

Start:	p=0,
If $P_w=P_s$	p=p+1,
else	p=p.

④本章将文本型评论与数值型评论一致的评论数占总评论数的比值称之为一致性比率，下文简称一致率。设数值型评论与文本型评论的一致性比率为 a（accordance 首字母）。通过上述可以计算出数值型评论与文本型评论的一致性比率为$a=p/m$。

2.不一致模型设计

本章的模型分为两个阶段，一个是将文本型评论定量化的阶段，另一个是量化后的文本型评论与数值型评论比较的阶段。

步骤一：首先，从淘宝网站中提取买家的文本型评论作为语料库，根据中国科学院计算技术研究所的 ICTCLAS 分词系统[①]将文本进行分词，提取出名词或者名词性的短语，经过人工筛选后确定产品属性词。再根据 hownet 的情感词表，判断每个属性的极性得分，进而判断单个评论的最终极性分值。再根据事先预设的阈值进行比较，判断其文本型评论的结果是好还是中差。

步骤二：通过上一步骤对文本型评论进行量化，可以计算出文本型评论的最终极性得分，将这个极性得分的量化结果与原有的数值型的评价结果进行比较，如果结果一致，比如都是好评或者中评或者差评，则进行计分，如果不一致，不计分。最后计算出一致的比率。具体流程如图 7-22 所示：

---

① 中国科学院计算技术研究所:ICTCLAS 分词系统[J].(ICTCLAS segmentation system[J].)

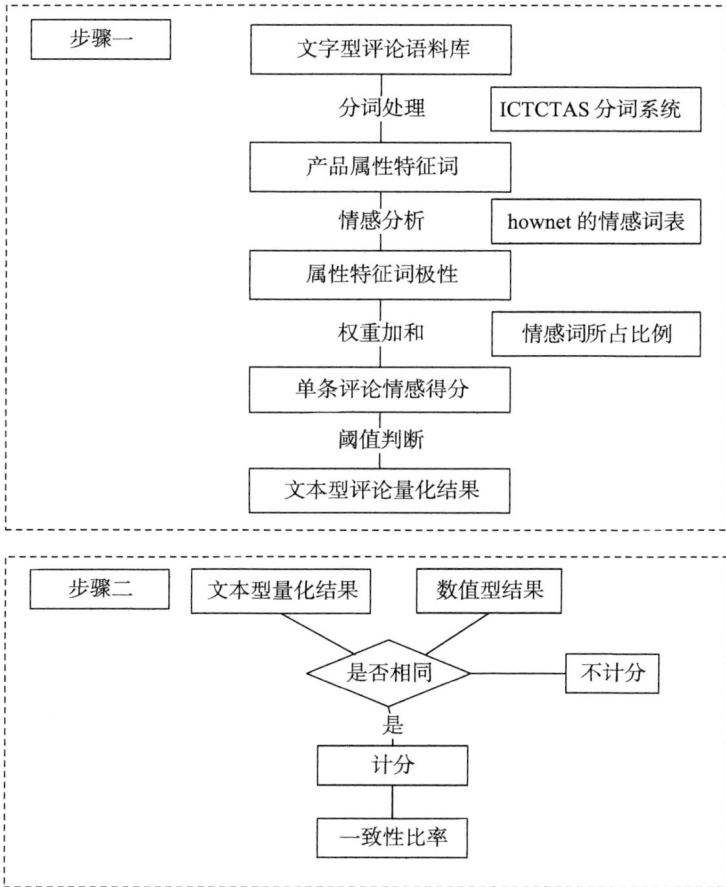

图 7-22　文本型评论与数值型评论一致性模型流程

3.提取评论文本特征词及极性判断

本章以淘宝数据为例进行实验。因为淘宝网是目前国内最大的C2C电子商务网站，具有一定的代表性，并且淘宝中的评论必须是用户真实购买以后才可以进行评价，淘宝有着很好的用户认可度，较为完善的评价体系以及大量真实的在线评论。

从淘宝网中选取销量较好的一款连衣裙（淘宝网俗称爆款）来获取评论语料库。一共选择三个好评率相近的卖家，好评率分别为98.84%、98.87%、98.92%，动态得分都是4.6分以上。本章规定字数大于等于两个汉字的评论才算是有效评论，因此本章对系统设置一个阈值让系统自动判断，如果评论字数大于等于两个汉字（即四个字节）则进行提取，否则视为无效评论，跳转到下一条评论进行判断。最终得到这三家店铺同一款连衣裙的评论个数分别为 A 店 1008 条，B 店 1056 条，C 店 1231 条。

本章采用中国科学院计算技术研究所的 ICTCLAS 分词系统进行分词和词性标注，标注后的格式如表 7-16 所示。

表7-16　买家评论文本分词

评论1	面料/n 摸/v 起来/vf 很/d 舒服/a ,/wd 垂/v 感/vg 很/d 好/a ,/wd 不/d 厚/a ,/wd 薄薄的/z ,/wd 很/d 适合/v 夏天/t 穿/v ,/wd 性/ng 价/n 比/p 很/d 高/a
评论2	没有/v 色差/n ,/wd 颜色/n 跟/p 图片/n 一样/uyy 的/ude1 ,/wd 质量/n 也/d 很/d 好/a ,/wd 大小/n 长度/n 刚好/d ,/wd 我/rr 158/m 穿/v M/x 码/v 很/d 好/a 看/v
评论3	物流/n 很快/d ,/wd 质量/n 也/d 挺/d 好/a 的/ude1 ,/wd 裙子/n 很/d 漂亮/a ,/wd 也/d 很/d 仙/ng ,/wd 同事/n 都/d 说/v 好看/a ,/wd 穿/v 起来/vf 也/d 显/v 瘦/a ,/wd 非常/d 满意/v

说明："/"后的字母为对应的词语的词性标注。

本章采用词频来判断产品属性词的权重。考虑产品属性词在整个语料库中出现的频率，按照它们频率的大小赋予相应的权重。词频越高的产品属性词所在的权重越大。分别构建产品属性词库，属性词对应的权重分别如表 7-17 所示：

表7-17　产品属性词

A店	质量、颜色、价格、做工、厚度、发货、服务、剪裁、尺寸、物流
权重	0.14　0.13　0.08　0.07　0.09　0.11　0.08　0.09　0.10　0.11
B店	质量、价格、颜色、长度、厚度、内衬、包装、尺寸、物流
权重	0.16　0.09　0.10　0.08　0.13　0.14　0.14　0.07　0.09
C店	质量、颜色、布料、价格、尺寸、包装、效果、物流、赠品
权重	0.14　0.10　0.07　0.16　0.08　0.09　0.11　0.11　0.14

买家评论中产品属性词极性计算需要经过三个步骤来进行，具体如下：

（1）产品属性词情感得分计算

本章主要参考 hownet 情感词典，该词典包含了 4566 个正向的中文情感词和 4370 个负向的中文情感词。情感词的得分范围是（-1~1），-1 表示非常不满意，1表示非常满意。如果中立，则情感得分为0分。判断完情感得分以后，再对它们进行归一化处理。例如，A店中的一条评论为："质量一般，价格有点贵，做工也不行，不值这个价。看在店家态度不错的基础上，算了，懒得退了，勉强好评。"产品属性词、情感得分以及归一化后的得分如表7-18所示：

表7-18　产品属性词和情感得分

产品属性词	质量	价格	做工	服务
情感得分	0	−0.50	−0.80	0.60
归一化后的得分	0.50	0.25	0.10	0.80

（2）单条文字型评论评价结果得分计算

根据表7-17（产品属性词表），词频计算出的"质量""价格""做工"和"服务"这四个产品属性词的权重分别为：0.14，0.08，0.07，0.08。则该条评论的最终情感得分为：

E_i=0.5*0.14+0.25*0.08+0.10*0.07+0.80*0.08=0.161<0.333。因此该条文本型评论的结果是差评，故 P_w=−1。而评论者给出的数值型评论的结果是好评，$P_w \neq P_s$。因此该条评论的文字型评价结果和数值型评价结果不一致，计算机赋值：P=P。

（3）整体文本型评论与数值型评论一致性计算

根据上一步骤，对每条评论逐条进行判断，如果文本型评论处理后的结果与数值型的评论一致，则计算机赋值：P=P+1，否则，P=P。最后，得出一致比率。

4.结果及讨论

经过上面步骤的计算，三个店铺的文字型评论的评价结果如表7-19所示，具体直观展示如图7-23和图7-24所示：

表7-19　最终评价结果

店铺	评价总数	一致的评价数	一致率	数值型好评率	文本型好评率
A店	1008	962	95.44%	98.84%	88.19%
B店	1056	970	91.86%	98.87%	87.69%
C店	1231	1106	89.85%	98.92%	79.69%

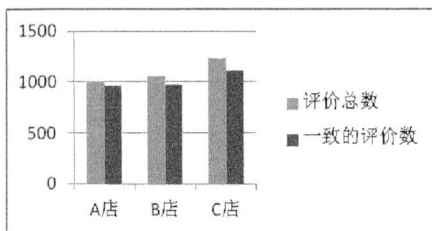

图7-23　文本型评论与数值型评论一致的结果

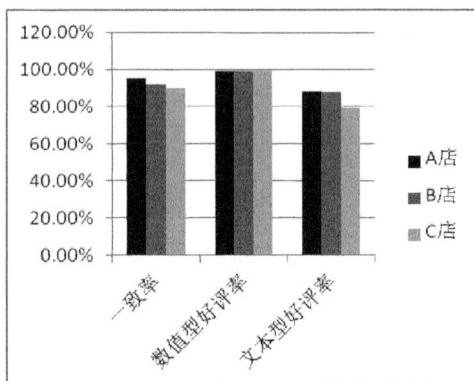

图7-24　文本型评论与数值型评价一致率结果

由上述结果进行如下讨论：

（1）C店的一致率度最低，B店次之，A店最高，但是它们都有不同程度的不符，而且有着相同的特点：即在数值型好评率相当的情况下，文本型好评率差异明显，且数值型的好评率都大于文本型的好评率。因此，消费者通过数值型的好评率来比较店家的优劣，会出现不准确的现象，并且目前淘宝在进行信誉评分统计时，只是按照数值型的好评率进行统计，这样会对潜在买家造成误导，因为一些好评是不真实的。

（2）好评比例过高。原因可能有以下几种：一是买家不敢给出中差评，怕招惹麻烦。二是卖家事后发现有中差评，常常会退部分货款，并要求买家把中差评修改成好评。三是卖家售后服务很好，不满意可以退换货，避免了一些中差评。四是淘宝炒作信誉很普遍，有些好评是卖家通过朋友或者专业信誉炒作者发表的，提高了好评的比率。

（3）文本型评论与数值型评论不一致的现象，有两种：一种是数值型评论得分低，文本型评论得分高；还有一种就是数值型评论得分高，文本型评论得分低。对于前一种的情况往往出现在新手买家中。新手买家认为中评就是中等的评价，不是特别满意，也没有不满意，并不清楚中评对一个卖家的负面影响。但是，通过他们文字型的评论可以看出，有些买家对商品还是基本满意的，只是没有太了解淘宝的信誉体系和评分规则。这种情况往往使得卖家蒙受冤屈，但只占有较小的比例。对于后一种情况的原因比较复杂，也可能是买家怕卖家骚扰，也可能是买家习惯好评，具体原因和影响因素将在下一章进行探讨。

（4）我国的研究者施国良和石桥峰[1]对不同购物网站同一商品评论是否一致进行了研究，发现不同购物网站对同一商品的评论并不完全一致。这种不一致主要体现在商品特征上面，说明了商品评论会因为购物网站的不同而出现差异，但是并没有对同一网站中的评论是否一致进行研究。本章是针对同一购物网站而进行讨论的，探讨了同一商品评论的不一致现象。两者的研究都说明，不管是同一网站还是不同的网站，对于同一商品的评论不一致的现象还是普遍存在的，这种不一致主要体现在商品特征上以及对商品的评分上。

（5）虽然美国的Schlosser[2]指出评论者提交的在线评分与在线评论文本之间可能存在不一致性，这种不一致性会影响评论的可信度和说服力，但是没有给出判断这种不一致性的方法。本章的研究验证了在线评分与在线评论

---

① 施国良,石桥峰.基于文本挖掘的不同购物网站商品评论一致性研究[J].现代图书情报技术,2011,27(8):64-68.

② SCHLOSSER A E. Can including pros and cons increase the helpfulness and persuasiveness of online reviews? The interactive effects of ratings and arguments[J]. Journal of Consumer Psychology, 2011, 21(3):226-239.

文本之间确实存在不一致性，并且构建的模型可以计算出不一致性的比率，拓展了学者Schlosser的研究范围。

第八节　文本型评论与数值型评论不一致性影响因素研究

有学者调查发现，不少消费者都有过不敢给卖家打差评的经历。这种差评指的是评价系统中"好""中""差"三个单选项的这种数值型好评。因为数值型好评会影响卖家的好评率和信誉等级。但有一些买家会在评价系统中点击"好"这个按钮，但却在评价描述文本中给出不满意的评语。这样既没有拉低卖家的好评率，也表达了自己的不满。因为买家的中差评而报道的事件也屡见不鲜，比如一些卖家为了报复买家，向买家的购买地址给买家寄出虫子、大便、寿衣等，还有的一直用陌生的电话对买家骚扰、威胁等。也正因为如此，越来越多的消费者在评论时都要"三思而后行"，造成了不少负面文本型评论都隐藏在好评的数值型评分中。因此，在线评论的矛盾性已经成为非常普遍的问题，背后也隐藏着许多心理学和行为学方面的动机，是非常值得研究的领域。

先前的研究大多数默认的是差评下面一定是负面的评语，好评下面一定的正面的评语，以此研究消费者为什么给出差评或者消费者发布好评的动机。再或者是什么因素影响了消费者发布评论等，并没有将文本型评论和数值型评论分开进行讨论。

本章通过一个整合模型的视角，从两个层面进行分析，第一层面是消费者为什么要发表在线评论，第二层面是消费者为什么要发表不一致的在线评论。消费者发表不一致的在线评论是因为受到其他一些因素的影响，以至于发表了不一致的评论。那么哪些因素是导致消费者发表不一致在线评论的原因呢？这将是我们第二个层面研究的问题。第一层面我们采用社会交换理论，在以往研究的基础上，通过经济回报、声誉和助人为乐三个因素来衡量消费者在线评论的动机；第二个层面是建立在归因理论的基础上，通过对冲突规避、习惯心理和从众效应三个因素的分析，探讨导致消费者发表不一致评论的原因。

社会交换理论是20世纪60年代兴起于美国，进而在全球范围内广泛传播的一种社会学理论。交换理论越来越明确地把社会结构看作是产物和交换品。交换理论强调参与者（包括个体的和团体的）之间的社会活动是一种交换关系，这种关系涉及价值项目（可以是物质的、信息的、符号的等）的交换，也就是说社会交换理论用来解释人们产生某种行为的原因是为了可以得到另一种奖励或者报酬。Frenzen J的研究表明，在信息市场中，人们进行信息传递是为了与他人交换知识或者说是共享信息，并试图用最小的成本换取最大的收益。还有学者指出消费者通过分享他们的经历以换取有价值的回报，这种回报可能是再次购物的优惠券或是在虚拟社区中地位的提升，因此消费者会被刺激而愿意进行评论。也有其他学者指出人们的行为活动主要受两种动机的支配，一种是外部动机，一种是内部动机。内部动机是由于自身的需求、乐趣等而愿意去做某事的动机；外部动机是由外力作用而引起的动机。消费者发表在线评论可以使自身感到乐趣是内在动机，可以得到虚拟社会和网民的赞同以及其他网购者的感激等是外部动机。因此本章从社会交换的角度提出三个构念："经济回报""声誉"和"助人为乐"来探究发表在线评论的影响因素。

消费者对口碑信息的处理常常被学者们用归因理论来进行解释。归因理论是人们对自己或他人的行为进行分析，推论出这些行为的原因的过程。它把一个人做一件事的原因归结为内在原因和外在原因两个方面，内部原因是做这件事情的根本动机，而外部原因是受到的外部干扰导致自己选择做这件事情的原因。根据归因理论，当信息的阅读者看到一条差评评分下的负面评论时，更容易倾向性地认为是评论者的内在原因，而当信息阅读者看到一条好评评分下的负面评论时，则更容易倾向性地认为是评论者的外部原因，比如受到了卖家的干扰等。归因理论为解释消费者的行为提供了一种心理基础。实际上发布好评评分下的负面评论，也有两方面的原因，一个是外部原因：比如买家受到卖家的干扰和威胁，或者利益诱惑而选择了给好评的行为；一个是内部原因：消费者知道卖家也不容易，体谅卖家，以和为贵，因得饶人处且饶人的心理而给出好评；再或者就是买家习惯性给好评，无论商品怎样都给好评。因此本章从归因理论的角度提出四个构念："冲突规避""从众效应""习惯心理"和"心理补偿"来探究发表在线评论的影响因素。

1. 概念模型与假设

本章在社会交换理论和归因理论的基础上提出了一个整合的模型，该模型用于分析用户发表不一致性评论的影响因素。将社会交换理论中的"经济回报、助人为乐和声誉"3个构念与归因理论中的"冲突规避、习惯心理、心理补偿和从众心理"4个构念结合起来，用结构方程模型来探究这7个构念对在线评论意愿的影响程度。

（1）经济回报

经济回报（Economic returns ER）是刺激人们参与一种行动的外在动力，在社会交换理论中，经济回报是社会交换中"外在性报酬"的一种，即在社会交往关系之外取得的报酬。比如有些店铺会给发表好评的买家返现、赠送折扣券、赠送商品、秒杀团购邀请等。尹敬刚等人将社会交换理论与 TAM 模型集合，提出了消费者在移动互联网环境下发表评论所受到的影响因素。他指出经济回报、乐于助人是消费者发表评论最重要的两个动机。显而易见的是，对于消费者发表不一致性评论而言，经济回报也同样是重要的因素。通过调研我们发现许多商家都会设置"好评返现"的奖励，这就导致一些买家为了返利而给出违背自己意愿的评价，即使本意是给中差评，最后也还是给了好评，顶多将不满意的地方在文本型评论中写出来。正因为如此，我们认为经济回报是不一致性评论产生的影响因素。基于此，提出本章的假设 H1。

H1：经济回报对不一致评论的意愿有着正向影响。

（2）助人为乐

在线评论信息会对其他消费者的购买决策起到一种参考和帮助的作用，因此评论者也会因为自己的评论给别人带来帮助而感受快乐，或者在发布评论的过程中感到到乐趣。Cheung 等人从社会心理学的角度，以 OpernRice.

com 的用户为实验对象，对消费者利用在线声誉系统进行商品评论的动机进行了分析，研究结果表明帮助他人而获得快感，对消费的在线评论意向有着举足轻重的作用，消费者会为别人带来帮助和益处而感到由衷的快乐。Yoo 等的研究表明消费者发表在线评论的内在动机（助人为乐）比外在动机（经济回报）更具有影响力。回归到不一致性在线评论的动机上，消费者发表不一致评论的原因也是助人为乐，发表评论的目的是为了让其他的潜在购买者看到，为了帮助其他购买者了解更多的商品信息，帮助他们快速决策以及少走弯路。因此，助人为乐是消费者发表不一致在线评论的重要影响因素，故提出本章的假设 H3。

H3：助人为乐对不一致评论意愿有着正向影响。

（3）声誉

声誉（reputation R）是指受到赞扬、认可和感谢，自身社会地位提高以及和自身价值的提升等。Henning-Thurau 等将传统口碑中的成熟理论引入到网络口碑的环境中，发现希望得到社会认可、提高自我价值这些口碑动机在在线评论中仍然适用。在 Cheung 的研究中将声誉和互惠看成是自我主义的两个测量项，和其他几个指标结合，测量这些指标对消费者发表在线口碑的意愿的影响。结果表明，声誉对口碑意愿的影响得到了支持。Cheung 在文章中指出声誉是一个非常重要的影响因素，一些消费者之所以非常愿意，并且有时候沉浸其中的一个原因是他们想成为消费者中的专家，希望自己的评论被更多的人接受和认可。因此提出本章的假设 H2。

H2：声誉对不一致评论意愿有着正向影响。

（4）冲突规避

早期的心理学家 Lewin 在二十世纪三四十年代就对冲突的类型展开过研究，指出人们针对冲突的不同类型会采用不同的策略。其中一种策略就是"冲突规避"。冲突规避理论指出，利用双赢的方法是解决冲突的重要方式。在实际的网购环境中，有些消费者收到货物以后不满意，想发表负面评论，但是担心卖家的骚扰，或讲究以和为贵，避免冲突，化解矛盾，有"大事化小，小事化了"的思想。因此，会采取这种双赢的方式来处理与卖家的冲突。在好评的情况下给出负面的文字评论，这种行为既没有让商家的信誉等级和店铺得分受到影响，同时也发泄了个人的情绪。这种方式可以认为是评论不一致性产生的重要原因。基于此，提出本章的假设H4。

H4：冲突规避对不一致评论的意愿有着正向影响。

（5）从众效应

从众效应（conformity C）是个人行为受到外界人际关系影响的结果。浙江大学的陈明亮和李敏乐从神经和心理学的层面证明并解释了"从众"现象在网络购物的消费者中相当的普遍，并指出人们总愿意相信大多数人相信的，从众是一种受到大多数人行为决策影响的社会现象。网络商品的销量越多，评价总数量越多，新的购买者就会越多。消费者的数量和商品评价数量之间是滚雪球的关系，越多的商品评价带来越多的消费者，越多的消费者给出更多的商品评价，而更多的商品评价带来更多的消费者。除了消费者在进行网购时会受到从众效应的影响外，消费者网购行为结束后在进行评论时，也同样受到从众效应的影响。在本章通过访谈发现，有的消费者由于在购物商品时已经查看了前人的评价，之前看见很多好评所以才选择买这件商品，虽然现在自己有点不太满意，但是如果自己不给好评，显得自己有点矫情和难说话。特别是在协同购物发生时，即消费者与同伴一起购买了相同的商品时，同伴给的是好评，自己不给好评会有压力。给了好评之后还有不满意的地方，消费者会在文本评论中表达出来，这样就产生了文本型评论与数值型评论不一致的现象。

因此，本章认为在不一致评论的情境中，网购消费者也具有很强的从众心理。因此，提出本章的假设H5。

H5：从众效应对不一致性评论有着显著影响。

（6）习惯心理

习惯心理（habitual psychology HP）认为无论是消费者是否了解到某商品的有关信息，在某些内外界刺激物，如需求、动机、广告等刺激下，只要消费者对该商品进行尝试购买，之后多次购买并获得满意，那么当消费者再次有购物需求时就会首先想到要买它，这就是重复购买并形成习惯的过程，是通过学习逐步建立的稳固的条件反射。

由于习惯潜移默化的影响，人们渐渐形成了固定的生活方式。在消费者心理学领域，王涛和杨生忠等人在对消费者价格心理的研究中指出，消费者常见的六种心理（习惯心理、敏感心理、感受性、倾向心理、非整数定价的信任心理、价格数字的喜好心理）中，习惯心理排在首位。消费者一般都有特定的消费习惯，这是在日常生活中长期的消费行为中形成的。本章将消费者的习惯心理引入到解释消费者不一致评论的现象中，经过我们的调研和问卷访谈也发现消费者有着习惯给好评或者习惯给中差评的行为。有些消费者即使不满意也会给好评，究其原因，他们自己有时也说不上来，就说习惯给好评。基于此，提出本章的假设H6。

H6：习惯心理对不一致性评论有着显著影响。

（7）心理补偿

心理补偿理论（psychological compensation）的对象是人与组织。在购买环境中，卖家有着补偿心理，有内疚感，或者知恩图报的思想，才会有补偿对方的动机与动力。

补偿心理不仅可以解释卖家的行为，在买家行为中同样也存在着补偿心理。比如买家收到卖家的商品后，在某些功能上感到不太满意，但是卖家的态度很好，发货很及时，商品的包装也不错，就会导致买家产生补偿心理，买家会从心理上暗示自己虽然对商品某些方面不满意，但是对另一方面的满意让自己得到了补偿，整体的感觉还是很好的。

在研究消费者购后行为的领域中，有学者指出消费者需求的满足与购后心理状态有关，尤其强调了如果消费者不满意，会通过购后行为寻找心理平衡。在网络购物环境下，消费者最直接的购后行为就是给卖家评价。因此，该学者指出企业要在售后方面加强服务意识，如果商品令消费者不满意，要有所补偿，以达到消费者的满意。如果消费者得到了心理补偿，那么在评价时，即使会写一些负面的内容，但总体会给好评。基于此，提出本章的假设H7。

H7：补偿心理对不一致性评论有着正向影响。

通过以上分析，本章构建了文本型评论与数值型评论不一致的影响因素模型，具体如图7-25所示：

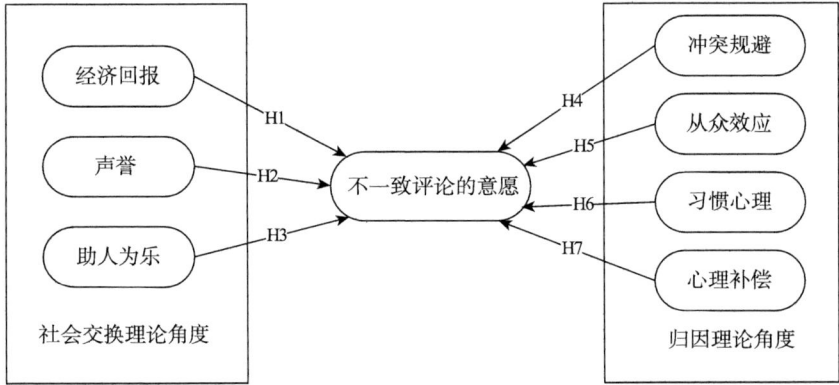

图7-25　文本型评论与数值型评论不一致影响因素

2.问卷调查及数据收集

本章采用定量分析，通过问卷调查收集数据。问卷分为两个部分，第一部分用于收集调查者的基本信息，包括性别、年龄、学历以及网购频率。第二部分包括测量题项的问题，问卷中测量变量一共有18个问题，采用Likert 5级量表，1分表示"非常不同意"，2分表示"基本不同意"，3分表示"不能确定"，4分表示"基本同意"，5分表示"非常同意"。

本章通过问卷星发放网络问卷，问卷的受访人员是具有1年及以上网购经验的买家，这些受访人员中有在校大学生、信息管理学院的博士生以及导师。还有通过旺旺聊天工具发放问卷，在淘宝中征集志愿者进行填写，志愿者的要求是淘宝账号的信誉等级在五颗心及以上的买家，这些问卷的受访者为淘宝中网购经验相对丰富的买家。因为淘宝的信誉制度规定每进行一次成功的评价就可以得到一分，选择五颗心及以上就是得分在250分以上的买家，也就是说最少要有250次的交易经验。在问卷星上发放问卷300份，在旺旺上发放问卷200份，共发放500分，问卷的回收工作约2个月，共收到问卷405份，去除空缺题目和所有选项单一答案等无效的问卷，共得到有效问卷379份。

表7-20　变量的测量项及来源

变量	测量项	指标内容
声誉	R1	我在网站上做出评价可以提升自己的专业形象
	R2	我在网站上做出评价可以获得其他买家或者商家的关注
	R3	我在网站上做出评价可以展现自己的鉴赏能力和相关知识
	R4	我在网站上做出评价可以得到其他买家的认可
助人为乐	PH1	我在网站上做出评价可以帮助其他消费者更好地做出购买决定
	PH2	我在网站上做出评价可以告诉其他消费者商品的真实情况
	PH3	我在网站上做出评价能够为其他消费者提供有价值的信息
	PH4	我在网站上做出评价可以帮助商家把服务或者商品改进得更好
经济回报	ER1	该网站给我奖励,以激励我对商品做过评价
	ER2	该网站给我折扣,以激励我对商品做出评价
	ER3	该网站给我高级会员级别,以激励我对商品做出评价
	ER4	该网站给我现金返利,以激励我对商品做出评价
心理补偿	PC1	只要商品有些方面还可以,我就觉得总体过得去
	PC2	卖家服务还可以,会弥补商品的不足
	PC3	如果一些方面不满意,但在另一方面得到补偿,会令我满意
	PC4	虽然价格贵了点,但商品不错,我就觉得物有所值
习惯心理	HP1	我一向很好说话,都给好评
	HP2	不管怎样,我都很少打中差评
	HP3	我习惯性给好评
	HP4	不管怎样,我都给卖家打好评
冲突规避	CA1	我担心卖家报复我
	CA2	我害怕卖家骚扰我
	CA3	我害怕卖家给我打电话,找我麻烦
	CA4	我担心卖家让我改评论
从众心理	C1	大家觉得好的东西,我觉得肯定也差不到哪里去
	C2	大家都给好评,我不给好评显得我很难讲话似的
	C3	大家都给好评,就我不给好评,不太好意思
	C4	大家都给好评,我觉得"群众的眼睛是雪亮"的
评论意愿	CI1	我会在购物网站上对产品做出评论

变量	测量项	指标内容
评论意愿	CI2	我愿意在购物网站上表达我的消费经历和感受
	CI3	我会在好评下写负面评论信息,表达我对产品的不满
	CI4	总之,我会发表文本型与数值型不一致的评论

3.问卷信度和效度分析

以下将通过样本数据的信度效度分析,来对数据的质量进行评估。首先通过探索性因子分析进行结构效度的分析,然后计算测量题项的 Cronbach a 值,进行效度的评价。

效度分析主要包括结构效度和内容效度。本章在文献综述和前人研究成果的基础上设计的问卷,加之具体访谈情况提出的构念,并经过小规模访谈进行修正问卷,因此问卷的内容效度已经得到保证。以下主要验证结构效度。主要对经济回报、声誉、助人为乐、冲突规避、从众心理、习惯心理、心理补偿和评论意愿,这8个变量测量项进行检验。本章利用 AMOS20 统计分析软件进行数据处理。用 Cronbach's 系数衡量内部一致性,检验问卷题目间的一致性、稳定性。一般认为值大于0.7,表示信度很高,本模型中各因子的 Cronbach's 均在0.7以上,表明各因子具有较好的信度。检验结果详见下表7-21,结果显示 Cronbach's 值通过检验,表明样本数据适合做进一步因子分析。

表7-21　各指标的信度分析

因子	测度项	Cronbach's Alpha 值
经济回报(ER)	4	0.805
声誉(R)	4	0.884
助人为乐(PH)	4	0.942
冲突规避(CA)	3	0.829
从众心理(C)	4	0.930
习惯心理(HP)	3	0.915

因子	测度项	Cronbach's Alpha 值
心理补偿(PC)	3	0.933
评论意愿(CI)	4	0.865

本章采用平均方差萃取（Average Variance Extracted，AVE）来考察模型的聚合效度和判别效度。表 7-22 给出了各因素间的相关系数，都在有效值内，本章模型的效度是令人满意的。

表 7-22　AVE 值及各指标相关系数

	ER	R	PH	CA	C	HP	PC	CI
ER	0.904							
R	0.502	0.886						
PH	0.295	0.261	0.94					
CA	0.262	0.464	0.582	0.874				
C	0.503	0.126	0.579	0.485	0.751			
HP	0.153	0.630	0.426	0.328	0.582	0.867		
PC	0.415	0.378	0.364	0.420	0.315	0.533	0.799	
CI	0.333	0.265	0.433	0.629	0.234	0.541	0.352	0.845

结构方程模型（SEM）是基于变量的协方差矩阵或相关系数矩阵分析变量间关系的统计方法，能够有效整合路径分析和因子分析，很好地体现自变量和因变量之间的影响程度。本章正是为了探讨经济回报、声誉、助人为乐、冲突规避、从众心理、习惯心理、心理补偿对不一致评论意愿的影响程度，故而构建结构方程模型。

本章采用基于偏最小二乘分析（PLS）及结构方程模型分析软件 AMOS 对本章提出的假设进行分析，构建的模型得到结果如下：图 7-26 是结构方程模型测量结果图，包含了潜在变量之间的标准化路径系数及相应的 P-Value 值。实线表示变量之间的相关性显著，虚线表示变量之间没有相关性。通过实证分析，本章除了 H5 没有通过检验，其他的假设均得到支持。研究结果表明，模型中除了从众效应外，其余 6 个自变量都对评论意向（CI）产生了影响。

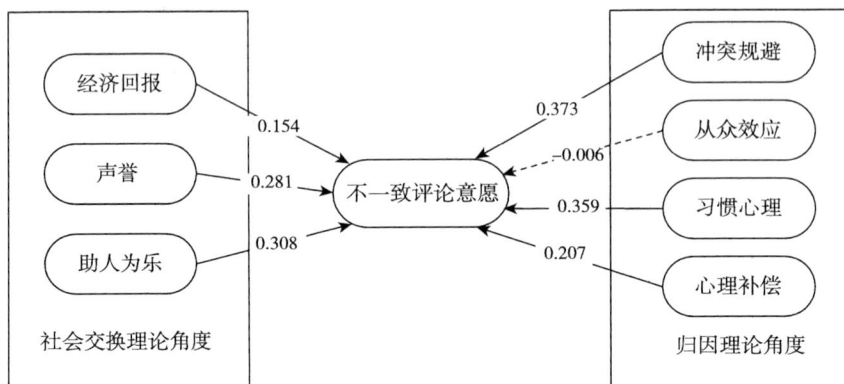

图7-26　文本型评论与数值型评论不一致影响因素结果

4.实验结果讨论

本章揭示了影响消费者进行不一致评论的相关因素，并通过归因理论和社会交换理论两个模型对假设进行了验证。经济回报、声誉、助人为乐、冲突规避、习惯心理以及心理补偿都对评论意向产生了正向影响，其中，冲突规避对不一致评论的影响最大，其次是习惯心理、助人为乐以及声誉对评论意向的影响较大，心理补偿和经济回报对评论意向的影响最小。从众心理对评论意向没有影响。

值得一提的是，从众效应没有通过检验，但在传统的消费者行为研究中，从众效应是非常关键的因素，它很大程度上影响着消费者的行为。基于此，本章也在问卷调查的基础上进行了有针对性的访谈，询问受访者原因。据此推测可能有以下原因：一是虚拟的在线购物环境本身具有独立性，而且购物后的评论行为更是具有独立性，因此受周围影响的可能性较小；二是多数买家表示在购买的时候会有从众效应，比如哪个商品卖得好就会去买哪家的，但是在评论的时候由于每个人收到的货品都是无法比较的，消费者收货地址遍布全国各地，同一件商品的消费者很少能坐在一起比较各自收到商品的优劣，因此每个人的评论行为就成了独立的行为，而不是协同行为。所有他们的评论不受到从众效应的影响。

冲突规避对行为意向的影响最大，这与中国人几千年的思想和习惯有关，以和为贵是中国民族的传统美德，在电子商务环境中也不例外，网购买家也有以和为贵，大事化小，小事化了的思想。冲突规避对消费者行为的影响在传统的消费者行为研究中也得到过证实，这点也与谢立仁[①]的研究结果相一致。

助人为乐在前人的研究中，已经证明了是对在线评论的发表动机有正向影响。那么在本章中，助人为乐同样对不一致评论意向起着重要的作用。消费者除了为其他潜在顾客提供帮助而感到快乐以外，其本身参与在线评论系统中也会有一种像玩游戏一样的沉浸效果，从而感到乐趣。如果网站的评论系统更为简单，清晰明白，操作便捷，那么就会进一步促使消费者的评论意向。尤其是智能手机、iPad普及以后，消费者通过手持终端就可以随时随地对买家进行评论，并且上传买到的商品照片和自己使用或者试穿的照片，更加为消费者进行在线评论提供了便利。

声誉对消费者发表不一致性的在线评论影响也非常显著。以往的研究发现消费者在网上评论有以下几个理由。首先，对于个人而言，促使他们传播正面口碑的一个主要心理动机是，通过展现他们不同凡响的购买选择或者无私地与他人分享自己的专业知识，他们获得了社会认同以及自我认同。同该理论一致的是，Hennig-Thurau[②]等人的研究表明，网上评论可作为消费者展现他们的专业知识和社会地位的方式。因此，在本章中，声誉这个题项也得到了充分的验证，与前人的研究相符。

心理补偿也通过了验证。购后行为的研究表明，如果消费者在消费以后可以得到相应的补偿和很好的售后服务，那么消费者购后的极端行为会大大减少。同理，如果消费者在买到不如意的商品时，如果物流、卖家服务等做得好，消费者也不会进行中差评。这也是不一致性评论形成的原因之一，但不是最主要的原因。

---

① 谢立仁.论传统消费行为与网络营销的冲突[J].商业研究,2003,(7):116-117.

② HENNIg T, THORSTEN K G, GIANFRANCO W, etal. ElectronicWord-of-mouth via consumer-opinion platforms: what motivates consumers to articulate themselves on the internet?[J]. Journal of Interactive Marketing,2002,18(1):38-52.

经济回报和心理补偿一样，对不一致性在线评论的发表有着一定的影响作用。但是经济回报在消费者进行评论时的影响因子很大，而在对不一致性评论的影响因素进行探究的时候，影响并不大。这个主要是在通常评论的情况下，消费者不会每次都主动评论，除非非常满意或者非常不满意。因此这时对消费者进行经济刺激、利益诱惑会使得满意度一般的消费者愿意花费几分钟进行评价，以获取商家给予的免邮费、下次购物折扣等优惠。但是对于不一致性在线评论的影响则不那么明显。通过问卷回收后再进行访谈，可以了解到一般进行不一致评论的消费者大多是对商品不太满意，本意是要给中差评的消费者，他们表示不会因为商家的一些返现而改变原来的文本型评论的态度，但是会酌情考虑数值型中差评对卖家的影响。有学者指出了经济回报与消费者进行评论的关系不大，而本章得出的结果是经济回报对消费者发表不一致的评论有正向影响。原因是消费者在不一致评论中，尤其是数值型好评率高，而文本型好评率低的情况下，因为数值型评论影响着卖家的好评率等信誉指标，消费者会被卖家利益收买而修改了数值型评论。所以经济回报会对不一致评论产生影响，而对于正常的评论，除非消费者非常满意或者非常不满意才会花上几分钟写评论，正常情况下微薄的利益不会对买家的评论意愿造成影响。

习惯心理不仅对在线评论的影响大，对其他方面比如消费者忠诚度、购买行为等都会产生重要的影响。本章也证明了消费者在进行评价时，会出于考虑卖家也不容易，得饶人处且饶人，好评鼓励等因素，而一直为卖家打数值型好评。访谈中也了解到这些消费者如果遇到不满意，会申请退换货，但是很少给中差评。

D.S.Sundaram[①]研究了传统口碑传播的动机，从消费者行为学、社会学、心理学和认知心理学的角度指出，消费体验产生影响，消费体验和口碑的动机是在信息传输过程密切相关的两种因素，消费者的潜在动机从事口碑可能取决于消费体验的性质不同。本章是基于网络口碑的动机，将两者对比可以

---

① SUNDARAM D S, MITRA K, WEBSTER C. Word-of-Mouth communications: A motivational analysis[J].Advances in Consumer Research 1998,1(25):527-531.

看出，传统的口碑传播动机是基于满意、忠诚、社会规范等原因，消费者自发的口口相传。网络口碑的传播动机是在信息流通和分享的基础上，以及虚拟社区的声誉、精神回报、奖励等内在条件的影响。

在前人的研究中也有将归因理论运用到在线评论的研究中，并指出消费者对商品的负面评论行为可以用归因理论来解释。发表评论的消费者称之为评论者，查看评论的消费者被称之为观察者，那么，当观察者把从评论者那里获取的产品信息更多地归于该产品的真实表现或行为（即刺激原因）时，观察者受这种信息的影响就越大。当观察者认为信息可能是由其他因素引起的，例如消费者的知识或偏见等"非刺激的原因"时，这种信息对观察者的影响就小。这篇文献探寻的是负面评论的原因对其他阅读者的影响，当阅读者把负面评论的原因归结为不同的类型时，其受到的影响也不同。因此，归因理论为消费者的行为提供了一种心理基础。

综上所述，这些结果表明尽管营销人员可能希望吸引到那些给他们的产品有利评级（high ranking）的人，以提高购买量。但当评论者相应的评级远超过其文本型评论所表达的态度时，其评论的说服力是很弱的。事实上，可以解释为评论的内部一致性，会影响到的消费者对评论者能力的信心。

在消费者间传播的口碑可以对消费者的购买决定产生重大影响，网络使得信息可以迅速扩散，一条信息即刻就可以波及整个互联网用户。因此，对于企业而言，理解网上消费的评论动机以及学习应该如何运用策略使得自身获利是必要的。在本章中，我们关注的是如何让消费者发表一致的评论，要通过三个方面着手：一是消费者本身素质的提高，使得每个消费者都有与别人分享知识的素质和能力；二是卖家的素质提高，使得每位卖家都做到坦诚地接受消费者的评价，不要收到不好的评价就恶意电话骚扰消费者等；三是电子商务网站要做好监督，评价系统要做到技术上的监管，发现有不一致的评论，系统要提醒消费者，或者将消费者的号码、地址等个人信息进行隐藏，有效地保护消费者。因此，电子商务网站应当完善在线声誉信任系统、完善评论奖励机制，建立评论互动机制，让消费者可以畅所欲言。

第九节　本章小结

1.结论及启示

（1）本章得到的结论

买家文本型评论与卖家描述存在不一致性。本章以淘宝网三家店铺为实例，通过研究发现文本型评论均在不同程度或者不同属性上与卖家描述不相符，并且指出了这种不相符能够作为判断卖家是否诚信经营的标准。比如在模型最后的判断结果反映，店铺卖家描述中属性"颜色"的分值较高，而买家的属性"颜色"的分值较低。因此，可以提醒商家需要更新照相设备或者将照片处理后再上传，使颜色尽量与商品实物相符。如果商家对"包装"和"商标"这些商品外在的属性分值高，而买家评论中"里衬"和"正品"这两个属性的分值低，则表明买家对它是否是正品表示怀疑。卖家应该对商品内衬质量进行把关，以及是否是正品进行检测。

本章还涉及对买家评论与卖家描述不一致原因的探讨和分析，提出了7个构念，分别为感知价值、感知信任、感知风险、失落心理、恶意攻击、经济回报和漏报偏差。本章中7个假设全部得到支持，其中，感知风险、失落心理、恶意攻击、经济回报、漏报偏差对买家发表与卖家描述不一致的评论起到了正向的影响作用；感知价值、感知信任对买家发表商品信息与卖家描述不一致的评论起到了负向的影响作用。该部分研究成果可以用来掌握消费者态度变化，了解消费者和商家心理，掌握导致消费者进行不一致性评论的动机和影响因素。

本章进一步探讨了在线评论的内部不一致性，即买家文本型评论与买家数值型评论是否一致。研究结果表明文本型评论与数值型评论存在不一致的现象，一共有两种：一种是数值型评论得分低，文本型评论得分高；另一种就是数值型评论得分高，文本型评论得分低。同时，研究结果也表示在线评论都存在不同程度的不一致性，而且有着相同的特点：即数值型好评率相当的情况下，文本型好评率差异明显，并且数值型的好评率都大于文字型的好评率。因此，消费者通过数值型的好评率来比较店家的优劣，会出现不准确的现象，并且目前淘宝在进行信誉评分统计时，只是按照数值型的好评率进行统计，这样会对潜在买家造成误导，因为一些好评是不真实的。

本章最后探讨了买家文本型评论与买家数值型评论不一致的原因。揭示了影响消费者进行不一致评论的相关因素，并通过归因理论和社会交换理论构建的两个模型对假设进行了验证。研究结果表明经济回报、声誉、助人为乐、冲突规避、习惯心理以及心理补偿都对不一致评论意向产生了正向影响，其中，冲突规避对不一致评论的影响最大，其次是习惯心理、助人为乐以及声誉对评论意向的影响较大，心理补偿和经济回报对评论意向的影响最小，从众效应对评论意向没有影响。

（2）本章的研究得到的启示如下：

①卖家对商品要客观描述

卖家的描述是消费者判断商品质量、了解商品性能的重要渠道。在网购市场中，商家和商品躲在网络的后面，消费者无法真实地看到和触摸商品。卖家处于信息不对称的有利一方，所以常常会有卖家为了自身的利益通过电脑技术、图片处理软件等对商品进行过度美化，使得消费者对商品抱有幻想和期待。商家对商品的优点通过商品描述进行放大，对商品的缺点进行缩小和掩盖，商品质量的参差不齐致使买方很容易购买到不合意的商品。当买家收到商品时，发现商品的缺点和缺陷，会激发买家的负面情绪，而对卖家采取惩罚和攻击的行为，使得卖家的信誉受损，得不偿失。因此建议卖家如实、客观地描述商品的优点和缺点，让消费者自己去权衡感知价格和感知成本。当卖家呈现客观的描述时，凡是能够接受的买家在收到商品时，感知价值和预期价值才会相当，进而才有可能对产品或服务效用给予正面评价。

②卖家承诺的服务要保证

卖家承诺的服务是卖家提供给买家除了商品之外的服务保障，对消费者的购买决策也起到至关重要的作用。卖家的服务有：7天无理由退换货、24小时内闪电发货、商品如实描述、破损补寄、运费保险等。如果卖家在商品描述中承诺了这些条款，那么在售后就需要遵守约定，兑现自己的承诺保证。否则，就会受到买家的指责和抱怨，产生对自己不利的评论，进而影响自身的信誉和销量。

③买家要提高对商品的认知，进而公正评价

由于买家和卖家在电子商务中的信息不对称性，买家对商品信息和功能的掌握没有卖家多。所以买家在没有掌握商品使用方法、没有了解商品性能之前，切勿盲目评价。特别是在服装类商品和电子类产品中，并不是所有的买家对服装的布料的延展性、是否缩水或起球等性能都非常了解，因此评论往往不够准确。例如，在服装类商品中，棉质的衣服洗涤时会缩水，羊毛的衣服摩擦会起球，这些是由于材料的成分所决定的，而有些买家则认为凡是缩水、起球的都是衣服质量问题。这种就是买家由于知识不够，对商品不了解导致的漏报偏差，进而影响买家公正评论。所以买家要提高自身知识，增加对商品的使用和了解，才能给出公正的评判。

④买家不可感情用事，要客观评价

买家评价往往带有主观色彩，导致过高或者过低的评价，因此买家进行评价时要避免感情因素的影响。买家因感情用事没有客观评价主要有以下两点：一是发泄情绪，报复卖家，而过低评价；二是为了得到卖家的奖励，为了经济利益而过高评价。这两种评价都会使得评论信息失真，不利于真实信息的传播和帮助其他买家的购买决策。因此，买家应当本着贡献知识、助人为乐的态度而给出客观的评价，为其他消费者的购买提供帮助。

⑤第三方机构、网购网站应当加强监督和管理

购物网站等第三方机构应该对卖家经营进行监督和管理，对买家评论进行鼓励和奖赏，让网购市场的两个主体各尽其责，共同营造良好和谐的网购环境，传播真实、可信的产品信息和知识。以淘宝网为例，其应对网上交易平台的店铺有监督义务，这种义务不同于搜索引擎对于搜索对象的链接义务，因为淘宝网店铺存在和发展依赖于淘宝网，所以淘宝网应该对不正当经营的卖家给予严厉的处罚，力求淘宝卖家的描述和经营诚实可信。当然淘宝网中卖家的数量巨大，销售的商品不计其数、种类繁多，且销售的商品均处

于不断变化之中，这也给监管机构带来了困难。同时，我国有关电子商务的法律还不健全，尽管保护消费者和经营者的合法权益，促进网络经济持续健康发展，可以依据《消费者权益保护法》《产品质量法》《反不正当竞争法》《广告法》《侵权责任法》和《电子签名法》等法律、法规，但仍有一些问题缺乏法律依据及可操作性，也明显加重了淘宝网的运营负担。

2.贡献与展望

（1）本章的贡献之处

①在理论上使在线评论的研究得到了丰富和扩展。以往的研究探讨了正面评论的有效性、意义以及人们发表正品评论的动机等。也有学者从反面探讨了负面评论的意义，比如发表负面评论除了发泄情绪，还可以提示和警示其他消费者更好地辨识商品，或者帮助生产商和销售商改进商品等，却鲜有文献对在线评论内外部不一致现象进行探讨，以及对人们发表这种矛盾的、不一致的评论的原因进行探寻。但这种不一致的评论确实是我们在现实生活中非常容易碰到的一类评论。本章对在线评论的不一致的现象以及存在这种现象的原因和消费者发表不一致评论的动机进行了研究，在理论上使在线评论的研究得到了丰富和扩展。

②从不一致态度的视角对在线评论进行了研究，有别于以往单一态度的视角。双维态度的分析为在线评论的研究提供了新的视角，也从不一致的两个方面（内部不一致和外部不一致）分别进行了不一致性确认和原因分析。在外部不一致的研究中，分别从买家和卖家两个方面对在线评论的不一致性进行了分析，解释了这种不一致现象的原因，也分别从买家、卖家和中间机构的立场给出了解决这种不一致性的办法和建议。在内部不一致性的研究中，以社会交换理论和归因理论为支撑，分析了买家不一致评论的原因。矛盾（不一致）理论最初是在心理学的研究中提到，后来被应用到社会学等领域的研究中。本章将不一致理论引入在线评论、网络口碑的研究中，扩展了在网络营销和经营管理中的理论应用，也是对网络口碑理论的一种新的尝试。

③检验卖家是否诚信经营。在线评论无论是对消费者而言还是对商家而言都是十分重要的信息来源，判断文字型评论与数值型评论是否一致，可以很好地检验卖家是否诚信经营，也可以很好地为消费者进行决策提供一定的依据。因此，研究文字型评论与数值型评论的一致率具有很好的商业应用价值。淘宝等第三方运营商可以对信誉体系进行有效的管理，帮助商家有针对性的引导顾客，给出公正的、合理的在线评论，帮助商家呈现更多的商品信息，有利于减少信息不对称性，增强其他潜在消费者购买的信心，提高产品销量，增加商家的利润。

④帮助买家决策。在线评论系统也可以帮助商家收集用户意见，了解消费者偏好。在线评论不仅可以降低买卖双方的信息不对称性，增加双方的信任度，还可以降低网购风险。然而目前电子商务网站的评论体系仍不够完善，消费者有时很难在大量的评价文本中快速找到自己想要的信息。目前的评论体系只是将在线评论呈现出来，还没有做到将卖家描述信息与买家评论信息进行对比分析，将对比结果呈现给买家的功能。因此，建立这种买家评论与卖家描述对比的体制，可以帮助消费者进行购买决策，有效的缓解信息不对称性。

（2）本章有待改进的几个方面

①由于研究成本和实验条件的限制，本章仅使用了数量有限的样本，这可能会在一定的程度上影响到模型的普遍适用性。研究者可以选取数量更多、类型更丰富的样本，使得研究更具有普遍性和科学性。本章涉及的研究对象大部分为高校学生和年轻的普通消费者，年龄和收入层次区分不是很明显，可能会因为不同年龄段的人，或者不同收入层次的人对在线评论的认知差别而使得结果受到影响。

②本章采用了问卷调查的方法，问项的设计是基于前人的研究，并且根据预调查的结果进行了修改和完善，尽管如此，不同人对问卷的理解难免存在差异，并且不记名调查有时候显得轻率，很多人会把研究者的诚恳问题当作垃圾邮件，给在线调查问卷的回收带来困难。

③研究中也发现，如果评论中含有买家上传的商品照片会对消费者决策

产生很大的影响，因此对于图像的挖掘和比对会是以后的研究方向。同时，本章的数据来自服装类的体验型商品，以后的工作将进一步探索模型在书籍、数码产品等搜索型商品中的应用。

参考文献

中文参考文献：

[1]毕继东.负面网络口碑对消费者行为意愿的影响研究[D].济南:山东大学,2010:110-116.

[2]崔大志,李媛.网络评论情感语料库的构建研究[J].中国社会科学院研究生院学报,2010,5(4):119-123.

[3]崔大志,孙丽伟.在线评论情感词汇模糊本体库构建[J].辽宁工程技术大学学报(社会科学版),2010,12(4):395-398.

[4]崔大志.在线评论语料情感常识的图式标注研究[J].山东农业大学学报(社会科学版),2010,9(3):107-110.

[5]单初,鲁耀斌.正面与负面网上评价对C2C商家初始信任影响的实证研究[J].图书情报科学,2010,54(12):136-140.

[6]董大海,金玉芳.消费者行为倾向前因研究[J].南开管理评论,2003,6(6):46-51.

[7]董大海,李广辉,杨毅.消费者网上购物感知风险构面研究[J].管理学报,2005,2(1):55-60.

[8]杜慧.负面网络口碑对消费者购买决策的影响研究[D].武汉:武汉科技大学,2010:34-40.

[9]段文婷,江光荣.计划行为理论述评[J].心理科学进展,2008,16(2):315-320.

[10]樊欢欢,张凌云.EViews统计分析与应用[M].北京:机械工业出版社,2009:125-156.

[11]方家平.从"三鹿落网"看网络力量[J].上海信息化,2008(11):18-19.

[12]冯时.西方国家网络口碑定义及特征研究现状[J].商情,2011(10):84-84.

[13]冯小亮,黄敏学,张音.矛盾消费者的态度更容易受外界影响吗—不同态度成份的变化差异性研究[J].南开管理评论,2013(1):92-101.

[14]高海霞.基于消费者风险态度的赋权价值购买模型[J].中大管理研究,2010(1):118-130.

[15]高海霞.消费者的感知风险及减少风险行为研究—基于手机市场的研究[D].杭州:浙江大学,2003:45-89.

[16]高海霞.消费者购买决策的研究——基于感知风险[J].企业经济,2004(1):92-93.

[17]高雅,李红,施慧斌.在线评论投票数的影响因素研究[J].中国管理信息化,2012,17(1):88-91.

[18]葛宜林.网络交往与网络信任研究综述[J].淮南师范学院学报,2005,34(3):80-82.

[19]龚诗阳,刘霞,刘洋,等.网络口碑决定产品命运吗—对线上图书评论的实证分析[J].南开管理评论,2012,15(4):118-128.

[20]郭国庆,陈凯,何飞.消费者在线评论可信度的影响因素研究[J].当代经济管理,2010,(10):17-23.

[21]郭国庆,杨学成,张扬.口碑传播对消费者态度的影响:一个理论模型[J].管理评论,2007,19(3):20-26.

[22]郭国庆,张中科,陈凯,等.口碑传播对消费者品牌转换意愿的影响:主观规范的中介效应研究[J].管理评论,2010,22(12):62-69.

[23]郭会斌.营销口碑的产生路径与创造研究口碑传播[J].经济与管理,

2005,19(11):44-46.

[24]郭潇.在线评论对旅游预订意向影响的实证分析[D].广州:华南理工大学,2010:78-87.

[25]韩兆林.涉入理论及其在消费者行为研究中的运用[J].外国经济与管理,1997(1):11-17.

[26]郝媛媛.在线评论对消费者感知与购买行为影响的实证研究[D].哈尔滨:哈尔滨工业大学,2010:97-120.

[27]郝媛媛,叶强,基于影评数据的在线评论有用性影响因素研究[J].管理科学报,2010,7(8):78-96.

[28]郝媛媛,邹鹏,李一军,等.基于电影面板数据的在线评论情感倾向对销售收入影响的实证研究[J].管理评论,2009(10):95-103.

[29]何晓群,刘文卿.应用回归分析[M].北京:中国人民大学出版社,2001:66-156.

[30]胡晓云,徐芳.关于卷入度(involvement)问题研究的追踪溯源[J].广告大观理论版,2006(1):22-26.

[31]胡正明."顾客中心"的再认识—兼评"顾客中心过时论"[J].南开管理评论,2001(4):41-45.

[32]黄敏学,冯小亮,谢亭亭.消费者态度的新认知二元化的矛盾态度[J].心理科学进展,2010,18(6):987-996.

[33]黄孝俊,徐伟青.口碑传播的基本研究取向[J].浙江大学学报(人文社会科学版),2004,34(1):125-132.

[34]黄英,朱顺德.二十一世纪的口碑营销及其在中国的发展潜力[J].管理现代化,2003(6):33-36.

[35]江峰.教师专业性问题与思考[J].高等师范教育研究,2003,15(1):31-37.

[36]姜潇,杜荣,关西.网上口碑对消费者购买决策影响的实证研究[J].情报杂志,2010,29(9):200-203.

[37]金立印.网络口碑信息对消费者购买决策的影响:一个实验研究[J].

经济管理,2007,29(2):36-42.

[38]井森,王方华,周颖.消费者网上购买行为感知风险动态模型研究[J].工业工程与管理,2005,7(6):32-41.

[39]井森,周颖,吕巍.互联网购物环境下的消费者感知风险维度[J].上海交通大学学报,2006,40(4):85-105.

[40]赖胜强,唐雪梅,朱敏.网络口碑对游客旅游目的地选择的影响研究[J].管理评论,2011,23(6):68-75.

[41]黎小林.负面口碑对顾客购买意愿的影响[J].科技经济市场,2007,11(4):268-269.

[42]李枫林,刘昌平,胡媛.网络消费者在线评论搜寻行为研究[J].情报科学,2012(5):720-724.

[43]李宏,喻葵,夏景波.负面在线评论对消费者网络购买决策的影响:一个实验研究[J].情报杂志,2011,30(5):202-206.

[44]李怀祖.管理研究方法论[M].西安:西安交通大学出版社,2004:113-145.

[45]李慧.负面口碑对酒店顾客购买决策的影响研究以经济型酒店为例[D].杭州:浙江大学,2008:46-67.

[46]李志刚.扎根理论方法在科学研究中的运用分析[J].东方论坛:青岛学学报,2007(4):90-94.

[47]廖成林,蔡春江,李忆.电子商务中在线评论有用性影响因素实证研究[J].软科学,2013(5):46-50.

[48]林彦宏.网路口碑对消费者购买决策影响之探讨[D].北京:中国人民大学,2008:89-132.

[49]刘玉明.在线口碑信息对消费者购买决策影响的研究[J].价格理论与实践,2010,13(4):76-78.

[50]卢向华,冯越.网络口碑的价值—基于在线餐馆点评的实证研究[J].管理世界,2009(7):26-32.

[51]马艳丽,胡正明.2006-2011年在线评论研究:主题分析和趋势展望[J].

经济与管理评论,2012,5(6):69-75.

[52]马艳丽,胡正明.在线评论的矛盾性影响因素和形成机理研究[J].云南社会科学,2013(5):78-81.

[53]马艳丽.冲突的在线评论对消费态度的影响[J].经济问题,2014(3):37-40.

[54]马艳丽.在线评论引起的消费者决策困境:概念与相关问题研究[J].求索,2013(7):244-246.

[55]所罗门R.,卢泰宏,杨晓燕.消费者行为学[M].北京:中国人民大学出版社,2009:213-217.

[56]那日萨,钟佳丰,童强.基于情感词汇的在线评论产品个性化推荐方法研究[J].郑州:郑州大学学报,2011(2):48-51.

[57]潘煌,张星,高丽.网络零售中影响消费者购买意愿因素研究——基于信任与感知风险的分析[J].中国工业经济,2010(7):115-124.

[58]潘省初,周凌瑶.计量经济分析软件[M].北京:中国人民大学出版社,2005:231-245.

[59]彭岚,周启海,邱江涛.消费者在线评论有用性影响因素模型研究[J].计算机科学,2011,38(8):205-207.

[60]孙春华,刘业政.网络口碑对消费者信息有用性感知的影响[J].情报杂志,2009(10):51-56.

[61]孙文俊,薛博召.图书领域消费者在线评论的有用性影响因素研究[J].江苏商论,2011(5):58-60.

[62]孙祥,张硕阳,尤丹蓉,等.B2C电子商务中消费者的风险来源与风险认知[J].管理学报,2008,4(1):23-35.

[63]陶鹏德,王国才,赵彦辉.零售商自有品牌感知价值对购买意愿影响的实证研究[J].南京社会科学,2009(9):40-45.

[64]温忠麟,侯杰泰,张雷.调节效应与中介效应的比较和应用[J],心理学报,2005,37(2):23-29.

[65]吴秋琴,许元科,梁佳聚,等.互联网背景下在线评论质量与网站形象

的影响研究[J].科学管理研究2012(1):84-86.

[66]薛薇.基于SPSS的数据分析[M],北京:中国人民大学出版社,2006:343-416.

[67]于丹,董大海,等.基于消费者视角的网上购物感知风险研究[J].营销科学学报,2006,2(2):41-50.

[68]袁承运,卢凌霄.感知风险和超市生鲜品购买意愿之关系分析—相对于农贸市场生鲜品购买[J].知识经济,2008(4):128-129.

[69]袁承运.感知风险和超市生鲜品购买意愿的关系分析[D].南京:南京农业大学,2008:37-38.

[70]詹志方,王辉.消费者电视购物感知风险维度研究[J].消费经济,2009(4):44-47.

[71]张爱卿.归因理论研究的新进展[J].教育研究与实验,2003(1):38-41.

[72]张林,徐强.关于矛盾态度的研究述评[J].心理科学,2010,33(1):42-43.

[73]张林,徐强.矛盾态度对个体信息加工的影响:外显与内隐层面的比较[J],心理科学,2013,36(4):787-791.

[74]张茉,陈毅文.产品类别与网上购物决策过程的关系[J].心理科学进展2006,14(3):433-437.

[75]张宁.在线评论对经济型酒店顾客购买决策的研究[D].大连:东北财经大学,2011:361-367.

[76].张强,李乃和.网络口碑研究现状及未来发展初探[J].江西农业学报.2008,20(4):147-149.

[77].张莹,孙明贵.西方网络口碑传播效应研究进展[J].经贸研究.2008(5):109-115.

[78]张紫琼,叶强,李一军.互联网商品评论情感分析研究综述[J].管理科学学报,2010(6):84-96.

[79]章晶晶.网络环境下口碑再传播意愿的影响因素研究[D].杭州:浙江

大学硕士学位论文,2007:90-123.

[80]赵炳新,周彦莉.消费者决策网络:概念与相关问题研究[J].山东大学学报(哲学社会科学版),2012(3):24-30.

[81]赵冬梅,纪淑娴.信任和感知风险对消费者网络购买意愿的实证研究[J].数理统计与管理,2010(2):305-314.

[82]郑小平.在线评论对网络消费者购买决策影响的实证研究[D].北京:中国人民大学,2008:89-123.

[83]周晶晶.在线客户评论对消费者购买决策的影响力研究[D].杭州:浙江大学,2009:45-56.

[84]朱丽叶,潘明霞,卢泰宏.感知风险如何影响消费者购买行为—国内消费者知觉风险结构实证研究[J].现代管理科学,2007(8):13-15.

[85]祝珊,殷国鹏.消费者在线口碑有用性影响因素研究[J].山东社会科学,2011(6):121-124.

英文参考文献:

[1]ATKAS A, WALS D, RYBICKI L. Symptom clusters: myth or reality? [J]. Palliat Med,2010,24(4):373-385.

[2]BARRETT P. Structural equation modeling: adjudging model fit[J]. Personal Individ Differ.2007,42(5): 815-824.

[3]BHATTACHARJEE S, GOPAL R D, Lertwachara K,etal. Consumer search and retailer strategies in the presence of online music sharing[J]. Journal of Management Information Systems,2006, 23(1):129-159.

[4]BICKART B,SCHINDLER R M. Internet forums as influential sources of consumer information[J]. Journal of Interactive Marketing,2001,15(3):31-40.

[5]BOWLING G R, RICHARD S.A model of perceived risk and intended risk-handling activity[J].Journal of Consumer Research,1994(21):119-134.

[6]BRUYN A D, LILIEN G L.A multi-stage model of word-of-mouth influence

through viral marketing[J].International Journal of Research in Marketing,2008,25(2): 151-163.

[7]BUSG A J, MARTIN C A, BUSH V D. Sports celebrity influence on the behavioral intentions of generation[J]. Journal of Advertising Research, 2004, 44(2): 108-119.

[8]CASES A S.Perceived risk and risk-reduction strategies in internet shopping. [J].Distribution and Consumer Research,2002,12(4):375-394.

[9]CHATTERJEE P. Online reviews: do consumers use them? [J]. Advances in Consumer Research[J].2001(28):129-133.

[10]CHEEMA A, KAIKATI A. The effect of need for uniqueness on word of mouth[J].Journal of Marketing Research,2010,47(3):553-563.

[11]CHEN Y B, Xie J H. Online consumer review: word-of-mouth as a news element of marketing communication mix[J]. Management Science, 2008, 54(3): 477-491.

[12]CHEN Y, WANG Q, XIE J.Online social interactions: a natural experiment on word of mouth versus observational learning[J]. Journal of Marketing Research, 2010,48(6):38-54.

[13]CHEUNG M Y, LUO C, SIA C. Credibility of electronic word-of-mouth: informational and normative determinants of on line consumer recommendations[J]. International Journal of Electronic Commerce, 2009,13(4):19-38.

[14]CHEVALIER J A, MAYZLIN D. The effect of word of mouth on sales: Online book reviews[J]. Journal of Marketing Research, 2006,43(3): 345-354.

[15]CHINTAGUNTA P K, GOPINATH S, VENKATARAMAN S. The effects of online user reviews onmovie box office performance: Accounting for sequential rollout and aggregation across local markets[J]. Marketing Science, 2010, 29(5): 944-957.

[16]CHRISTIANSEN T, TAX S.Measuring word of mouth: the questions of who and when[J].Journal of Marketing Communications,2000,6(3):185-199.

[17]CLEMONS E, GAO G, HITT L. When online reviews meet hyper differentiation a study of the craft beer industry[J]. Journal of Management Information Systems,2006,23(1):149-171.

[18]COMOR E. Household consumption on the internet: income, time, and institutional contradictions[J]. Journal of Economic Issues, 2006,34(1):105-116.

[19]COSTARELLI S, COLLOCA P. The moderation of ambivalence on attitude intention relations as mediated by attitude importance [J]. European Journal of Social Psychology,2007,37(5):923-933.

[20]CUI G, LUI H K, GUO X. The effect of online consumer reviews on new product sales[J]. International Journal of Electronic Commerce, 2006,17(1):39-57.

[21]DAHESWARAN M J. MEYERS L. The influence of message framing and issue involvement[J].Journal of Marketing Research,1990, 27(3):361-367.

[22] DARK P H, LEE J, HAN I. The effects of online consumer reviews on consumer purchasing intention[J]. International Journal of Electronic Commerce, 2007,11 (4):125-146.

[23]DANG Y, ZHANG Y, CHEN H. A lexicon-enhanced method for sentiment classification: An experiment on online product reviews[J]. IEEE Intelligent Systems, 2010,25(1):46-53.

[24]DEBFAIX C.Perceived risk and risk believes: an empirical investigation[J] Journal of Economic Psychology,1983(3):19-38.

[25]DECKER R,TRUSOV M. Estimating aggregate consumer preferences from online product reviews [J]. International Journal of Research in Marketing,2010,27 (4):293-307.

[26]DELLAROCAS C, NARAYAN R. A statistical measure of a population's propensity to engage in post purchase online word-of-mouth[J]. Statistical Science, 2006,21(2):277-285.

[27]DELLAROCAS C,ZHANG X Q,AWAD N F.Exploring the value of online product reviews in forecasting sales: The case of motion pictures[J]. Journal of

Interactive Marketing,2007,21(4):23-45.

[28]DEMIRIZ A. Enhancing product recommender systems on sparse binary data[J].Data Mining and Knowledge Discovery, 2004,9(1):147-170.

[29]DHAR V, CHANG E A. Does chatter matter? The impact of user-generated content on music sales[J]. Journal of Interactive Marketing, 2009,23(4): 300-307.

[30]DHAR V,ELAINE A C. Does chatter matter? The impact of user-generated content on music sales [J].Journal of Interactive Marketing,2005,23(11):30-70.

[31]DODD M J, MIASKOWSKI C, PAUL S M. Symptom clusters and their effect on the functional status of patients with cancer[J]. Oncol Nurs Forum,2001,28 (1):465-470.

[32]DORK D H, LEE J. EWOM overload and its effect on consumer behavioral intention depending on consumer involvement[J].Electronic Commerce Research and Applications, 2009,7(4):386-398.

[33]DUAN W J, GU G, WHINSTON A B. Do online reviews matter? An empirical investigation of panel data[J]. Decision Support Systems, 2008, 45(4): 107-116.

[34]DUAN W, GU B, WHINSTON A B. The dynamics of online word-of-mouth and product sales-An empirical investigation of the movie industry[J].Journal of Retailing, 2008,84(1):233-242.

[35]DUAN W J, GU B, ANDREW B.The dynamics of online word-of-mouth and product sales——An empirical investigation of the movie[J].Journal of Retailing, 2005,84(6):23-42.

[36]DUAN W, GU B, WHINSTON A B. Do online reviews matter? [J]. An empirical investigation of panel data[J]. Decision Support Systems, 2008, 45(4): 107-116.

[37]DUHAN D F, JOHNSON S D, WILCOX J B, etal. Influences on consumer use of word-of-mouth recommendation sources[J]. Journal of the Academy of

Marketing Science, 1997,25(4):283-295.

[38]EISEND M.Two-sided advertising: a meta-analysis[J].International Journal of Research in Marketing,2006,(23):18-19.

[39]FORMAN C, GHOSE A, WIESENFID B. Examining the relationship between reviews and sales: the role of reviewer identity disclosure in electronic markets[J]. Information Systems Research, 1998,19(3):291-313.

[40]GANG R M, WASKO M M, HOOKER R E. Getting customers' idears to work for you: learning from dell how to succeed with online used innovation communities[J].Mis Quarterly,2010,9(4):213-228.

[41]GOOLSBEE A,KLENOW P J.Valuing consumer products by the time spent using them: an application to the Internet[J]. American Economic Review,2006,96(1): 108-113.

[42]GOPINATH S, CHINTAGUNTA P K, VENKATARAMAN S. Blogs, advertising, and localmarket movie box office performance[J]. Management Science, 2013,59(12):2635-2654.

[43]HAYDUK L A, GLASER D N.Doing the four-step, right-2-3, wrong-2-3: A brief reply to mulaik and millsap; bollen; bentler; and herting and costner[J]. Structural Equation Model, 2000,7(1):111-123.

[44]HERR P M,KAEDES F R,KIM J.Effects of word-of-mouth and product attribute information on persuasion: An accessibility diagnosticity perspective[J]. Journal of Consumer Research,1991:454-462.

[45]HODSON G, MAIO G R,ESSES V M.The role of attitudinal ambivalence in susceptibility to consensus information[J]. Basic and Applied Social Psychology, 2001,23(3):197-205.

[46]HUER A E. Can including pros and cons increase the helpfulness and persuasiveness of online reviews? The interactive effects of ratings and arguments[J]. Journal of Consumer Psychology,2011,21(3): 226-239.

[47]HU L D. Using online conversations to study word-of-mouth

communication[J]. Marketing Science, 2004,23(4): 545-560.

[48]JONAS K,BROETNER P, DIEHL M. Attitudinal ambivalence [J]. European Review of Social Psychology, 2000,11(1):35-74.

[49]JUSU D. Semantic Graphs Derived from Triplets with Application in Document Summarization [J].Informatica,2009,33(9):357-362.

[50]KIM S, DAVID S. Purchasing intention: moderating role of involvement[J]. International Journal of Electronic Commerce,2007,11(4):125-148.

[51]KLEIN L.Evaluating the potential of interactive media through a new lens: Search versus experience goods[J]. Journal of Business Research, 1998, 41(3): 195-203.

[52]LEE A Y, HIGGINS E T.The persuasive power of regulatory fit, in frontiers of social psychology: social psychology of consumer behavior[J]. Psychology Press, 2009,3(1):19-33.

[53]LEE A Y, PUNAM A K,BRIAN S. Value from regulatory construal fit: the persuasive impact of fit between consumer goals and message concreteness[J]. Journal of Consumer Research, 2010,36(2):35-47.

[54]MINE G R,RHOM A J.Consumer privacy and name removal across direct marketing channels: exploring opt-in and opt-out alternatives[J]. Journal of Public Policy and Marketing, 2000,19(2):238-249.

[55]LIM N. Consumer's perceived risk: sources versus consequences[J]. Electronic Commerce Research and Applications, 2003,2(3): 216-228.

[56]NENKOV G Y.It's all in the mindset: effects of varying psycho-logical distance in persuasive messages[J].Marketing Letters,2012,23(12):15-28.

[57]PARK D, LEE J, HAN I. The effects of online consumer reviews on consumer purchasing intention:the moderating role of involvement [J].International Journal of Electronic Commerce, 2007,11(4):125-148.

[58]SHIMP T A,BEARDEN W O. Warranty and other extrinsic cue effects on consumers' risk perceptions[J]. Journal of Consumer Research, 1982,9(1):38-46.

[59]SHYNG J Y, WANG F K, TZENG G H,etal. Rough set theory in analyzing the attributes of combination values for the insurance market[J]. Expert Systems with Applications, 2005,32(1):56-64.

[60]WHITE J D,TRULY E L. Price quality integration in warranty evaluation a preliminary test of alternative models of risk assessment[J]. Journal of Business Research, 1989,19(2):109-125.

[61]XIAO H, ZHANG X. Comparison studies on classification for remote sensing image based on data mining method[J]. Transactions on Computers, 2008,7 (1):552-558.

[62]YANG J,MAI E S. Experiential goods with network externalities effects: An empirical study of online rating system[J]. Journal of Business Research,2010,63(9): 1050-1057.

[63]ZHANG W,WATTS S. Capitalizing on content: Information adoption in two online communities[J]. Journal of the Association for Information Systems, 2008,9(2): 73-94.

附　录

附录1

获取在线评论的爬虫代码

javascript:

```
    var  targetUrl=document. getElementById('reviews'). getAttribute('data-
listApi');

    var currentPage=1;

    var text = '';

top. consoleRef=window. open('', 'comments', 'width=350, height=250' + ',
menubar=0'+',toolbar=1'+',status=0'+',scrollbars=1'+',resizable=1');

    top. consoleRef. document. writeln(' <html><head><title>Comments</title></
head>'+'<body bgcolor=white onLoad=&apos;self.focus()&apos;>'+'Comments for:'+
window.location+'<br/></body></html>');

    function jsonp_reviews_list(data){


    console.log(data);

    console.log(data.comments.length);
```

```
for(var i=0; i < data.comments.length; i++){
    /*text+=data.comments[i].content+'<br/>';*/
    top.consoleRef.document.writeln(data.comments[i].content+"<br/>");
}
console.log(data.maxPage);

if(data.maxPage>currentPage){
    currentPage++;
    jsonp.            fetch(targetUrl          +          '&callback=
jsonp_reviews_list&currentPageNum='+currentPage);
}

if(data.maxPage==currentPage){
    writeComments(text);
}
};

var jsonp = {
        callbackCounter: 0,

        fetch: function(url, callback) {
            var fn = 'JSONPCallback_' + this.callbackCounter++;
            window[fn] = this.evalJSONP(callback);
            url = url.replace('=JSONPCallback', '=' + fn);

            var scriptTag = document.createElement('SCRIPT');
            scriptTag.src = url;
```

```
        document. getElementsByTagName('HEAD') [0]. appendChild
(scriptTag);
            },


        evalJSONP: function(callback) {
          return function(data) {
            var validJSON = false;
          if (typeof data == 'string') {
            try {validJSON = JSON.parse(data);} catch (e) {
              /* invalid JSON */}
          } else {
            validJSON = JSON.parse(JSON.stringify(data));
              window.console && console.warn(
              'response data was not a JSON string');
            }
            if (validJSON) {
              callback(validJSON);
            } else {
              throw('JSONP call returned invalid or empty JSON');
            }
          }
        }
      };
      jsonp.fetch(targetUrl+'&callback=jsonp_reviews_list&currentPageNum='+
currentPage);
```

附录2

文本型评论与卖家描述不一致性影响因素问卷调查表

您好，感谢您在百忙之中抽出宝贵的时间来完成本问卷，您的观点和看法对于我们的研究至关重要！本问卷采用匿名方式，调查结果仅供科研使用，不涉及任何其他目的，请您放心填写。所有答案没有对错之分，请您根据自身的真实体会和感受作答。再次感谢您的参与！

第一部分：基本信息

根据您的实际情况选择相应的选项。

1.您的性别是？

　　男□　　女□

2.您的年龄是？

　　不满18岁□　　18—35岁□　　36—49岁□　　50岁以上□

3.您的受教育程度是？

　　高中及以下□　　大学本科或专科□　　硕士□　　博士及以上□

4.您平均一年有几次网络购物经历？

　　不满5次□　　5—19次□　　20—49次□　　50次以上□

5.您每年花费在网络购物上的金钱大约为多少？

　　100元及以下□　　101—500元□　　501—2000元□

　　2001—5000元□　　5001元及以上□

第二部分：消费者评论意愿

根据您在在线评论时的真实感受，选择您对下面各项的认同程度。

1.商品没有想象中的好，我感到失望。

　　非常不同意□　　有点不同意□　　一般□　　有点同意□　　非常同意□

2. 我发现更便宜的了，我立马觉得我买的不值、不好。

　　非常不同意□　　有点不同意□　　一般□　　有点同意□　　非常同意□

3. 商品与想象的落差太大，令我不满意。

　　非常不同意□　　有点不同意□　　一般□　　有点同意□　　非常同意□

4. 商品令我不满意，我觉得失望。

　　非常不同意□　　有点不同意□　　一般□　　有点同意□　　非常同意□

5. 我很难对产品质量进行估量。

　　非常不同意□　　有点不同意□　　一般□　　有点同意□　　非常同意□

6. 我不确定商品是否物有所值。

　　非常不同意□　　有点不同意□　　一般□　　有点同意□　　非常同意□

7. 如果商品令我非常不满意，会影响我对产品的客观判断。

　　非常不同意□　　有点不同意□　　一般□　　有点同意□　　非常同意□

8. 如何正确判断商品的价值，我缺乏相关知识。

　　非常不同意□　　有点不同意□　　一般□　　有点同意□　　非常同意□

9. 卖家会给我奖励，我会夸奖卖家的商品。

　　非常不同意□　　有点不同意□　　一般□　　有点同意□　　非常同意□

10. 卖家给我折扣，能激励我对商品做出评价。

　　非常不同意□　　有点不同意□　　一般□　　有点同意□　　非常同意□

11. 卖家会给我高级会员级别，能激励我对商品做出评价。

　　非常不同意□　　有点不同意□　　一般□　　有点同意□　　非常同意□

12. 卖家给现金返现，我会美化卖家的商品。

　　非常不同意□　　有点不同意□　　一般□　　有点同意□　　非常同意□

13. 商家态度不好，我会以牙还牙。

　　非常不同意□　　有点不同意□　　一般□　　有点同意□　　非常同意□

14. 我会对网购商家发表恶意的言论。

　　非常不同意□　　有点不同意□　　一般□　　有点同意□　　非常同意□

15. 售后没有得到处理，我会报复卖家。

　　非常不同意□　　有点不同意□　　一般□　　有点同意□　　非常同意□

16. 商品太令我失望，我会报复卖家。

　　　非常不同意□　有点不同意□　一般□　有点同意□　非常同意□

17. 我觉得网购不会让我面临较高的风险。

　　　非常不同意□　有点不同意□　一般□　有点同意□　非常同意□

18. 我觉得网购不会给我带来损失。

　　　非常不同意□　有点不同意□　一般□　有点同意□　非常同意□

19. 我觉得网购不会让我花冤枉钱。

　　　非常不同意□　有点不同意□　一般□　有点同意□　非常同意□

20. 我觉得网购的东西很便宜。

　　　非常不同意□　有点不同意□　一般□　有点同意□　非常同意□

21. 我觉得网购的东西质量很好。

　　　非常不同意□　有点不同意□　一般□　有点同意□　非常同意□

22. 我觉得网购的东西很特别，实体店买不到。

　　　非常不同意□　有点不同意□　一般□　有点同意□　非常同意□

23. 我觉得网购的东西性价比高。

　　　非常不同意□　有点不同意□　一般□　有点同意□　非常同意□

24. 我觉得网购的商家很可靠。

　　　非常不同意□　有点不同意□　一般□　有点同意□　非常同意□

25. 我觉得网购的商家值得信赖。

　　　非常不同意□　有点不同意□　一般□　有点同意□　非常同意□

26. 我觉得网购商家有能力兑现自己的承诺。

　　　非常不同意□　有点不同意□　一般□　有点同意□　非常同意□

27. 我觉得网购的商家童叟无欺。

　　　非常不同意□　有点不同意□　一般□　有点同意□　非常同意□

28. 我会在评论中指出商家说的不属实的地方。

　　　非常不同意□　有点不同意□　一般□　有点同意□　非常同意□

29. 如果商家没有信守承诺，我会在评论中指出来，从而使商家受到惩罚。

　　　非常不同意□　有点不同意□　一般□　有点同意□　非常同意□

30. 我愿意对商品和购物经历发表个人看法，尽管与卖家描述得不一样。

非常不同意□　有点不同意□　一般□　有点同意□　非常同意□

31. 我会发表与卖家描述不一致的评论。

非常不同意□　有点不同意□　一般□　有点同意□　非常同意□

附录3

文本型评论与数值型评论不一致性影响因素问卷调查表

您好，感谢您在百忙之中抽出宝贵的时间来完成本问卷，您的观点和看法对于我们的研究至关重要！本问卷采用匿名方式，调查结果仅供科研使用，不涉及任何其他目的，请您放心填写。所有答案没有对错之分，请您根据自身的真实体会和感受作答。再次感谢您的参与！

第一部分：基本信息

根据您的实际情况选择相应的选项

1. 您的性别是？

男□　女□

2. 您的年龄是？

不满18岁□　18—35岁□　36—49岁□　50岁以上□

3. 您的受教育程度是？

高中及以下 □　大学本科或专科□　硕士□　博士及以上□

4. 您平均一年有几次网络购物经历？

不满5次□　5—19次□　20—49次□　50次以上□

5. 您每年花费在网络购物上的金钱大约为多少？

100元及以下□　101—500元□　501—2000元□

2001—5000元 □　5001元及以上

第二部分：消费者评论意愿

根据您在在线评论时的真实感受，选择您对下面各项的认同程度。

1. 我在网站上做出评价可以提升自己的专业形象。

   非常不同意□   有点不同意□   一般□   有点同意□   非常同意□

2. 我在网站上做出评价可以获得其他买家或者商家的关注。

   非常不同意□   有点不同意□   一般□   有点同意□   非常同意□

3. 我在网站上做出评论可以展现自己的鉴赏能力和相关知识。

   非常不同意□   有点不同意□   一般□   有点同意□   非常同意□

4. 我在网站上做出评价可以得到其他买家的认可。

   非常不同意□   有点不同意□   一般□   有点同意□   非常同意□

5. 我在网站上做出评价可以帮助其他消费者更好地作出购买决定。

   非常不同意□   有点不同意□   一般□   有点同意□   非常同意□

6. 我在网站上做出评价可以告诉其他消费者商品的真实情况。

   非常不同意□   有点不同意□   一般□   有点同意□   非常同意□

7. 我在网站上做出评价能够为其他消费者提供有价值的信息。

   非常不同意□   有点不同意□   一般□   有点同意□   非常同意□

8. 我在网站上做出评价可以帮助商家把服务或者商品改进得更好。

   非常不同意□   有点不同意□   一般□   有点同意□   非常同意□

9. 网站给我奖励，能激励我对商品做出评价。

   非常不同意□   有点不同意□   一般□   有点同意□   非常同意□

10. 网站给我折扣，能激励我做出评价。

   非常不同意□   有点不同意□   一般□   有点同意□   非常同意□

11. 网站给我高级会员级别，能激励我做出评价。

   非常不同意□   有点不同意□   一般□   有点同意□   非常同意□

12. 网站给我现金返现，能激励我做出评价。

   非常不同意□   有点不同意□   一般□   有点同意□   非常同意□

13. 只要商品某些方面还可以，我就觉得总体过得去。

非常不同意□ 有点不同意□ 一般□ 有点同意□ 非常同意□

14. 卖家服务还可以，会弥补商品的不足。

非常不同意□ 有点不同意□ 一般□ 有点同意□ 非常同意□

15. 如果我对商品某些地方不满意，但另外一些方面可以得到补偿，我会满意。

非常不同意□ 有点不同意□ 一般□ 有点同意□ 非常同意□

16. 虽然价格贵了点，但是商品不错，我觉得物有所值。

非常不同意□ 有点不同意□ 一般□ 有点同意□ 非常同意□

17. 我一向很好说话，都给好评。

非常不同意□ 有点不同意□ 一般□ 有点同意□ 非常同意□

18. 不管怎么样，我都很少打中差评。

非常不同意□ 有点不同意□ 一般□ 有点同意□ 非常同意□

19. 我习惯性给卖家好评。

非常不同意□ 有点不同意□ 一般□ 有点同意□ 非常同意□

20. 不管怎样，我都会给卖家打好评。

非常不同意□ 有点不同意□ 一般□ 有点同意□ 非常同意□

21. 我担心卖家报复我。

非常不同意□ 有点不同意□ 一般□ 有点同意□ 非常同意□

22. 我害怕卖家骚扰我。

非常不同意□ 有点不同意□ 一般□ 有点同意□ 非常同意□

23. 我害怕卖家给我打电话，找我麻烦。

非常不同意□ 有点不同意□ 一般□ 有点同意□ 非常同意□

24. 我担心卖家让我改评论。

非常不同意□ 有点不同意□ 一般□ 有点同意□ 非常同意□

25. 大家都给好评，我觉得群众的眼睛是雪亮的。

非常不同意□ 有点不同意□ 一般□ 有点同意□ 非常同意□

26. 大家觉得好的东西，我觉得也差不到哪里去。

    非常不同意☐   有点不同意☐   一般☐   有点同意☐   非常同意☐

27. 大家都给好评，我不给好评，不太好意思。

    非常不同意☐   有点不同意☐   一般☐   有点同意☐   非常同意☐

28. 大家都给好评，我不给好评，显得我难讲话似的。

    非常不同意☐   有点不同意☐   一般☐   有点同意☐   非常同意☐

29. 我愿意在购物网站上表达我的消费经历和感受。

    非常不同意☐   有点不同意☐   一般☐   有点同意☐   非常同意☐

30. 我会在购物网站上对产品做出评论。

    非常不同意☐   有点不同意☐   一般☐   有点同意☐   非常同意☐

31. 我会在好评下写负面评论信息，表达我对产品的不满。

    非常不同意☐   有点不同意☐   一般☐   有点同意☐   非常同意☐

32. 总之，我会发表与数值型评论不一致的文本型评论。

    非常不同意☐   有点不同意☐   一般☐   有点同意☐   非常同意☐

附录4

在学期间科研成果清单

专著

《数字出版物的营销模式研究》，清华大学出版社2014年版（合著）。

论文

《一种在线商品评论信息可信度的排序方法》，《情报杂志》2015年第3期。

《卖家描述与买家评论相符度模型研究》，《现代图书情报技术》2014年第 5 期（合著，第一作者）。

《消费者采纳网站联盟营销的影响因素研究》，《现代情报》2014 年第 5 期（合著，第一作者）。

《基于用户评论的网络产品销量影响因素研究》，《现代情报》2013 年第 9 期。

《数字出版物的国际化营销策略研究》，《第三届全国情报学博士生学术论坛论文集》（合著，第一作者）。

《数字图书市场细分与目标市场战略的选择》，《编辑之友》2013 年第 11 期（合著）。

《结合商品标题和描述的在线评论特征词选择方法研究》，《现代图书情报技术》2011 年第 5 期（合著）。

项目参与

主持项目：

C2C 网站买家在线评论动机和评价结果研究（江苏省研究生科研创新计划项目）

参与项目：

大数据及数据质量研究（澳大利亚-南澳大学国际项目）

基于网络的科技论文学术周期计量方法及推荐策略研究（教育部博士点基金项目）

江苏高校哲学社会科学"走出去"现状与对策研究（江苏省哲学社会科学重点项目）

促进江苏省信息化和工业化深度融合的政策措施研究（中国致公党江苏省委项目）

数字出版物的营销模式研究（国家社会科学基金项目）

后 记

　　本书主要由近几年发表的期刊论文和本人博士期间的学位论文组成。三年的博士生活，回首走过的岁月，心中倍感充实。本书的顺利完成首先诚挚地感谢我的博士生导师袁勤俭先生，从博士论文的设计到本书的定稿建议，每个过程都倾注着先生的心血。先生以严谨的治学之道、宽厚仁慈的胸怀、积极乐观的生活态度，为我树立了值得一辈子学习的典范，他的教诲与鞭策将激励我在科学和教育的道路上奋发图强，开拓创新。

　　本书顺利出版，也要衷心感谢金陵科技学院的资助，人文学院领导和同仁的帮助，以及安徽师范大学出版社各位编辑在出书过程中的鼎力支持，给我提出了宝贵的修改意见。最后在撰写此书的过程中，本人参阅了大量的国内外优秀成果，在此请允许我向作者表示衷心的感谢。

　　最后值得指出的是，网络评论研究是一项复杂的系统工程。在研究中，本人从前人的研究成果中充分汲取了养分并力争有所创新，深入实践并尽力将其提炼到理论的高度，最后对最终的定稿进行了认真的修改，形成了本书。虽然在完成此书的过程中，本人竭尽所能追求完美，但由于水平所限，书中仍有不妥和疏漏之处，敬请各位专家和广大读者批评指正。

王倩倩

2019 年 8 月